U0712348

新时代高中化学
教学设计研究

王家柱　著

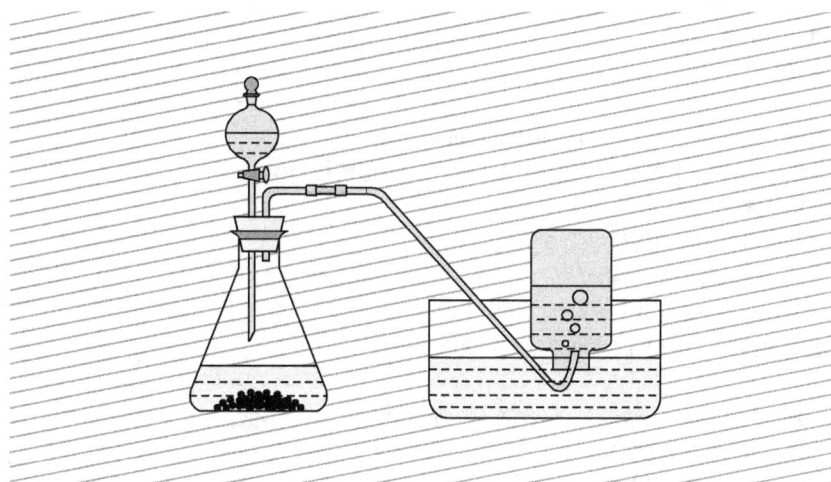

哈尔滨出版社
H.P.H
HARBIN PUBLISHING HOUSE

图书在版编目（CIP）数据

新时代高中化学教学设计研究 / 王家柱著. -- 哈尔
滨 : 哈尔滨出版社, 2024.3
ISBN 978-7-5484-7758-7

Ⅰ.①新… Ⅱ.①王… Ⅲ.①中学化学课 – 教学设计
– 高中 Ⅳ.①G633.82

中国国家版本馆CIP数据核字(2024)第054945号

书　　名：新时代高中化学教学设计研究
　　　　　XINSHIDAI GAOZHONG HUAXUE JIAOXUE SHEJI YANJIU

作　者：王家柱　著
责任编辑：张艳鑫
封面设计：王丹丹

出版发行：哈尔滨出版社（Harbin Publishing House）
社　　址：哈尔滨市香坊区泰山路82-9号　　邮编：150090
经　　销：全国新华书店
印　　刷：北京虎彩传播文化有限公司
网　　址：www.hrbcbs.com
E-mail：hrbcbs@yeah.net
编辑版权热线：（0451）87900271　87900272

开　本：710mm×1000mm　1/16　印张：17　字数：228千字
版　次：2024年3月第1版
印　次：2024年3月第1次印刷
书　号：ISBN 978-7-5484-7758-7
定　价：88.00元

凡购本社图书发现印装错误，请与本社印制部联系调换。
服务热线：（0451）87900279

目录

前言

　　伴随着我国教育制度的变革和新课程标准的深入落实,高中阶段的课堂教学模式得到了创新和发展,众多新型教学模式应时而生,极大地促进了高中教学水平的提升。高中化学作为自然科学的一门重要学科,不仅是培养学生科学素养和创新能力的关键内容,也是培养未来科技人才的重要途径。随着科技的迅速发展,高中化学教育需要不断调整和更新,以适应新的知识和技术要求。因此,高中化学教学设计的研究显得尤为紧迫和重要。

　　在新时代,高中化学教学设计的研究方向和趋势主要包括几个方面:①高中化学教育不再仅仅是传授化学知识,还需要与其他学科进行跨学科融合。例如,化学与生物、物理、环境科学等学科的融合可以培养学生的核心素养和解决实际问题的能力。②传统的课堂教学模式已经不能满足新时代学生的需求。研究探索和倡导创新的教育模式,例如问题导向教学、合作学习和实验探究等。③针对新时代的高中化学教育需求,需要不断开发和更新教材和教育资源,以适应知识更新的速度和学生的学习需求。

　　本书着重讨论了基于化学学科核心素养的课堂教学策略。书中首先概述了高中化学与化学学科核心素养的关系,探讨了如何在学习过程中提升学生的学习目标和培养路径,继而详细阐述了核心素养的高中化学教学方法和课堂引导技巧。随后,本书深入探讨了问题式教学的实施意义、研究内容以及相关实践,旨在为高中化学教学中培养化学学科核心素养提供有效的思路和方法。最后,书中通过促进、优化、管理和评价等方面,对所探讨的内容进行了深刻的总结。

　　在编撰本书的过程中,参考了大量国内外的文献资料,从中获得了许多灵感和启示。同时,也得到了诸多领导、同事、朋友及学生的支持和帮助,对此表示深深的感谢。由于个人学识和时间的限制,书中仍有不足之处。诚挚希望同行专家和广大读者能够提出宝贵意见和建议,以便进一步完善和提高本书的质量。

第一章　化学核心素养的概述与教学策略

第一节　化学学科核心素养概论

一、化学学科核心素养的提出背景

化学学科核心素养的提出背景是基于对教育领域的深刻变革和科学发展的认识。随着科学技术的迅速发展和社会需求的不断变化,教育界越来越重视学生的全面发展和终身学习能力的培养。化学作为一门基础科学学科,其核心素养的提出旨在适应这种教育改革的趋势,强调学生在学习化学知识的过程中,不仅要掌握化学知识和技能,更要培养科学思维、探究能力和创新精神。

首先,化学学科核心素养的提出是教育改革趋势的体现。当前,全球教育正从知识传授为主转向能力培养为主。这种转变要求教育不仅要让学生掌握知识,更要注重培养学生的综合素质和关键能力,如批判性思维、创新能力和解决问题的能力等。化学学科核心素养正是在这种背景下提出的,目的在于引导学生深入理解化学的基本原理,学会科学地思考和解决问题。

其次,化学学科核心素养的提出也是对化学学科特点的深入挖掘。化学不仅是一门自然科学,也是一门实验科学。在化学教学过程中,强调实验操作能力的培养和科学方法的运用对学生的科学素养有着重要影响。因此,化学学科核心素养不仅包括对化学知识的掌握,也包括对化学实验技能、科学探究方法的理解和应用。

此外,化学学科核心素养的提出还顺应了社会发展的需要。在当今社会,化学技术在能源、材料、环境保护等多个领域都有着广泛应用。学生掌握化学知识和技能,对于他们理解当代社会的科技发展、参与解决现实问题具有重要意义。因此,化学学科核心素养的提出,也是为了培养学生的社会责任感和应对未来挑战的能力。

综上所述,化学学科核心素养的提出背景是多方面的。它既是对教育改革趋势的响应,也是对化学学科特点的深入理解,更是为了适应社会发展的需求。提出和强调化学学科核心素养,旨在培养学生的科学素养,使他们能够更好地适应未来社会的发展。

二、化学核心素养的内涵与认识

高中化学教育的目标不能局限于应对考试,更加重要的是帮助学生构建完整的学科知识体系和提升学习能力,同时在此基础上培养学生的化学学科素养。如果教师在日常教学中有意识地强化对学生化学素养的培养,尤其是关注核心素养的提升,这将显著增强学生在化学领域的学习能力,并为他们未来在化学专业的深入学习打下坚实的基础。

(一)化学学科核心素养的内涵

发展学生核心素养的一个主要目的是改变传统的"应试教育"模式,这种教育模式常常导致学生只拥有表面的知识而缺乏深层次的素养。在应试教育体系中,学生往往是通过记忆来学习知识,而不是通过理解和思考,导致他们获取的知识碎片化、表面化,而非系统化、深入化。这样的知识在考试中或许有用,但在解决实际问题时常显得力不从心。因此,这次的课程改革关键在于探索如何将这些零散的知识转化为实际的素养。

素养,从广义上讲,是指个体在完成特定任务或解决问题时所展现出的综合能力和品质。具备素养的人不仅在社会中能够产生积极的影响,同时也可能带来负面影响,这说明素养本身具有很强的价值取向。在新的课程标准中,特别提出的化学学科核心素养,是在"社会主义核心价值观"的指导下对化学教育的基本要求。

具体来说,化学学科核心素养强调的是学生在学习化学过程中逐步培养的正确价值观念、必要的品质和关键能力。这里的"正确的价值观念"关注的是价值方向,"必备的品质"主要指的是非智力方面的素质,而"关键的能力"则侧重于智力相关的方面。

(二)化学学科核心素养与科学素养的关系

1.化学课堂教学的圈层结构

在化学课堂的教学过程中,我们常见到一个化学概念在课堂上的呈现通常经历两个处理层面:"认识层"和"教学层"。以"通过这些实验事实,你能得出什么结论? 大家讨论一下"为例,这里的实验事实和结论属于化学知识的"知识层";而指导学生通过分析和推理来得出结论的过程属于"认识层";而"大家讨论一下"这种方式则属于"教学层"。这种在化学课堂中出现的知识层、认识层和教学层的层次关系构成了化学课堂教学的圈层结构。

在这个圈层结构中,化学的认识层主要关注如何理解和掌握化学科学知识,涉及认识的方式和方法;而化学的教学层则侧重于如何高效地教授这些知识,关注教学的策略和方法。在化学教学中,认识层和教学层的有效结合对于保证教学效果至关重要。这一圈层结构的重要启示在于,我们应深入探究化学的认识层,因为它更能体现化学学科的特性。

2.认识的层级结构及其与教育、素养之间的对应关系

从认识论的角度出发,认识可以分为不同的层级。以化学教育为例,根据认识的抽象程度和综合水平,我们可以将认识分为三个层次:哲学认识、科学认识和化学认识。这三个层次的认识与教育、科学教育、化学教育、核心素养、科学素养以及化学学科核心素养之间存在密切的对应关系。换言之,每一个具体的认识层次都是在其更抽象层次的基础上的发展和专化,同时也与相应的教育和素养领域紧密联系。

3.化学学科核心素养是对科学素养的深化和具体化

化学学科核心素养是针对化学学科的科学素养,被视为学生在

科学领域必备的核心素养。它从化学的视角实现了科学素养的理念,因此,化学学科核心素养既是科学素养在化学领域的深化和发展,也是其具体化和专业化的体现。这意味着,化学学科核心素养理论实质上是对科学素养理论的重要补充和深化。这种理论的进步和创新,也是新课程标准先进性和创新性的核心特征之一。

三、化学学科核心素养

（一）化学学科核心素养概要

高中化学学科核心素养是学生核心素养发展的重要组成部分,它不仅反映了高中学生的整体素质,也代表了在社会主义核心价值观引领下的化学教育基本标准。这种素养全面体现了学生通过学习化学课程所培养的关键技能和必要的品质。它展示了学生在参与化学相关的认知活动和解决问题时的关键素质,显现了学生从化学角度认识和理解事物的方式及水平。它的核心组成部分包括五个方面:"宏观识别与微观探究""变化观念与平衡理念""证据推理与模型理解""科学探索与创新意识"以及"科学态度与社会责任感"。这些方面深刻地揭示了化学学科的独特性,凸显了化学在微观层面认知物质、用符号描述物质及在多种层面上创造物质的特色。

1.学科基础知识是学生发展化学学科核心素养的载体

化学学科的基础知识构成了化学课程的核心内容。在制订化学课程标准时,充分考虑到了学生的认知能力、学习水平和个性化发展需求。因此,课程内容涵盖了一系列主题、模块和系列,这些都是以化学基础知识为基础构建的,旨在将这些知识进行科学且高效的整合。在学习化学基础知识的过程中,学生们不断地形成和发展他们的化学学科核心素养。例如,在学习"宏观辨识与微观探析"这一模块时,学生需要能够运用宏观和微观视角分析和解决实际问题。这种学习方法不仅帮助学生掌握了知识,更重要的是培养了他们应用这些知识的能力。

2.学科能力是学生发展化学核心素养的保障

化学学科能力指的是学生在化学课程学习过程中所表现出的稳定心理和行为特点,这些特点是在高中化学核心素养教学的基础上形成的。化学学科能力主要包括理解能力、推理论证能力、实验探究能力和综合分析能力。在这其中,理解能力是发展化学核心素养的基础;推理论证能力的水平直接影响"变化观念与平衡思想"和"证据推理与模型认知"的发展;而实验探究能力和综合分析能力则决定"科学探究与创新意识"和"科学态度与社会责任"的成长程度。在化学的学习过程中,学生不仅要学习基础知识,更重要的是提高他们的学习能力,从而促进他们化学核心素养的持续成长。

3.学科思想方法是化学核心素养的实质

化学学科思想是在化学认知实践中形成的思维模式和意识,涉及对化学的本质、特点及其学科价值的深入理解。化学,作为一门基础学科,主要研究物质在原子和分子层面上的组成、结构、性质、变化以及应用。化学学科思想极其丰富,包含多个方面:物质运动思想,即认识到物质是不断运动和变化的,并遵循一定的规律;物质分类思想,强调树状分类和交叉分类的概念;物质守恒思想,涵盖了质量守恒、电荷守恒、电子得失守恒和能量守恒等;动态平衡思想,涉及化学平衡、电离平衡、水解平衡和沉淀溶解平衡;唯物辩证思想,关注对立统一、量变与质变、现象与本质、一般与特殊的关系;绿色化学思想,注重绿色发展和环境保护。

化学学科核心素养的培养实际上是在学习化学的过程中实现的。通过采用"宏观—微观—符号"这种方法来认识物质及其变化,帮助学生建立正确的世界观,形成科学的方法论。认识物质世界的客观性和可认知性是探索物质世界的基础;拥有证据判断、推理和探究的能力是学习和研究化学的必要品格和关键能力;从宏观现象出发,深入到原子、分子层面的分析研究,并运用化学符号模型进行表达,构成了化学的基本认知方式;掌握物质化学变化和能量转化的基本规律,运用逻辑思维分析推理物质及其变化现象,是认识和创造新物质的基础和方法;在研究、利用和创造新物质的过程中,自觉遵循科学原理,具备可持续发展的观念和合作交流意识,是现代社会对于人才的基本要求。

(二)对高考化学试题考查化学核心素养的分析

对高考化学试题进行的分析,表明这些试题在考查学生的化学核心素养方面具有明显特点。首先,高考化学试题强调对学生化学基础知识的掌握和运用能力的考查,这体现了化学学科核心素养的重要组成部分。其次,试题着重考查学生的科学思维能力,如逻辑推理、问题分析和解决问题的能力,这些都是化学核心素养的关键要素。此外,试题还注重考查学生的实验技能和科学探究能力,如实验设计、数据分析和结论推断等,这些能力反映了化学学科核心素养的实际应用。总的来说,高考化学试题不仅考查学生的知识掌握,更重视学生综合能力的培养,即化学学科核心素养的体现和发展。这种考查方式有助于促进学生综合素养的提升,同时也反映了高考对化学教育目标和要求的重视。

(三)围绕发展学生核心素养,贯彻考试招生改革的理念,有效实施高中化学教学

围绕发展学生核心素养,高中化学教学在贯彻考试招生改革理念的过程中需要采取有效的实施策略。首先,教学内容应与学生的核心素养紧密结合,注重基础知识与思维能力的培养,确保学生能够全面理解和掌握化学概念。其次,教学方法要创新,例如通过实验教学、讨论式教学和案例分析等多样化的教学方式,激发学生的学习兴趣,提高他们的实践和探究能力。此外,教学评价也应进行改革,不仅关注学生的知识掌握情况,还要重视其分析、解决问题的能力和创新思维的培养。通过这些措施,高中化学教学既能培养学生的核心

素养,又能适应考试招生改革的需求,有效促进学生全面而深入的学科学习。这样的教学实践有助于学生形成扎实的化学基础,同时发展他们的综合素质,为未来的学习和生活奠定坚实基础。

四、高中化学教学中存在的问题及应对策略

随着高中化学新课程改革的推进,与传统教学理念和模式相比,高中化学教学出现了显著的差异。这导致许多化学教师在教学过程中遇到挑战。为了提高学生的学习效率,教师们必须创新教学方法,致力于提升高中化学教学的质量,为学生的高考做好充分准备。

新课程标准实施以来,高中化学教学更加注重贴近实际生活,强调理论与实践的结合,并对教师和学生提出了新的要求。教育工作者需在化学教学中重视激发学生的学习兴趣;学生则应将所学理论应用于实际生活中。换言之,新课改后的化学教学更加强调学生的全面发展。因此,教学理念、条件和需求等方面都需要适应新的教学模式。但在实际教学中,这些方面存在一些问题,亟须改进。

高中化学课程改革的主旨在于培养学生的探究意识和提高创新能力。学生探究思维的激发对提高思维活跃度、培养质疑勇气至关重要。因此,在高中化学教学中,教师应设定具体的化学问题来激发学生的思考,不仅提高学生对化学知识的掌握,还要培养他们的探究意识和创新能力。

(一)改变传统的教学模式,向着多元教学转变

随着教育改革的不断推进,高中化学教学需要摆脱传统的单一教学模式,转向更加多样化的教学方法,以便提升教学效果。科技的发展和多媒体教学设施的完善使得新的教学理念越来越受到教师们的认可。采用多元化的教学模式不仅是适应时代变化的必然选择,也是高中化学教育发展的趋势。在教学实践中,教师应充分利用现代化的教学技术和丰富的教学资源,以提高教学质量。通过运用图片、视频、文献资料和专家讲座等多媒体资源,能够有效地吸引学生

的兴趣,进而促进化学教学水平的整体提升。

(二)重视化学实验教学,培养学生的探究精神

重视化学实验教学对于培养学生的探究精神至关重要。化学实验不仅是化学知识学习的重要组成部分,更是激发学生探究兴趣和培养实践能力的有效途径。通过实验教学,学生可以直观地观察物质的性质和反应过程,从而加深对化学理论的理解。此外,实验教学还能训练学生的观察力、分析能力和创新思维,这些能力对于探究精神的培养至关重要。因此,在化学教学中,加强实验教学,让学生亲自动手操作,不仅能提升他们对化学知识的理解,更能有效培养他们的探究精神和实践技能。

(三)促进实验在高中化学教学中的运用

促进实验在高中化学教学中的运用对于提升教学效果和学生理解至关重要。实验教学能够使学生直观地观察和体验化学反应和物质变化,从而更加深入地理解化学理论。为了有效地实施实验教学,教师应设计富有创意和针对性的实验,使其与理论教学紧密结合,增强学生的实践操作能力和科学探究意识。此外,利用现代化的教学工具和技术,如虚拟实验室、模拟软件等,可以在资源或安全限制的情况下,为学生提供更多的实验机会。通过这些方法,不仅可以提高学生对化学知识的兴趣和理解,还能提高他们的实验技能、问题解决的能力和培养他们的创新思维。综上所述,将实验有效融入高中化学教学是提高教学质量、培养学生综合能力的关键策略。

五、核心素养下的高中化学课堂教学艺术

虽然学生是学习活动的主体,但教师的主导作用对于学生能否有趣并富有成效地学习以及他们的发展非常关键。教师的这一主导作用主要体现在三个方面:首先,激发学生浓厚的学习兴趣,使学生乐于学习;其次,培养学生良好的学习习惯,确保学生具备学习的能力;最后,指导学生掌握有效的学习方法,教会学生如何学习。教师

需要在教学的全过程中贯彻这三个方面,包括课前的备课准备、课中的讲授、实践操作和练习,以及课后的考核、评价和反馈。

学习兴趣、学习习惯和学习方法三者相互联系,各自在学习过程中扮演不同的角色。兴趣是激发学生学习动力的起点,习惯反映了学生持续学习的意志力,而方法则是提高学习效率和能力的关键。因此,教师在教学过程中应有效发挥其主导作用,并在这三个方面之间取得平衡,以促进学生的全面成长和发展。

(一)乐学——激发化学学习兴趣

化学教师通过运用化学知识素材激发学生的浓厚学习兴趣和求知欲,是其关键职责之一,也体现了化学教师应具备的基本素质。学生在缺乏兴趣和学习动力的情况下难以学好化学,因此,激发学生的学习热情对于他们学业成绩的优异至关重要。教师需采用多样化的方法来激发学生对化学的兴趣,提升他们的学习热情,唤醒学习欲望,使学生对化学课程产生浓厚的爱好和兴趣。

1. 开始阶段对于成功极为关键

当学生初次学习化学或接触新的教学内容时,通常会展现出浓厚的好奇心和对新事物的兴趣,这为教师提供了极佳的教学时机。教师应指导学生理解化学不仅重要而且有趣,从而在学生心中种下对化学学习的兴趣和渴望的种子。为此,教师需要将教学内容与学生日常生活紧密结合,借助教材内容,向学生展示化工生产概况、化工产品应用、三大合成材料发展前景及化学在高科技领域的运用等科技新进展,激发他们对学习的兴趣和探索欲。

2. 精心设计教学,活化化学知识

在化学教学中,教师需深入研究教材,确保对内容有准确理解和全面分析,以科学地处理教学内容。在此基础上,教师应巧妙设计每个章节的教学方法,突出重点,化解难点。教师应充分利用教材中的趣味性,采用启发式、引导式和讨论式等教学方法。例如,可以讨论为何节日的烟火色彩丰富、石油为何称作"黑金"、使用聚乙烯渔网如何捕获更多鱼等。

3.创设实验,展示化学的魅力

化学是一门以实验为基础的自然科学,充分运用实验对于激发学生兴趣、帮助他们获取知识和发展能力具有重大意义。因此,教师应细心策划和设计演示实验并鼓励学生自行进行实验。

在演示实验中,教师要创造引人入胜的化学现象,引导学生观察,激起他们的好奇心,并围绕这些现象展开讨论。比如,在教授焰色反应时,向燃烧的酒精火焰中加入不同金属盐,观察火焰颜色变化,这样的演示能够引起学生极大的兴趣,同时使他们在轻松愉悦的氛围中掌握知识。

学生自行进行实验,这种亲身体验对他们而言更有吸引力。教师不仅要讲解实验目的和操作要求,还应在操作过程中提出问题。教师要随着实验现象的变化激发学生探究知识的兴趣。通过这种实践活动,学生不仅能更深入理解化学知识,还能培养探究精神和科学态度。

4.确立新的评价主体,活跃评价形式

教学评估是教学过程中的关键环节,对学生而言是一种挑战和期待。有效组织考试对于激发学生学习兴趣、调动学习积极性以及正确评估学习成效至关重要。多样化、生动活泼的考试形式能使学生更加主动地学习。

在化学考试中,笔试题应考查学生的理解能力,题目应紧扣教学大纲和教材,强调基础知识与能力的双重要求,同时注重综合性和灵活性,避免偏题和纯粹的文字或数学游戏。题目应与实际紧密联系,强调基础理论知识及其应用,引入新科技知识。考试应让学生体验到学习的成功和喜悦。

除笔试外,每学期应举行一次实验考试,以增强实验的生动活泼

性。实验考试不仅检验知识,还能培养兴趣和积极性,实现复习和巩固知识的目的。实验考试包括准备、复习、考查和讲评四个阶段。教师公布考题后,学生进行全面准备;复习课上,通过演示和讨论,教师给出评分和讲评;考查时,学生抽题先操作后口试,教师记录实验情况作评分依据;最后,教师对考查情况进行讲评。实验考试旨在提高学生的动手实验能力,让他们体验成功的喜悦。

(二)善学——培养学生良好的学习习惯

培养具备扎实基础和实用能力的人才,不仅需要激发学生的学习兴趣,还必须着重于培养学生良好的学习习惯,这是提高学生素质的关键非智力因素。正如教育家叶圣陶所强调的,"教育即培养习惯",这凸显了在教育过程中养成良好习惯的重要性。在学校阶段形成的良好学习习惯,对学生的未来成长和发展极为有利。因此,教师在教学过程中应重视习惯的培养,指导学生建立对其长期发展有益的学习习惯和生活方式。

1.培养学生严谨的科学学习习惯,强化化学思想

培养学生严谨的科学学习习惯,在化学教学中尤为重要。这种习惯的培养不仅涉及学生的知识掌握,更关乎他们的思维方式和学习态度,是对化学思想的深化和强化。

首先,教师应教导学生在化学学习中的每个环节都要精确、细致。无论是课前的预习,课中的听讲,还是课后的复习、作业和实验,学生都应该养成一丝不苟的习惯。在课堂上,教师应引导学生关注关键概念和术语,理解其定义,培养逻辑分析和问题解决的能力。课外作业和实验操作中,应强调规范性和准确性,从而使学生在实践中深化理论知识的理解。

其次,教师应通过言传身教,展现严谨的科学态度。在讲授和演示实验时,教师的严谨操作、清晰的逻辑思维和细致的解释会对学生产生潜移默化的影响。同时,教师应对学生的作业和试卷进行细致

的批改,不放过任何一个错误,包括小数点、错别字或标点符号等细节,帮助学生养成细致入微的习惯。

最后,教师应在教学中不断强化化学思想,如物质守恒、动态平衡等,让学生在严谨的学习过程中逐渐领会并运用这些思想,从而在化学的学习和实践中达到更高水平的认识和应用。通过这些方法,学生在化学学习中不仅能够获得知识,更能培养起严谨的科学学习习惯和深刻的化学思维。

2.培养学生自觉自愿学习的习惯,强化化学意识

培养学生自觉自愿学习化学的习惯,对于加强他们的化学意识至关重要。这种习惯的培养不仅有助于学生在化学领域的深入学习,还能激发他们探索化学世界的热情。

首先,教师应通过有趣的化学实验、生动的教学案例和与日常生活紧密联系的化学知识,激发学生的学习兴趣。当学生发现化学与他们的生活息息相关时,他们会更加主动地学习这门学科。例如,通过探讨环境污染、新能源材料、健康与药物等话题,可以提高学生对化学的关注度和兴趣。

其次,教师应鼓励学生主动提问和思考,培养他们自主探究的习惯。在课堂上,教师可以设置开放性问题,鼓励学生发表自己的观点,从而促进他们的思维活跃和独立思考能力。

此外,教师还应强调化学学科的基础性和实用性,让学生认识到学习化学对于他们未来学习和职业发展的重要性。通过展示化学在科学研究和工业应用中的重要作用,可以增强学生的化学意识。

最后,教师应该定期反馈学生的学习进展,表扬他们的努力和进步,同时提出建设性的建议。这样,学生在自觉自愿学习的同时,能够感受到成就感,从而进一步加强他们的化学学习意识。通过上述方法,学生可以在乐趣中学习化学,自主地提升自己的化学知识和技能。

3.培养学生进行有效学习的习惯,强化学习效果

培养学生进行有效学习的习惯对于强化学习效果非常关键。首先,教师需要指导学生制订合理的学习计划和目标,帮助他们明确学习重点,合理分配学习时间。其次,教师应教授学生高效的学习方法,如主动学习、批判性思维、有效记笔记技巧等,引导学生主动探索和解决问题。同时,教师应鼓励学生进行团队合作和交流,通过小组讨论或项目合作等形式,促进学生间的相互学习和知识共享。

(三)会学——注重学法指导

教师的职责不仅限于传授知识和确保学生掌握这些知识,更重要的是引导学生学会如何运用所学知识去认识和解决问题,即从简单的学会知识到会学习的能力转变。这要求教师不只是知识的传递者,更是引导者和启发者。让学生掌握科学的学习方法和提高学习能力,是教育的更高层次要求,这将对学生的终身学习和发展产生深远的影响。

1.引导学生看书,培养自学能力

正确指导学生如何阅读课本和参考书,教授有效的阅读方法,对于培养学生的自学能力至关重要,也是学生自主学习能力的关键体现。对于教科书阅读的引导,有几个重要的方面需要注意:

首先,强调预习的重要性。教师应根据教学大纲和学生的学习水平编制合适的自学指导提纲,引导学生在预习时关注关键内容,识别并解决难点,提出问题,从而培养他们思考和解决问题的能力。

其次,要鼓励学生串联知识。对于相关的知识内容,教师应教导学生将前后知识进行关联性阅读,以便更好地理解知识的内在联系。此外,要解决口答和练习中常见的表达不清晰的问题,引导学生阅读教材中的明确表达方法。

最后,要教导学生正确使用参考资料。在当今信息丰富的环境下,学生可以获得大量的参考资料,但教师的任务是指导他们如何有序地查阅和使用这些资料。学生需要培养在参考资料中寻找答案的

能力,以扩展他们的知识面和提高知识的综合运用能力。

2.引导学生思考,培养思维能力

引导学生思考,培养他们的思维能力,是教育过程中至关重要的一环。为了实现这一目标,教师可以采取多种方法。

首先,教师可以提出开放性的问题,激发学生的思考。这些问题应该鼓励学生思考问题的多个方面,提供不同的观点和解决途径。通过引导学生进行讨论和辩论,教师可以帮助他们培养批判性思维和分析问题的能力。

其次,教师可以引导学生进行探究性学习。这意味着让学生自己发现知识,而不是被动地接受信息。教师可以提供实验、项目和研究任务,让学生积极参与并从中获得经验和知识。这种方式可以激发学生的好奇心和创造力,培养他们的解决问题的能力。

另外,教师还可以鼓励学生阅读不同类型的文学作品和文章,让他们从不同的角度思考和理解事物。文学作品可以引发深刻的情感和思考,有助于培养学生的情感智力和文学素养。

总之,引导学生思考并培养思维能力需要教师采用多种方法,包括提出开放性问题、进行探究性学习和鼓励阅读文学作品等。这将有助于学生发展批判性思维、创造力和情感智力,使他们更好地应对复杂的问题和挑战。

3.注重知识的升华,培养理解能力

使学生能够“活学活用”知识,关键在于培养他们的综合分析能力和应用已有知识的能力,让知识成为思考的工具,实现对知识的深刻理解和个人知识体系的丰富。因此,在教学过程中,教师应着重培养学生的综合分析能力,增强他们的理解力。

在化学教学中,很多知识点是从具体感性认识到抽象理性认识的转变。教师应指导学生通过观察和研究实际事物及实验,综合分析事物间的因果关系和规律性,进而形成归纳的概念、结论和判断。教师不宜直接给出现成的结论,而应引导学生自主分析和理解知识,有时可以通过集体讨论来进行辅导。

具体指导学生进行综合分析时,教师可根据教学阶段制订不同的教学策略。例如,在新课教学中,可以引导学生将教材中的单个现象整合为一个完整的概念,如通过分析硝酸的特性并与其他酸类比较,加深对酸类的理解。在章节复习时,指导学生把握主线,纵横结合,将知识点串联,例如在学习摩尔概念后,引导学生理解其与其他相关概念的联系,并将其总结为图表。在单元结束时,更加强调知识的横向关联,通过比较、归纳、分析和综合等方法揭示规律,实现知识的系统化。如在完成有机化学学习后,指导学生总结官能团间的转变规律,巩固所学知识。采用这种教学方法,能有效促进学生对化学知识的深入理解和应用。

4. 规范实验操作,培养动手能力

化学教学的实验特性应被充分发挥,多样化的实验活动对于锻炼学生的动手能力极为重要。在课堂教学中,教师规范的操作演示对学生学习至关重要。教师应向学生清晰阐述操作步骤、规范及其注意事项,提供高质量的操作示范。

同时,应充分利用学生的实验课时间,鼓励学生基于自学设计和执行实验。教师需仔细观察学生的实验操作,并对操作有误的学生给予个别指导。对于普遍的问题,应在实验结束后组织集体讨论或让学生展示错误操作,然后由教师进行正确规范的演示,加深学生的理解和记忆。

为了提供更多的实验操作机会和实践训练,可以组织多样化的课外兴趣小组活动。这些活动形式包括化学实验操作比赛、开展研究性课题的实验活动或指导学生进行探索性实验等。通过这些活动,学生不仅能在实践中加深对化学知识的理解,还能提高动手实验的能力和创新思维。

综合运用这些教学方法和实践活动,将使学生在化学学习过程中获得更为丰富和深入的体验。

第二节　基于化学学科核心素养下的有效教学策略

一、基于化学学科核心素养下实施有效教学的基本观点

(一)国外学者对实施有效教学的基本观点

1.清晰授课

教师在授课时应保证语言清晰、简洁,突出重点,并保持逻辑性,以便学生能够按照逻辑顺序逐步理解。教师清晰的表达能力对学生的理解至关重要,是教师基本功中的重要一环。

2.多样化教学

教师应采用多样化、灵活的教学方法,激发学生的学习兴趣和参与度。这包括使用挑战性问题、热情赞扬、多样化的视觉媒体(如多媒体演示、实验演示)、听觉媒体(如音乐)、触觉媒体(如动手实验、实践活动)等方式。

3.任务导向

教师的授课应明确任务目标,激发学生的学习动力。在学生缺乏动机和兴趣的情况下进行的教学活动往往效果不佳,因此,教师需要设定切实可行的学习目标,引导学生在迫切的学习需求中进步。

4.引导学生投入学习过程

教师在教学中应积极引导学生参与各类教学活动,如思考、动手操作、讨论交流等,以提高他们的学习积极性和参与度。例如,深圳市南山区的许多学校已经实施了学案教学方法,这一方法的核心是引导学生主动参与学习过程:动手完成学案,动脑思考问题,并通过口头表达和交流来巩固学习成果。此外,辅以实验手段的教学策略能够让学生在课堂上完成一系列学习任务,增强他们的实践能力和理解力。通过这样的教学方法,学生能够更主动地参与课堂学习,提高自主学习和团队协作能力。教师的角色转变为指导者和促进者,帮助学生在探索中学习,在实践中成长。

5.确保学生成功率

学生的成功率,即理解和正确完成练习的比例,是衡量教学效果的一个重要指标。教师应通过合理安排练习和问题讨论,让大部分学生都能获得成功的体验。这包括分层提问、分层练习和分类指导,以确保不同水平的学生都能在自己的水平上获得发展和成功的体验。

(二)有效课堂教学的内涵

有人将课堂教学效益定义为"经过一段时间的学习后,学生获得的具体进步与发展"。但这只是一个比较模糊的说法。

有效课堂教学包括以下三个方面的内涵——"三有":有效果,有效益,有效率。

1.教学效果好——有效果

有效的课堂教学体现为高课堂满意度,这意味着教学目标、教学形式和内容之间达到了和谐统一,实现了教学过程与结果的完美结合。这种教学效果不仅体现在学生学业成绩的提高(外在表现),还包括学生认知能力的进步(内在要素)、学生学习态度的积极变化(产生强烈的学习愿望),以及学生自主学习能力和核心素养的有效培养。

2.课堂效益高——有效益

教学效益的核心在于其实用性,即教学活动是否能满足学生的主观需求并对其发展产生积极影响。这一概念源自经济学中对商品效用或效益的定义,强调学生所学知识和技能的实际应用价值。

教学效益的评估侧重于教学及其结果与社会和个人发展需求的符合程度。这不仅包括教学活动是否达到了预期的质的要求,还涉及教学成果的量化评估,例如学生的学习兴趣是否浓厚、行为习惯是否良好、能力提升是否显著,以及素质发展是否全面。

苏霍姆林斯基曾提到,"阅读、书写、观察、思考、表达"是学生学习的五个基本技能,这些技能是学生学会学习、应用知识和成长为一个完整人格的关键。教学的高效益不仅体现在学生能够掌握这些基本技能,还在于教学活动能够带来的收益和价值的实现。

因此,高效益的课堂不仅要实现预定的教学目标,还要考虑教学投入的效果和价值实现。这意味着,教学活动不仅要关注知识的传授,更要重视知识、能力和素养的实用性和应用价值,确保学生所学对其个人和社会发展有实际的积极贡献。

3. 教学效率高——有效率

有效率指的是在课堂中,学生能够高效地达到学习目标,他们对所学知识有深刻理解,表现出色。这并不意味着学习过程缺乏挑战,相反,它要求学生在最短的时间内取得最好的结果。然而,这并不是一蹴而就的,学习是一个渐进的过程,每堂课都有其独特的目标,特别是对于高中生来说,他们需要逐步实现课程和个人发展方面的目标。

要提高学习效率,有几种途径可以考虑。首先,可以提高教学效果,确保教学方法的选择得当,教学内容合适,通过互动促进学生产生积极的学习效果。其次,学生应该在学习过程中取得明显的进步和发展,这将增强他们的学习兴趣,使学习更加愉快和令人满足。最后,学生应该感到有成就感和幸福感,这将激发他们更多地投入学习,从而提高学习效率。

以上三个方面的内涵确实相互关联,它们在学习过程中共同作用,具有内在的统一性。学习时间是学习的基础,学生需要投入一定的时间来学习和掌握知识。然而,学习时间并不是唯一的关键,学习效率同样重要。通过提高学习效率,学生可以在有限的时间内更好地理解和掌握知识,从而取得更好的学习结果。

学习结果是学习的最终目标,学生的学业进步和学力提升是衡量学习效果的重要标志。这些成就不仅可以提高学生的学习效率,还可以增强他们的学习体验。积极的学习体验和态度可以激发学生主动地投入学习,因为他们感到学习是有意义和愉快的。因此,这三个方面共同作用,相互促进,使学习过程更加有价值和富有成就感。

二、提高化学课堂教学有效性的具体对策

(一)高度整合和利用教材内容

首先,高中化学教师需要树立新的教学观念以适应新课程标准的要求。他们应从传统的课堂教学权威角色转变为教学的组织者和指导者。这意味着要把学生置于教学活动的中心,尊重学生的主体地位,充分发挥学生在教学过程中的积极作用,并提供充分的课堂参与机会。

第二,教师在化学实验教学中需创新教学模式。化学实验是提高教学效果的关键,因此教师不应过分依赖教材或多媒体教学工具,而应关注实验的趣味性和互动性。选择与学生兴趣相关的实验内容,增加实验的趣味性和实用性,从而提高学生的动手能力和实验技巧。

第三,化学教师应创新地运用小组合作学习模式,整合教材内容,培养学生的独立思考和团队合作能力。在这种模式下,学生可以进行自主预习、独立思考,并与同学合作探讨章节中的难点和疑问。教师在课堂上应提供答疑解惑的机会,组织实验等活动,加深学生对知识的理解和记忆。这种互动合作的方式有助于培养学生的创造性思维和问题解决能力。

(二)培养学生的科学态度与社会责任

首先,教师应教育学生遵循科学实验的基本原则和安全规范,强调诚实、严谨的科学精神。在教学过程中,可以通过实验教学,让学生亲身体验科学探索的过程,培养他们对实验数据的准确记录和分析能力。

其次,教师应将化学知识与实际生活和社会问题联系起来,比如讨论化学在环保、能源利用和新材料开发中的应用。通过这些话题，引导学生思考化学在解决现实问题中的作用，增强他们的社会责任感和对可持续发展的认识。

此外，教师还可以组织学生参与相关的社会实践活动，如环境保护项目、科普活动等，让学生将所学化学知识应用于实际，培养他们的社会责任感和公民意识。通过这些教学方法，不仅可以增强学生的化学学科素养，还能培养他们的科学态度和对社会的责任感。

（三）引导学生切身感受"化学学科的本质与思想方法"

引导学生深刻理解并切身感受"化学学科的本质与思想方法"是化学教育的关键环节。首先，教师应通过具体实验活动，让学生直观感受化学变化的奇妙过程，从而理解化学作为一门实验科学的本质。例如，通过制备氧气、分解水等基础实验，学生可以观察到物质转化的直接现象，感受化学反应的实际过程。

其次，教师应强调化学的思想方法，如推理、分析、归纳和综合，这些是化学学科探究的基本方法。教师可以通过案例分析和问题解决的方式，引导学生运用这些思想方法，解决实际化学问题，如分析化合物的组成、预测化学反应的结果等。

此外，通过讨论化学在现代社会中的应用和影响，如在能源、环境保护和材料科学中的应用，可以加深学生对化学学科的本质和思想方法的理解。通过这些活动，学生能够更加深入地理解化学学科，培养科学的思维方式和方法。

三、基于化学学科核心素养下如何创设真实问题情境

随着课程改革的不断深入，传统的教学方式已经不再适应时代的需求，因此改革是迫在眉睫的。创造问题情境可以有效地激发和促进学生的认知和实践活动，有助于改善教学和学习的效果。这种生动的教学情境不仅能激发学生的情感，还是学生探究知识和提高能力的有效方法。教师应该努力创造能够激发学生求知欲的问题情境,培养他们的独立探究能力。那么,在高中化学教学中,如何创造这样的问题情境呢?

(一)联系生活实际创设问题情境

化学作为一门与人们的生活息息相关的学科,贯穿着人们的日常生活的方方面面,从衣食住行到各个领域都与化学有关。因此,在教学中,可以通过强调化学在实际生活中的应用来创造情境。这样做不仅可以让学生认识到学习化学的重要性,还有助于他们将所学的化学知识应用于解决实际问题。当学生能够运用化学知识解决日常生活中的问题时,他们会感到自豪和满足。这种成就感会激发学生的学习兴趣,促使他们更深入地学习和探索化学知识。因此,学生的探究意识在这一过程中也会自然而然地形成。

(二)通过化学实验创设问题情境

化学是一门以实验为基础的自然科学,化学实验提供了直观、形象和变化的感性材料,激发了学生的好奇心和求知欲望。教师通过精心设计的化学实验,让学生在惊奇、困惑和矛盾中思考和探索。教师创设问题情境,引导学生揭示化学现象的本质和内在规律。因此,利用实验内容创设问题情境有助于发挥学生的主体性,促进他们独立思考和探究。

(三)利用认知矛盾创设问题情境

在教学过程中,利用新旧知识的矛盾、日常概念与科学概念的差异,以及直觉、常识与客观事实之间的冲突,可以有效激发学生的探究兴趣和学习欲望,营造一个积极的认知和情感环境。心理学研究指出,当认知结构与外界刺激产生冲突时,才能激发学习的动力。

在教学中,可以利用具体的例子来创设问题情境,引发学生的思考和探究欲望。例如,在"钠"这一教学内容中,可以提出以下问题:"通常情况下,我们使用水来扑灭火源,但为什么有些金属在接触水时却会发生剧烈的反应,甚至引发火灾?"这个问题涉及了日常生活中的常识与化学知识之间的矛盾,激发了学生的好奇心。通过进行实验演示,例如向酒精灯的灯芯滴水后引发火焰,可以让学生亲眼见证"反常"的现象,进一步激发了他们的求知欲望。教师可以随后解释这一现象的原因,引导学生深入探究钠与水反应的机理,从而促进了积极的学习氛围和学术兴趣的培养。

(四)利用化学史实创设问题情境

我国知名的化学专家傅鹰曾经指出,化学教育不仅能传授知识,化学史的学习更能提升智慧。在化学课上,巧妙地运用化学历史事实来构建问题场景,不仅能够扩展教学内容超越教科书的范畴,同时也能让学生在追溯知识的根源和发展过程中,亲身体验科学探究的步骤,学习科学研究的方法,并培育他们的科学思维和人文素养。

以"苯"这个课题为例,苯分子的结构是学习的重点,同时也是理解上的难点。在授课时,教师可以结合讲述苯的发现历程、苯分子式的确立以及苯环状结构的形成过程,以此激发学生的学习兴趣。在讨论苯分子式时,可以指出其氢原子并未达到饱和状态,这与前面学习的几种烃的结构特征明显不同。此时,讲述德国化学家凯库勒通过"梦境"发现苯分子结构的故事,不仅能让学生领悟到科学研究的复杂性和艰难,还能激发他们探究的热情,加深对相关知识的理解。

(五)利用生动故事创设问题情境

激发学生学习兴趣的方法和手段多种多样,包括与所学知识相关的趣事、有趣的化学故事、夸张的卡通图片或动画、生动的化学史料、适合学生口语表达的文字对话等。这些方法都能够引发学生的求知欲望,激发他们的思维,使他们积极投入学习,从而有效提高课堂教学的效果。因此,利用化学故事来创设情境是一种非常有效的教学方法。

总之,在化学教学中,教师应根据新课程标准的要求,准确理解创设问题情境的目的和方法,并尽量多地运用这一方法。通过创设问题情境,可以激发学生的学习兴趣和探究欲望,使他们在轻松愉快的氛围中获取新知识,培养新技能,全面提高他们的综合素质。这有助于提高课堂教学的效果,让学生更好地理解和应用化学知识。

四、基于化学学科核心素养下对"五实课"课堂的理解

（一）扎实的课是有意义的课

学生在课堂上不仅仅学到了知识,还锻炼了能力,同时在学习过程中产生了积极的情感体验和进一步学习的渴望。这种课程使学生更加主动地投入学习。

（二）充实的课是有效率的课

全班学生中大体上都能够取得高效的学习成果,不仅对表现良好的学生有效,也对其他学生有可观的效率。如果只对少数学生有效,那就不能称之为一堂好课。

（三）丰实的课是有生成性的课

课堂上师生之间真实地展现出情感、智慧、思维和能力的投入,尤其是思维的活跃程度。这样的课程不仅有事先设定的结果,还有师生之间的真实互动,包括思维的碰撞和资源的生成。学生具有创造性思维,能够对标准答案提出质疑,引导课堂讨论朝着非预设的方向发展。发散性思维是培养学生创造性思维的重要因素,在化学教学中,教师应鼓励学生在做出选择之前考虑多种选择和视角,以培养学生的发散思维能力。

（四）平实的课是常态下的课

课堂中有相互讨论和思维碰撞的正常情况。在这个过程中,师生相互交流,产生新的见解和思考,丰富了课堂的内容。

（五）真实的课是有待完善的课

任何课程都不可能完美无缺,它是真实的,不掩饰问题,值得反思和重建。这种课程的存在为教师提供了改进和提高教学质量的机会。

五、基于化学学科核心素养下课堂有效教学的七个标志

（一）教学目标有效——科学简明

在教学中,确立明确、具体、科学、简明、切实的教学目标是至关重要的。过于高、多、抽象的教学目标可能会导致教学计划的不切实际和课堂教学的混乱,因此,教师需要仔细考虑并确立符合学科教育要求的教学目标。有些教师采取在视频上打出"考纲要求"的方式,以提醒学生关注重要内容,这是一种有效的方法,可以帮助学生明确学习重点,有助于教学的"有的放矢",提高教学效果。

(二)教学容量有效——适量适度

教师在教学中需要遵循教育规律和教学原则,科学地安排和搭配教材内容,合理组织练习,不应贪多求全,也不应求少图便。教师需要精确把握教学内容,确定练习的次数和时限,决定哪些内容需要简明扼要地讲解,哪些内容可以进行灵活处理。在教学中,教师应该鼓励学生的主动参与,让他们积极思考和学习,从而使学生能够持续地学习而不感到厌倦。这样的教学方法有助于提高教学效果和学生的学习兴趣。

(三)训练定点有效——突出重点

教师需要确定教学重点,确保在教学中突出重点内容,以确保学生能够深刻理解和掌握关键知识和技能。

(四)教学方式有效——选择恰当

教师应根据教材、学生情况和学校条件选择合适的教学方法,确保教学方式贴切,能够激发学生的学习兴趣。

(五)教学过程有效——充分展开

教师在教学过程中应注重组织教学、传授知识、指导学生练习和促进学生探讨交流,确保教学过程充实而有深度。

(六)教学时间有效——恰到好处

教师应在备课时合理预设各部分的时间分配,确保在有限的课堂时间内完成教学任务,提高教学密度。

(七)全体学生有效——均有收获

教师应面向全体学生,不仅重视优等生,也要关心后进生,确保每个学生都能够有所收获和发展。

这些因素有助于提高教学的效果和学生的学习成果。

第二章　高中化学核心素养培育的目标、途径、方法与评价

第一节　高中化学核心素养培育的目标和途径

一、培育目标

（一）形成化学学科的思想和方法

1.结构与性质的思维方法

这种思维方法强调理解物质的结构与性质之间的紧密联系。学生应能够从宏观的角度识别物质的形态和变化，使用符号表示物质及其变化，并具备从微观层面理解物质组成、结构和性质之间关系的能力。这有助于培养学生的"结构决定性质，性质决定应用"的观念，使他们能够在认识物质世界时融会贯通宏观和微观层面，认识到宏观性质与现象与微观的组成结构、相互作用和运动变化密切相关。

2.变化与发展的思想方法

这种思维方法强调认识物质是不断运动和变化的，物质可能发生转化，且变化具有规律性。学生应具备分析物质的化学变化的能力，考虑内因与外因、量变与质变等方面的影响。他们还应能够从不同视角对化学变化进行分类研究，并使用对立统一、联系发展和动态平衡等观点来解释化学反应。这有助于培养学生预测在特定条件下物质可能发生的化学变化的能力。

3.推理假设与实验验证的思想方法

这种思维方法强调学生提出假设并通过科学推理、分析证据来验证假设。他们应具备分析和推理物质性质及变化的能力，预测可能的结果。学生还应能够建立解决复杂化学问题的思维框架，设计

实验方案并进行实验操作。他们需要处理观察记录的实验信息以得出结论,并对提出的假设进行科学评估。这有助于培养学生的科学思维和实验技能。

(二)培养严谨求实的科学态度

学生需要深刻理解化学、技术、社会和环境之间的相互关系,认识到化学对社会发展的重要贡献。他们应该关注与化学相关的社会热点问题,认识到环境保护和资源合理开发的重要性,具备"绿色化学"和可持续发展的意识。此外,他们应该能够运用已有的知识和方法,综合分析化学过程可能对自然产生的各种影响,权衡利弊,强调社会责任感,并积极参与涉及化学问题的社会决策。

(三)生成高效深度的课堂学习

教育的核心任务之一是培养学生的学科素养。为实现这一目标,教师应深入研究课程内容,将教育标准要求转化为符合现代教育理念和教学规律的教学设计。在教师的引领下,学生应以具有挑战性的学习主题为中心,积极参与学习,通过体验成功来不断发展。在这个过程中,学生不仅掌握了学科的核心知识,还理解了学习的过程,领悟了学科的本质和思维方法。他们培养了积极的内在学习动机,高级的社会情感和正确的价值观。最终,他们成了既具有独立性、批判性、创造性,又具备合作精神、基础扎实的优秀学习者。这是教育的一个重要目标。

二、培育途径

(一)化学实验教学中,培养学生科学探究和创新意识

化学实验在高中化学研究中扮演着至关重要的角色,被认为是化学的核心方法和手段,有着深远的影响。傅鹰先生指出,只有实验才是化学的"最高法庭",强调了实验在化学中的重要性。因此,化学实验教学不仅是教育的手段,更是提高学生科学素养的关键。

首先，教师在演示实验时应严格规范操作，确保演示实验的准确性。同时，可以根据教学需要适当增补演示实验，以深化学生对知识的理解，并激发、拓宽和深化学生的思维层次。

其次，引导学生参与探究性教学，让他们自己设计实验方案，尝试探索问题。这有助于发展学生的主观能动性和独立分析问题、解决问题的能力。

最后，鼓励学生对实验教学进行改进，培养他们运用所学知识进行创新实践的能力。这不仅增强了学生的参与意识和合作精神，还让他们明确了实验改进的必要性。

为了支持化学实验教学，化学实验室的建设至关重要。必须制订完善的实验室工作制度和安全守则，建立科学的实验室运行机制，并配置必需的化学实验设备、仪器、药品和基础设施，以确保所有实验活动的安全进行。同时，有条件的地方和学校应逐步引进现代化仪器设备，并向学生或学生课外兴趣小组开放，以促进更多的实验探究活动。

化学学科具有基础性、创造性和实用性，涉及的物质始终处于动态变化的环境中。因此，学生在学习化学时应培养变化观、联系观和探究观，以更好地理解和运用化学知识。通过自主探究和实验，学生可以深入理解化学原理，同时培养了科学素养和创新实践能力。

（二）课堂教学中，培养学生自主、合作、探究能力

新课程改革的核心之一是转变学生的学习方式，从过去的被动、接受性学习，向自主、合作和探究学习转变。自主学习强调学生作为学习的主体，通过独立思考、探索、实践、质疑和创造来实现学习目标。自主学习培养学生积极参与、善于探究、勤于实践的能力，注重信息获取、新知识获得、问题解决和合作交流能力的培养。

合作学习指学生在小组或团队中合作完成共同任务，是一种分工明确、互动、互相帮助的学习方式。它有助于培养学生的团队合作

精神,提高综合能力。

探究学习要求学生主动参与,根据自己的猜想或假设,运用科学方法研究问题,培养创新实践能力和高阶思维技能。通过探究学习,学生能够更深入地理解科学知识的本质,积极构建自己的知识体系,注重学习过程、应用、体验和全员参与。

这些学习方式的转变不仅有助于学生获取更多的知识,还培养了他们的学习兴趣、自主性和合作精神,为终身学习和未来生活奠定了坚实的基础。

(三)跨学科、跨学段课程整合,拓宽学生学习视野

跨学科课程内容整合是将不同学科的课程内容进行有机结合,以促进学生跨学科的综合思考和学科之间的融合。这种整合可以分为学科内整合和跨学科整合,目的是帮助学生建立综合的知识结构,以便他们能够更好地解决实际问题。

在学科内整合方面,强调了各学科内部不同知识点之间的关联性和逻辑性,帮助学生更好地理解学科知识的内在联系。同时,跨学科整合强调了不同学科之间的联系,例如化学与物理、生物、地理等学科之间的联系,以拓宽学生的视野,培养学生综合运用不同学科知识的能力。

在跨学段课程内容整合方面,考虑到不同年级、不同学期的课程内容,需要进行合理的整合和调整,以确保课程内容的连贯性和逻辑性。这有助于避免重复教授相似的知识点,并使学生更好地理解知识的发展和深化。

课堂教学是培养学生核心素养的关键环节,教师应根据学生的实际需求和素养目标,有针对性地设计课堂教学内容和教学方法,以提升学生的化学素养。在教学中,教师需要思考如何培养学生的跨学科思维能力,鼓励他们综合运用不同学科的知识解决问题,同时注重培养学生的学习态度和价值观。

综上所述,跨学科课程内容整合和课堂教学设计是培养学生化学素养的重要手段,有助于学生建立综合的知识结构,提升综合运用不同学科知识的能力,培养跨学科思维能力,促进学生的综合发展。

（四）建构形象化教学,促进学生学习方式转变

化学教材中包含丰富的图表资料,如章头图、物质结构和性质图、物质用途图、知识系统图、实验装置图、科技成果和科学家肖像图,还有各种数据、表格、线图、化学实物和科学漫画图等。此外,网络上也提供了多样化的化学教育资源,包括化学微课、教学视频和实验网站等。这些资源形式多样,内容丰富生动,极大地激发了学生的学习兴趣和参与精神。它们不仅能够让学生直观地感受化学知识,还能够引导学生进行形象思维,提供良好的学习指导。在教学中,充分利用这些化学资源组织教学,可以激发学生的主动性,培养他们的分类、比较、分析和综合能力,具有极大的益处。

1.情境支架

在教学过程中,采用多种形式如视频、图片、实验、典型案例等,创造情境支架,旨在激发学生的兴趣,让他们亲身体验化学学科的应用价值。举例来说,可以通过制作水果电池的实验,让学生将铜锌金属片插入柠檬中,将金属片外部连接到电流表上,并引导学生观察电流表指针的偏移情况。又或者可以提出一个生活案例,如描述格林太太的情况:"在伦敦上流社会中,格林太太为了显示家庭的富有,将口中的假牙一颗用黄金制作,另一颗用不锈钢制作。然而,她却经常头疼,医生束手无策,直到一位化学家的出现才治好了她的头疼。同学们是否想知道这位化学家是如何治疗格林太太的头疼的呢?"通过这个情境,学生可以清楚地理解构成原电池的条件。这种情境化教学方法有助于学生更好地理解抽象的化学概念。

2.问题支架

在高三的教学过程中,问题支架是一种常见而有效的教学策略。

教师根据自己的教学经验和不同的教学目标,设计出各种不同角度和深度的支架。这些支架随着学生对问题的逐步深入而不断演进,从而使学习内容逐渐深化。对于高三学生来说,这有助于他们更好地掌握和巩固知识点。合理设置的问题支架能够帮助学生跨越他们当前的发展阶段,达到一个更高的学习层次,进而提升他们分析和解决问题的能力。

3.图示支架

在高三一轮复习过程中,随着复习的深入和题目的综合性增强,学生常常感到需要掌握的内容逐渐增多,但能够牢记的知识却逐渐减少。以电化学为例,学生需要掌握正极、负极、阴极、阳极方程式的书写规律,而不仅仅是机械地死记硬背,否则只会增加课业负担。一轮复习的目标是夯实基础,确保学生对教材中的基本知识结构、基本概念和基本规律有清晰的认识,这是一个逐渐深入的过程,就像将书本"由薄到厚"一样。而二轮复习的目标是提高能力,通常以专题讲座的形式进行,此阶段的主要任务是深入研究各知识块内的基本概念及其相互关系,与一轮复习相反,是一个逐渐精炼的过程,就像将书本"由厚到薄"一样。

(五)了解科技前沿及化学史,拓展学生思维方式

1.了解科技前沿,拓展思维方式

化学与材料科学、物理学以及生物学等学科之间存在紧密的相互关联,它们共同构成了高科技领域的重要支撑。在课堂教学中,应常常介绍化学科研的最新动态,深入讲解化学前沿知识。例如,瑞典科学家声称发现了115号元素存在的新证据等重要信息。这些前沿知识可以帮助学生了解化学领域最新的科研进展、成果、问题和发展趋势。这不仅有助于培养学生的科学价值观,还可以拓展他们的思维方式。因此,介绍前沿化学知识是提升学生化学素养的有效途径之一。

2.创设化学史情境,营造化学核心素养氛围

在高中化学教学中,创设教学情境是非常重要的。情境的创设应该有针对性,以满足教学的需求。有效的教学情境可以将抽象的化学知识以直观的方式呈现给学生,帮助他们更好地理解知识,实现对化学知识的建构。在高中化学教学中,应遵循真实性原则,根据教学需要为学生创造真实的情境体验。这样,学生可以在情境中体验科学家在化学研究中所面临的挫折和困难,同时锻炼化学思维,促进化学核心素养的发展。

以"化学反应条件的优化——工业合成氨"为例,为了让学生有效地探究工业生产条件,可以以勒夏特列、能斯特、哈伯等科学家对工业合成氨的研究为基础创设教学情境。在这个情境中,学生可以了解这三位科学家在研究工业合成氨时的共同关注点,从而明白反应条件的重要性。然后,通过情境体验,学生可以深入分析这些科学家的研究过程,理解失败的原因。在这个过程中,学生不仅可以自主探索有价值的化学知识,还能够体会到科学家的辛苦和坚持,培养科学探究与创新意识、科学精神与社会责任等素养。

通过这种情境创设,可以使学生更好地理解化学知识,并培养他们的科学素养。这种教学方法有助于激发学生的学习兴趣,让他们更深入地理解化学的应用和意义。

(六)紧密联系实际,培养学生科学态度和社会责任意识

化学科学与生产、生活和科学技术的发展密切相关,对社会进步、科技发展和生活质量提高有着广泛而深远的影响。因此,在化学学习中,需要将化学知识紧密联系到实际生产和生活中,引入自然和生活环境中的化学资源,丰富教学情境,让学生亲身感受化学与自然环境、生活环境的紧密联系。学生应该能够综合运用所学知识来解释和解决与科学、技术、社会和环境(STSE)相关的问题,从而认识到学习化学的意义,以及化学对于创造更多物质财富以满足人民日益

增长的美好生活需要的重要性。

例如,在环境教育方面,可以通过化学课程引导学生关注环境危机意识。全球存在许多环境问题,其中许多可以通过化学知识来分析和解释。通过结合化学知识,学生可以了解环境问题的根本原因和影响,以及可能的解决方法。例如,可以使用卤素知识来介绍臭氧层空洞问题,使用二氧化硫性质来说明酸雨问题,使用氮的氧化物性质来探讨城市环境污染,以及使用高分子聚合物知识来解释"白色污染"等。通过这些例子,可以培养学生的环境意识,使他们认识到保护环境的紧迫性和重要性,激励他们积极参与生态文明建设,为构建美丽家园贡献自己的力量。这种综合性的教学方法有助于学生更深入地理解化学的实际应用,同时培养他们的社会责任感和环保意识。

(七)开发校本课程,构建适合学生发展的知识体系

《基础教育课程改革纲要》明确提出,学校在执行国家课程和地方课程的同时,应根据当地社会经济发展情况、学校传统优势、学生需求和兴趣,选用或开发适合本校的课程。这意味着教师不仅仅是教材的使用者,还应成为课程的编写者。开发校本课程不仅有助于满足学校和学生的需求,还可以促进教师的专业发展,使其成为研究型、学者型教师。

在新高考改革的背景下,根据高中化学新课标的五大主题,开发校本课程可以将课程内容分为核心价值、学科素养、关键能力和必备知识四个层次。课程的组织和实施可以采用多层次培养、多主题演绎、个性化课程和跨学科方案等形式。此外,实施过程式评价方式也是一个重要考虑因素。这些方案对高中化学校本课程的实践具有参考价值。

校本课程的开发需要与新高考制度改革方案保持一致。当前,我国各地普通高中的课程建设正朝着"国家课程校本化、校本课程生本化、生本课程精品化"的方向发展。在保证实施国家课程的基础

上,地方和学校课程体系的重心正在逐渐向校本课程转移。因此,校本课程的质量提升至关重要。

在化学校本课程的内容设计中,应既体现化学学科的特色,又满足核心素养的要求。根据《普通高中化学课程标准(2020 年版)》,必修课程分为五大主题,而选择性必修课程和选修课程则是这五个主题的延伸。因此,校本课程的开发应基于这五大主题展开。

案例:

一、课程目标

《课程标准》明确了三项课程培养目标,分别为具有理想信念和社会责任感、具有科学文化素养和终身学习能力、具有自主发展能力和沟通合作能力。在这一基础上,结合化学学科的五大核心素养,包括宏观辨识与微观探析、变化观念与平衡思想、证据推理与模型认知、科学探究与创新意识、科学精神与社会责任,旨在实现学生学科素养和核心素养的全面培养目标。

二、课程形式

综合素质评价已成为高校招生录取的重要考核项目,这对高中学生的核心素养提出了更高的要求。为满足这一需求,校本课程资源变得尤为重要,因为它们可以提供丰富多样的课程形式,包括学科课程、综合课程和活动课程,以满足学生核心素养培养的不同需求。

学科课程扩展和深化了化学知识,作为国家课程的补充,它有助于学生更深入地认识化学,增强兴趣,培养学科素养,并为未来的职业教育奠定基础。

综合课程则是跨学科的融合,将化学与其他学科的知识和素养有机整合在一起。它还采用多种教学方式,包括课堂教学、实验、探究和研究性学习等,旨在培养学生分析和解决问题的能力,促进学生核心素养的全面发展。

活动课程注重学生的亲身体验,通过打破课堂的界限,让学生在实际探索中获取知识,培养他们的社会责任感和可持续发展意识。这种课程形式有助于学生在与真实社会互动中获得更多的启发和成长。

三、课程内容

学科素养包括学习掌握、实践探究、思维方法三个指标,秉持化学学科的五个核心素养,教师根据具体的课程内容、教学资源和学情环境,选择合适的课程形式进行教学。校本课程内容组成如表2－1所示。

表2－1　校本课程内容组成

主题内容层次	化学科学与实验探究	常见的无机物及其应用	物质结构基础与化学反应规律	有机化合物及其应用	化学与社会发展
必备知识	化学实验的基础知识和操作技能、物质的性质及转换、基本化学反应、原子结构、元素周期律、化学反应规律、趣味实验				
关键能力	运用化学知识分析、探索、解决学习和生活中的问题				
学科素养	化学实践探究社会热点、化学新材料、创新科技、绿色生活、环境保护				
核心价值	化学史、科学家、诺贝尔奖的故事、四大发明、热爱乡土文化和特产				

四、课程实施

（一）一个课程内容的多层次培养

化学校本课程以培养学生对化学的好奇心和兴趣,注重实证、严谨求实的科学态度,独立思考、合作探究的意识,敢于质疑和勇于创新的精神为目标,我们在有限的时间里合理设计课程方案,努力达到预计的培养目标。以主题"化学科学与实验探究"的课程"利用天然植物提取色素"为例（见表2-2）：

表2-2 "化学科学与实验探究"主题课程"利用天然植物提取色素"设计

培养层次	课程内容	设计思路
核心价值	介绍生活中衣物、文具、食品等日常用品中所使用的色素的化学成分、生产工艺、降解水平等。介绍古代人提取天然色素的方法、天然色素的成分，以及它与现代化工产品在性能、经济成本、对人类身体和环境影响等方面的区别	提倡天然有机、节能减排，树立可持续发展理念
学科素养	分小组设计一个利用天然植物（水果、蔬菜、植物）提取色素的实验方案，准备实验用品和实验仪器，进行操作探究，并在班级里讲解实验方案的构思、实施过程和产品的用途	培养小组合作、实践探究、创新的能力
关键能力	寻找生活中的色素以及发现它们的优缺点，解释存在的问题，例如：为什么彩色衣服洗的次数多了或者光照时间长会掉色？分析成因和解决方法	运用所学知识解释生活现象
必备知识	师生一起总结溶解、过滤、蒸馏、萃取等化学分析方法、实验仪器的使用方法，教师介绍一些有趣的和现阶段先进的分析方法，介绍高考常考而教材没有提及的分析仪器，如索式提取器	巩固、增长知识，感受化学分析的精妙

（二）一个课程内容的多主题演绎

高中阶段的校本课程担负着培养学生核心素养的使命，课程定位不应局限于为增加学生对化学的兴趣而开设趣味化学实验课，而应该是国家课程的深化和扩展。根据课程进度，应结合学生已经掌握的化学知识来设计课程内容，可以是多个主题的设计。例如，课程内容既包含"化学科学与实验探究"又包含"物质结构基础与化学反应规律",甚至是无机物、有机物或是"化学与社会发展"。具体的课程设计和实施方法以"振荡反应:蓝瓶子实验"为例(见表2—3)。

表2—3 "化学与社会发展"主题课程"振荡反应:蓝瓶子实验"设计

核心内容	课程设计	学习形式
化学科学	振荡反应是化学动力学的著名实验,通过观看各种不同类型的振荡反应视频,例如碘钟、BZ振荡实验,以美丽化学这一特有的形式让学生对化学这门基础科学产生感性认识	知识分享 自主构建
基本化学反应	振荡反应的核心反应原理是氧化还原反应,它是氧化—还原—氧化—还原的不断循环,振荡反应的引入在学生观察实验现象中不断地重复进行,以加深学生对氧化还原反应概念的理解	知识分享 自主构建
化学平衡原理	振荡反应具有反应现象明显、反应条件易于调整、操作步骤简单的特点,利于学生进行探究实验。学生分小组设计实验方案,探究通过改变反应物浓度、反应条件等因素对振荡反应的影响	小组合作 探究实践
糖类、醛酮官能团性质	运用果糖、淀粉、蔗糖、麦芽糖代替葡萄糖进行振荡反应,是课本实验的拓展,使学生更好地构建醛基和酮基、糖类有机物的知识模型	小组合作 探究实践
化学知识应用于生活	让学生自由组成小组,选择市面上销售的多种品牌有色饮料,例如橙汁、运动饮料等,设计振荡实验方案并进行操作,运用所学化学知识解释现象	小组合作 探究实践

（三）针对不同学情的个性化课程

《高考制度改革方案》的实施标志着高考将综合考虑统一高考成绩、高中学业水平选择性考试科目成绩及综合素质评价，这表明未来的高校招生录取将更加重视学生的学科特长和创新潜力。为适应这一改革，各地普通高中开始实行分科走班制教学模式，旨在发挥学生在不同学科的优势，实施因材施教，促进个性化教育的发展。校本课程也应顺应这一发展趋势，根据学生的不同需求，设计出多层次的课程体系，涵盖基础性、综合性、应用性和创新性课程，以满足各类学生的学习需求。通过这些课程的学习，学生不仅可以深入体验和感悟化学学科的魅力，还能帮助他们明确未来发展的方向。分层课程设计以课程"电池的进化"为例（见表2—4）。

表2—4　分层课程"电池的进化"设计

课程级别	课程设计	学生类别
基础性	学生通过文献自主学习电池的历史、科学家发明电池的故事、电池的种类及特点	文科生
综合性	学生根据电池的工作原理，提取核心组成要素，总结不同类型电池的特性，构建电池的概念模型	化学兴趣生
应用性	设计实验组建一个化学电池，并进行检验。例如水果电池、氢氧燃料电池	理科生
创新性	运用电池的原理进行创新研究	化学特长生

（四）跨学科的校本课程方案

从核心素养要求出发，对课程内容进行整合，设计跨学科、多领域融合的校本课程，有助于学生全面理解知识，改变当前存在的"学科本位"和"知识本位"现象，形成立体多方位的科学思维意识，成为

"全面发展的人"。表2-5为跨学科校本课程方案示例。

表2-5　跨学科校本课程方案

学科领域	课程内容
化学+生物	不同水果中维生素C的比较、分解塑料的微生物、食品添加剂
化学+物理	神奇材料——石墨烯、制作一个电路板、液晶显示器、不一样的烟火——焰色反应
化学+工程	甲醛去除仪、旧轮胎的循环再用、氢氧燃料电池的改进、设计3D打印机
化学+体育	蛋白粉真能增肌吗？运动饮料有益还是有害？游泳池里的化学
化学+历史	化学史、化学科学家的发明故事、乙醇的前世今生
化学+地理	风暴瓶、降雨弹的成分、咸潮时期水源的成分
化学+艺术	指甲油的成分、各种特效的染发剂、漫画版元素周期表、化学知识改编歌词
化学+政治	金属期货二三事、钞票的颜料、现代化学武器
化学+数学	计算化学、数字化仪器在化学实验中的应用、分析化学
化学+英语	物质的化学名称、化学英文核心文献阅读
化学+语文	实验报告、科技论文写作

（五）课程评价方式

以新高考评价体系的考查内容（即核心价值、学科素养、关键能力、必备知识）为评价目标，对某一个校本课程进行任务细化，参照学生核心素养制订评价标准，评价方式为过程性评价，评价要覆盖学生活动的整个过程，确保评价的全面性和综合性。表2-6是以课程"影响蓝瓶子实验因素的探究"为例的评价标准。

表 2-6 课程"影响蓝瓶子实验因素的探究"评价标准表

序号	评价目标	评价任务	评价标准	评价依据
1	学生系统、熟练地应用以平衡移动规律为核心研究化学反应的思路方法；熟练掌握糖类的结构组成、重要性质，以及它们之间的相互转变和与烃的衍生物的关系	学生以小组为单位，进行影响蓝瓶子实验的探究设计；展示和交流	学生能找出影响蓝瓶子实验的变量；学生能完整找出影响蓝瓶子实验的因素；学生能有依据地设计探究实验步骤，主动关注反应物、反应条件的作用	课堂活动表现性、小组讨论过程、小组讨论效果、小组展示汇报、实验报告
2	学生建立影响化学反应平衡的实验设计评价角度	学生以所设计的探究实验记录作为依据，对影响蓝瓶子实验的因素进行选择和评价	学生角度单一；学生角度多元；思考角度系统、全面，有自主选择反应物、反应条件的意识	
3	学生解决实际问题的能力和创新能力	学生以饮品的蓝瓶子反应实验分析饮品中糖类及色素成分，进行健康评估	学生能从实际问题联想到化学材料；学生能将实际问题转化为化学问题；学生能针对问题进行解决方案的初步设计	

（八）开展研究性学习活动，培养学生实践能力和创新精神

为了培养学生的核心素养，课程设计强调学生围绕特定课题进行研究性学习和综合实践活动。这样的教育方法旨在将学科知识与实际经验和社会发展联系起来，强调以问题为核心，培养学生解决问题的能力。通过软化学科界限，鼓励学生从被动接受性学习转变为主动探究性学习，以此培养他们的终身学习能力。这一方法积极引导学生自主探究和主动思考，开展相关的研究性学习活动，从而有效提升他们的核心素养。

如开展"青少年零食的热值研究"的研究性学习活动,学生通过自主查阅相关文献,了解到《中国居民膳食指南》提出的符合我国居民营养健康状况和基本需求的膳食指导建议,倡导中国居民膳食平衡的宝塔形饮食结构体系。在宝塔的塔顶是需要量最少的食物油脂类 25g。脂肪是提供人类生存活动所需能量最高的营养素,每克脂肪在人体内可产生的能量约 37.6kJ(9kcal),当人体摄入能量过多或能量不被及时利用时,就会转化为脂肪储存。

学生采用问卷调查法进行调查。调查青少年最喜欢的零食,学生通过问卷网站设计问卷,展开相应调查。问卷主要包括以下几个问题:①你喜欢吃的零食有哪些? ②你的 BMI 指数是多少? [BMI=体重(kg)/身高平方(m²)] ③你每天运动的时间是多少? ④你每天的睡眠时间是多少? 通过问卷,了解学生的部分饮食情况。

学生开展相关探究实验。实验通过燃烧食物来加热一定质量的水,再通过测定水温的上升来计算并比较其所含有的热量。燃烧一定质量的食物,加热一个盛有水的易拉罐,测量并记录水温的变化,最后通过公式 $Q=cm\Delta t$ [其中 Q 表示能量(cal),c 是水的比热容 [kcal/(kg·℃)],m 是水的质量(kg),Δt 表示水温的变化(℃)] 计算值,比较其热量差别,再转换为卡路里含量(1 千卡等于 1000 卡路里,约 4186 焦耳)。通过开展相应实验,得出相应结论,并给出饮食建议,例如:每天足量饮水 1200mL,选择合适饮料、水和新鲜的果汁。牛奶是最佳饮品。现在流行喝的奶茶,在制作过程中为了增加口感添加了过量的糖和香料,除非自己调配,否则不建议经常饮用。运动饮品顾名思义是提供运动后电解质平衡的,非运动情况下还是水最健康。摄入过多蛋白质和热量,不利于身体健康。肉、蛋等高蛋白食品会使尿中的钙量增加,降低体内的钙存储,容易诱发佝偻病、近视和骨质疏松等缺钙问题。所以,夜宵可以选择一些清淡的食物,如粥、面、麦片等,既满足了口腹之欲又不必过于担心卡路里摄入过高。

第二节　高中化学核心素养培育的方法和评价

一、培育方法

（一）行动研究法

行动研究法是一种致力于小范围教育创新的研究手段，旨在针对特定问题进行解决。在这一过程中，研究团队成员将科学研究与教学紧密结合，利用教学活动为科研提供实际案例，同时以科研成果指导教学实践，并开展深入的学术交流。通过公开课和多种专业技能比赛，结合其他学校的经验，将实际教学情况转化为理论知识，从而增强团队成员的研究能力，并推动化学教师的专业化进程。

行动研究法注重在研究过程中不断地探索与改善，实现边实施边评估边调整的循环。我们按照计划—行动—调查—测试—反思—修改的路径进行，通过持续的反思和改进，根据新课程标准中对学业质量的要求，设计适合本校学生的课程教学方案。这种方法旨在同时提升课堂教学和学生学习的效率。

（二）调查法

调查法是一种通过问卷调查、访谈、座谈会、测量等科学方法，有目的、有系统地收集与教育问题或现状相关的信息，进而获取教育现象的科学事实和形成对这些现象的科学理解的研究手段。随着中国教育的持续发展和改革，教育调查法变得越来越重要，并被广泛应用。教育调查不仅能为课题研究提供原始资料和数据，还能为课题组成员提供实际教学经验，帮助他们更好地改进工作，提升教学水平，促进教师的职业发展，加速核心素养的有效实施。

为此，课题组特别设计了一份学生调查问卷，该问卷覆盖了化学学习认知、课程内容、课堂教学方式、实验教学、课外综合活动以及运用化学知识解决问题的能力等多个方面。

（三）比较研究法

比较研究法是一种研究方法，它通过分析不同对象之间的相似性或差异性进行研究和判断。这种方法基于特定的标准，对两个或多个有关联的事物进行比较，以发现它们的异同，并探索普遍规律和特殊规律。

为了实施对比分析，课题组中的教师被分为三个小组，每组采用不同的教学模式。第一组执行传统教学模式；第二组主要集中于关键知识点的讲解和大量练习；第三组则运用课题组独特的"教、学、评"一体化教学设计。通过现场听课、观察录像，对教师的教学方式和学生的表现进行全面分析，识别课程实施过程中的问题，对使用的教学设计进行不断修改和优化，以寻找最适合学生的教学方案。同时，对两个班级进行课堂教学的对比实验，一个班级采用课题组改进后的教学设计，另一个班级维持常规教学。此外，发放调查问卷进行数据收集和分析。

（四）文献资料法

文献资料法是一种通过查阅、分析和整理文献资料，以探索事物本质的研究方法。这种方法旨在从文献中发掘新的论据，开拓新的视角，发现新问题，提出新观点，并形成新的认识。文献资料法依赖于他人已经形成的研究成果，因此在使用时需注意对比分析，并在此基础上提出创新性见解。

为了高效地进行核心素养的研究，课题组成员在广泛查阅文献的基础上，制订了明确的研究步骤。结合自身的教学经验和对部分优秀教师的访谈，他们了解到当前教学模式的状况。发现大多数教师仍采用较为传统的讲授法，在课堂教学中教师扮演主导角色。面对新高考制度改革的背景，为了有效地将化学核心素养融入教学过程，教学设计需要以课程标准为基准，以教材为核心，以高考为导向，实施"教、学、评"一体化的"以素养为本"的科学教学设计。

（五）经验总结法

经验总结法是一种通过对自然发生的教育过程进行分析和总结的方法，其目的是揭示教育措施、现象与效果之间的必然或偶然联系，发现或认识教育过程中的客观规律及其作用，为未来类似的教育工作提供参考。

例如，在课后撰写教学反思时，教师应该反思本节课是否达到了预设的教学目标，安排的教学活动是否有效展开，学生的学习主动性和积极性是否得到了良好的激发，以及课堂教学中是否产生了新的教学资源等。通过对自身的教学理念、教学过程与效果、教学行为与方式进行深入的审视和思考，可以促进教师的专业发展和提高教学效果。

课题组成员积极参与各种培训活动、竞赛、听课评课和示范课等展示活动，经历了学习—实践—再学习—再实践的循环过程，不断丰富和完善自己的教学活动。在校内，他们积极开展集体备课活动，发挥骨干教师在教学研究中的引领作用，建立一种民主、互助、进取、分享与创新的教研文化，有助于更好地引导教师的专业成长，同时促进学生核心素养的发展。

（六）案例研究法

本课题研究的这一部分是关键环节，要实现核心素养在学生中的有效落地，教师必须确保每个教学设计、每个教学环节和每节课的活动都得到妥善实施。首先，教师需要明确学生的基本学习状况，理解他们对课堂教学的基本需求。教学过程应以内容主题为导向，以促进学生核心素养的发展为目标，开发相应的教学案例。

课题组成员将全程参与从备课到课堂教学的每个环节，包括基于课堂观察和学生课后调查进行的集体备课讨论。教师将在授课前再次备课、试讲、修改,以优化教学设计,之后再进行授课。通过集体讨论和总结,形成"教、学、评"一体化的教学设计。教师通过课堂教学的实践,能更深入地理解化学核心素养,并通过教学案例的设计和实施,确保核心素养的有效应用。

课题组研究的教学设计将在本校及其他学校的化学教学中推广应用。面对新高考制度和新课改下的走班制教学,这种教学设计能有效服务于课堂教学。本课题的创新成果在连接新高考与教学实践、完善新教学理论与实践整合、促进教育的个性化和本土化方面具有重要的参考价值,也为后续的教学改革探索了新途径,促进了化学核心素养的有效实施。

二、评价方法

(一)过程评价

过程评价是一种全面评估学生学习过程和成长过程的方法,它不仅关注学生的学习动机和态度,还涉及学习过程和效果,实现对学生学习的三维评价。这种评价方法强调对学习过程的重视,设计多样的评价工具,以展示学习过程,包括实质性的、描述性的和展示性的评价手段,以确保评价的有效实施。

学科教学的目标不仅仅是让学生掌握知识,更重要的是培养学生良好的学习态度、创新意识、实践能力和健康的道德品质,促进学生在德、智、体、美、劳等方面的全面发展。因此,教师需要关注学生在学习过程中的各个方面,收集学生在所有学习活动中的评价信息,并重视评价内容的全面性。通过这种全面和多元的评价方式,可以更好地促进学生的整体成长和发展。对学生课堂表现进行评价时,可使用以下的观测量表(见表2—7)。

表 2-7 学生课堂表现观测量表

评价要素	评价等级			评价结果		
	一般	良好	优秀	学生自评	同学互评	教师评价
核心知识的掌握	能基本掌握本节课的基础知识,完成基础练习	掌握本节课的基础知识,完成具有挑战性的任务	掌握核心知识,能举一反三,能建立起相关知识的联系,并能运用知识解决问题			
实际问题的解决	课堂中能按要求基本完成相关活动,实验中能动手完成基本操作	在课堂中、实验活动过程中,积极思考,提出问题,并努力寻求解决办法	积极思考,能从不同的角度去理解和解决问题,实验中能独立设计方案、优选方案,并能提出建设性意见			
合作交流的表现	与人合作,能听取别人的意见	善于与人合作,虚心听取别人的意见,并善于总结	合作交流、协作分工,求同存异,取长补短,共同提高			
态度责任的培养	尊重事实,关心社会热点问题,有合理利用自然资源和环保的观念	崇尚科学真理,具有"绿色化学"观念,能运用化学知识分析实际生活相关问题	有理论联系实际的观念,能运用所学的化学知识解决生产、生活中的化学问题,能针对某些化学工艺设计存在的问题提出解决方案			

过程评价还应当利用课堂练习和课后作业来诊断和发展学生在化学学科的核心素养。这意味着教师需要根据课程内容和各个主题的学业要求,精心设计课堂练习和课后习题。这样做的目的是实现"教、学、评"活动的有机结合和同步实施,从而形成一个协同效应,有

效促进学生化学学科核心素养的形成与发展。

（二）学生成绩评定

根据化学课程的特点，学生的考核方式可以多样化，包括闭卷考试、开卷考试，或者是通过学习心得、研究报告、实际操作、成果作品等多种形式进行。在单元与模块考试中，应重点考核学生化学学科核心素养的达成情况。试题的设计应符合学业水平合格性考试和等级考试的要求，题目需基于真实情境，以实际问题为测试任务，利用化学知识作为解决问题的工具。同时，科学合理地确定试题的难度，为学生解决不同复杂度的化学问题提供展示素养的机会。

通过考试，教师能够较为准确地评估学生化学学科核心素养的发展水平和化学学业质量标准的达成情况，从而有针对性地提出改进建议。

在学期结束时，教师应根据课程的特点，结合学生的出勤率、课业完成情况和结业成绩进行综合评定。评价时，应灵活运用多样化的评价方式，如活动表现评价、纸笔测验和学习档案评价等。同时，鼓励学生自我评价、同伴互评与教师评价相结合，注重过程性评价与结果性评价的有机融合，充分发挥评价在促进学生化学学科核心素养全面发展中的作用。

（三）教师教学评价

教学评价是基于教学目标，对教学过程和结果进行价值判断的活动，目的是为教学决策提供支持。这种评价通常涵盖对教师、学生、教学内容、教学方法、教学环境和教学管理等多个方面的评价。教学评价的两个核心环节包括：一是对教师的教学（包括课堂和课外）进行评价，以及对教学工作（如教学设计、组织和实施等）的评价；二是对学生学习效果，即考试与测验的评价。评价方法主要分为量化评价和质性评价。

教师的自我评价可以采用总结的形式，由任课教师针对课程的开设情况进行自我评价，内容包括课程目标的实现程度、学生对课程内容和教学方式的反馈、课程成果、存在的问题，以及未来改进的方向和设想等。同时，不断完善由学生评价、教师个人自评、处室考评构成的教师评价机制。通过这样的评价体系,教师评价和教学评价不仅有助于教师的专业成长,还能促进学生的全面发展。对教师的评价可参照以下量表进行(见表2-8)。

表2-8　"基于化学核心素养教学"课堂评价量表

序号	一级指标	二级指标	指标内容			分数
			水平Ⅰ	水平Ⅱ	水平Ⅲ	
1	教学设计(35分)	教学目标	教学目标预设不明确,不能体现本节课所指向的化学核心素养(2分)	教学目标预设明确,能够体现所要培育的化学核心素养,但表述不规范(3分)	教学目标预设准确严谨,能够体现本节课所要掌握的核心知识及化学核心素养(5分)	
2		教学情境	情境设置与教学内容关联度不高,不能启发学生有效思维(2分)	教学引入的情境设置与教学内容有一定关联,但思维启发效果欠佳(3分)	创设真实且富有价值的问题情境引入教学,有效激发学习兴趣,启发学生思维(5分)	
3		教学内容	教学内容具有科学性错误,容量过多或过少,知识呈现缺少层次性、系统性,没有完成知识体系建构(2分)	教学内容无科学性错误,容量适当,具有一定的系统性,但知识整合不全面(3分)	教学内容无科学性错误;对知识的深度、广度进行了适当拓展,教学使用的素材贴近学生生活,符合学生学情;课程体现知识的系统性和结构化,包括知识关联的结构化、认识思路的结构化、核心观念的结构化(5分)	

4	课堂结构	课堂结构规划不合理,教学环节设置混乱,教学思路不清晰,教学环节转换生硬、不自然(2分)	课堂结构规划合理,教学环节衔接自然,但时间分配欠佳(3分)	课堂结构合理,严谨有序;利用设问或任务驱动引导学生思维;问题解决思路清晰明了,教学环节衔接自然;板书或图文的呈现体现系统性或结构性。学生配合积极,思维活跃(5分)
5	教学方法	教学方法简单,照本宣科,思维没有深度,不能形成有效的知识建构(2分)	教学方法的应用对学生思维有一定提升,高级的思维活动有呈现,但未能有效突破教学难点(3分)	综合运用各种教学方法及手段,注重现代教育技术的应用,结合学生实际学情,开展分析与综合、抽象与概括、比较与分类等高级思维活动,突破难点、突出重点,落实核心素养(5分)
6	作业设计	以知识的理解、掌握为基本类型的题目(2分)	能针对不同探究水平的学生,设计有探索性、实践性的作业(3分)	根据不同探究水平,设置不同等级的作业,含有指向化学学科本质的理解以及对相关知识点进行探究的开放性的作业(5分)

7		教学评价	教学评价设计不科学、不客观、不恰当或无评价(2分)	教学评价设计基本体现"素养为本"的评价观。评价客观,结论正确,教学进度把握适当,但个别行为评价欠妥(3分)	教学评价设计体现"素养为本"的评价观。评价时机把握得当,评价形式多样、客观科学,能根据评价调控教学进度、改进教学方法,落实教学任务体现"教、学、评"一体化(5分)	
8	教学实施(32分)	讲授与倾听	教师讲授语言不规范,条理不清楚;学生精力不集中,开小差(3分)	教师讲授语言规范,条理较为清楚,教态自然;学生倾听比较认真。但教师讲授语言不够精练(6分)	教师讲授时机适当,语言规范,描述准确,条理清楚。学生注意力集中,情绪热烈;学生提问、回答积极性及质量较高。教师关注学生接受状况,适时调整教学安排,教学组织灵活,课堂气氛活跃(8分)	
9		提问与对答	教师提问形式化、简单化,"无效问答"较多(3分)	教师尊重学生个性发挥,教学互动较好,但个别问题设置欠妥(6分)	提问使用化学语言,具有准确性、简洁性和专业性;提问时机恰当科学;善于利用学生的答案,推动教学环节;教师提问语调、节奏适当;能够巧妙设计问题情境,调动更多学生思考问题;提问后,给学生充分时间思考(8分)	

10		示范与模仿	教师示范不规范或时机不当,或过度依赖教育技术;学生模仿练习错误且没有纠正(3分)	教师示范时机适当,操作正确,教学资源运用适当;学生能观察并模仿。但教师示范操作不够严谨(6分)	教师示范时机适当,实验操作规范,教学资源运用合理,板书规范精要,布局合理;学生认真观摩,主动模仿,注意标记重难点(8分)	
11		探究与指导	学生探究流于形式,效果差;教师没有对学生进行及时有效指导(3分)	学生探究目的明确,方法运用正确,教师指导较为恰当。但教师进度调控欠佳(6分)	学生探究目的明确、方法科学、过程真实、效果良好;教师随堂巡视观察,鼓励、引导学生自主探索思考和发表不同观点,及时纠错,耐心解答,调控进度(8分)	
12	核心素养(33分)	必备知识	学生缺少对核心知识的理解、巩固,知识掌握未达到预设目标(6分)	通过学习,完成学习任务,基本掌握必备知识,初步达到预设知识目标(9分)	教师对教学内容进行创造性重组,不照搬照套教材,合理补充相关前沿知识,体现化学专业发展趋势。学生通过本课时学习,完成学习任务,掌握必备知识和关键能力;教师达到培养学生化学核心素养的目标(11分)	

13	关键能力	照本宣科,缺乏对学生思维、学习、探究、创新等关键能力的培养(6分)	通过学习,完成学习任务,解决相关问题。学生思维、学习、探究、创新等关键能力有一定提高(9分)	学生通过对课程知识的学习或实验的探究,完成学习任务,有效解决相关问题。学生思维、学习、探究、创新等关键能力得到较大提高(11分)	
14	核心价值	学生没有完成预设学习任务,或教师没有体现学科的价值取向(6分)	学生完成学习任务,增进学科理解,初步形成正确价值观念(9分)	学生通过本课时学习,完成学习任务,增进学科理解,培养科学精神与社会责任;教师教学体现教学中的人文思想、科学精神、化学学科思想(11分)	
总分					

科学合理的评价体系拥有鉴定、导向、激励和调节等多重功能,这对于教师和学生都至关重要。首先,它使教师能够更全面地反思自己的教学过程,了解所采用的教学形式和方法是否有助于达成教学目标,从而为改进教学方法提供参考。同时,学生通过评价获得的反馈信息可以帮助他们反思自己的学习过程,深化对自身学习状态的理解,激发和调动学习兴趣,帮助他们设定适合自己的学习目标,并据此调整学习方法。

评价不仅是激励师生、促进教学的重要工具,而且应该注重学生的学习进步和动态发展,以及教师的教学改进和能力提升。最终的目的是激发师生的积极性,提高教学质量,发展学生的核心素养,并培养全面发展的社会主义建设者和接班人,这些人不仅在智力上,而且在道德、体育、美育和劳动教育方面都应有所成就。

第三章　核心素养下的高中化学教学方法与课堂引导

第一节　基于核心素养下的高中化学教学方法

一、核心素养导向下三维教学模式在高中化学课堂中的应用

（一）"问题—探究—评价"三维教学模式确定的背景

长期以来，高中化学教学多采用以教师为中心的"传授式"课堂教学模式，这种模式过分强调被动接受学习，尤其是机械性接受，要求学生死记硬背和进行机械训练。这种单一化的教学和学习方式严重阻碍了学生创造性的发展，导致他们的实践能力缺乏。为了适应时代的要求，结合以素质教育为核心的基础教育课程改革，我们应该努力实现以下教育目标：培养学生学会认知、学会做事、学会生活和学会生存。

在课堂教学中，应倡导学生积极参与、乐于探索和勤于动手的学习习惯。重点培养学生的信息收集和处理能力、获取新知识的能力、分析和解决实际问题的能力以及交流与合作的能力。同时，关注学生的学习兴趣和经验，引导他们进行不断的创新和实践。为了消除旧教学模式的弊端，满足新时期对未来人才的需求，必须构建符合素质教育要求的新的化学教学模式。

（二）"问题—探究—评价"三维教学模式的操作流程

"问题—探究—评价"三维教学模式是一种以科学探究为核心的教学方式。在这种模式中，教师起引导作用，而学生的独立自主学习和合作讨论则是学习的基础。该模式以现行教材为探究的主要内容，为学生提供了充分的自由去表达意见、提出疑问、进行探究和讨

论。学生可以通过个人研究、小组合作或集体讨论等多种方式来解决问题和释疑,将所学的知识应用于解决实际问题。这种教学形式不仅鼓励学生的主动学习,也促进了他们的批判性思维、问题解决能力和团队合作精神的发展。

(三)"问题—探究—评价"三维教学模式的具体案例

科学探究活动着重于发展学生的智力,并强调培养学生的自学能力。其目的是通过自主探究的方式,引导学生掌握科学的学习方法和技能。在完成有机化学选修课程后,为了加强对有机化学基础知识的理解,并培育学生的科学探究意识和技巧,某位教师根据探究性学习的原则,创新性地设计了《有机化学专题——由性质推导有机物的结构》的教学方案。此教学设计在传统模式上做出了重大的突破,从"由结构认识性质"转变为"由性质探究结构",并由传授式教学转变为探究性教学。这种方法以知识为核心,重点培养学生的科学探究能力,让学生在整个学习过程中亲身体验科学探究的过程,以此提升他们的科学素质。

1. 教学目标

(1)知识与技能

让学生理解并掌握官能团如醛基、醇羟基的结构,学习分析有机物结构的基本方法。

(2)过程与方法

通过对实验室中未知有机物结构的定性和定量分析,培养学生的科学探究意识,使他们了解科学探究的一般过程和方法,进而掌握观察、归纳、推理等方法在研究有机物结构方面的实际应用。

(3)情感、态度与价值观

利用学生的实验探究过程,培养他们严谨求实的品质,以及面对困难时勇于探索的精神。

2.教学重点

探究和分析有机物结构,培养解决问题的能力。

3.教学难点

确定未知有机物分子结构中羟基的数量。

4.学习方法

结合推理、探究和实验方法进行学习。

5.教学用具

实物投影仪、计算机、化学实验用品,包括但不限于葡萄糖固体和溶液、2%的硝酸银溶液、2%的氨水、10%的氢氧化钠溶液、2%的硫酸铜溶液、溴水、酒精、酸性高锰酸钾溶液、金属钠、石蕊试液、酒精灯、试管夹、试管、玻璃片、小刀等。

二、核心素养导向下三维教学模式如何创设"问题情境"

"问题—探究—评价"三维教学模式主要以科学探究为核心,它强调在教师的引导下,学生通过独立自主学习和合作讨论来进行学习。这种教学模式以现有教材为基础,为学生提供充分的空间来自由表达、提出疑问、探究问题并进行讨论。在这种模式下,学生可以通过个人学习、小组合作或集体活动,应用所学的知识来解决实际问题。

在化学课堂教学中,问题情境的创设是关键。教师通过精心设计问题,设立难题和障碍,从而创造出激发学生积极思维的学习环境。新课程理念倡导的探究性学习,即问题解决式的学习,可以有效培养学生发现问题、分析问题和解决问题的能力,进而让学生形成科学的探究能力。因此,教师在教学过程中需要将教学内容精心设计,巧妙地转换成问题情境,以促进学生的积极参与和深入思考。

（一）创设问题情境的原则

新课程理念强调学生的主动参与、探究精神和动手能力,同时指出教师的角色是学生发展的促进者、课程的开发者和学生学习的引导者。在化学课堂上,创设问题情境的目的是充分发挥教师的引导作用,激发学生的学习兴趣,使他们在问题情境中主动学习、有效学习并掌握学习方法。这种教学方式旨在引导学生深入理解所学知识,探究问题的原因和结果,更深层次地认识化学世界的本质,并灵活应用所学的化学知识解决实际问题,从而提高应用能力。在设计和创设教学情境时,应注意以下三个关键要素:

1. 科学性原则

问题情境的科学性强调,所创设的问题必须基于化学原理,并且要以事实为基础,避免虚构。问题情境越是接近现实,学生构建的知识就越可靠,也更容易在真实情境中应用,从而实现教师的教学目标。教师需对真实的化学素材进行分析和提炼,去除与课堂无关的因素,重组成适合当堂课的问题情境。

2. 时效性原则

情境设计的时效性意味着问题情境的设计不仅要适应学生当前的发展水平,还要考虑他们最近的发展趋势,以便更好地激发学生的学习动机,使他们产生强烈的学习兴趣。

3. 合理性原则

学习过程不仅是被动接受信息,更重要的是理解、处理信息并主动构建知识。问题情境的设计应考虑学生的接受能力,设计合适的"路径"和"台阶",使学生能够将已学知识和技能迁移到新情境中去解决问题。因此,教师提供的问题情境必须是合理且易于被接受的,需要精心选择和设计,从易到难、循序渐进。只有在这样的情境中,学生才能学会知识和技能的迁移和应用。

（二）创设问题情境的方法

1.关注生活、关注热点、联系实际创设问题情境

化学学科与我们的日常生活紧密相连,对我们的生活产生了深远的影响。化学不仅推动了科技发展和社会进步,也带来了一些挑战,比如化学物质引发的环境问题。在化学教学中,创设与学生生活及个人经验紧密相关的问题情境,能够显著提升学生学习化学的积极性。通过这种教学方法,学生能够感受到化学知识的重要性,认识到学习的实用性和价值。

这种与实际生活紧密结合的问题情境,不仅能够激发学生对化学学科的兴趣,还能帮助他们用辩证的视角来观察和理解周围的人和事。通过这样的学习方式,学生能更深入地理解化学知识,更好地将理论知识应用于实际生活中,从而在解决现实问题的过程中增强自己的化学能力和综合素养。

2.用实验来创设问题情境

化学实验对于化学课程的学习至关重要,缺乏实验环节的化学学习是不完整的。化学实验不仅能够直观且清晰地阐释化学问题,还能极大地激发学生的好奇心和探求知识的欲望。虽然学生经常接触的是验证性实验,但将这些实验转变为探究性实验是新课程理念下的一大挑战和倡议。探究性实验更注重学生的主动探索和创新思维,使他们在实验过程中不仅验证理论知识,还能发现新问题并寻求解决方案,这种方法更能深化学生对化学知识的理解和应用。因此,如何有效地将化学实验从验证实验转变为探究实验,成为化学教育中一项重要的任务。

3.用一个故事、一个典故创设问题情境

经验丰富的教师通常会在新课开始前巧妙地利用小手段自然引

导学生进入预设的教学流程,这比一开始就直接进入主题的教学方式要有效得多。通过讲述一个引人入胜的故事或典故,教师可以巧妙地创设一个与新课内容相关的问题情境,从而激发学生的兴趣和好奇心。

4.由新旧知识的碰撞而创设问题情境

高中化学新课程包含必修和选修两部分,内容呈现出螺旋上升的结构。教师在设计教学时,应考虑不同模块中相关内容的分布,并针对这些内容制订不同的教学要求。通过将新旧知识进行碰撞,可以创设具有挑战性的问题情境,引导学生进行深入思考和学习。

5.利用科学发展的小插曲、小故事来创设问题情境

人类社会的发展和科学理论的建立过程中充满了动人的插曲和故事。教师可以利用这些故事来创设问题情境,让学生了解科学发展的艰辛和前人的严谨科学态度。这些故事能有效激发学生的学习热情,教师需要抓住机会,合理运用这些故事进行教学。

6.利用科学知识、科技成果创设问题情境

在当今快速发展的科技时代,教师应引导学生学习科学知识,反对伪科学,鼓励他们将所学的科学知识应用于社会和生活中。教师可以利用科技领域的最新成果作为背景,创设与之相关的问题情境,引导学生关注高新科技成果,激发他们的学习兴趣和探索精神。

三、核心素养导向下三维教学模式如何让学生主动参与化学探究活动

(一)培养学生的主动参与意识

1.创设问题情境,让学生愿意参与

所谓创设问题情境,指的是教师在教学内容和学生的求知心理之间搭建一座桥梁,将学生带入与问题相关的情境之中,激发他们对

未知事物的好奇心和解决问题的迫切愿望。这样的教学方式能够激发学生对新知识的浓厚兴趣,开启他们思考的大门,并培养他们探究知识的习惯。

为了有效地创设问题情境,教师需要在教学中运用巧妙的提问技巧,引导学生积极提问,刺激他们的求知欲和探究欲。例如,在讲解氯化氢的物理性质时,教师可以通过做氯化氢喷泉实验来引入课题。接着向学生提出问题,例如当压缩滴管的胶头挤出几滴水时会发生什么现象?喷入烧瓶里的石蕊试液颜色是否变化,为什么会这样?这样的提问方式能迅速激发学生的好奇心。因为在观察到这些有趣的实验现象后,学生自然会急于了解其背后的原因,并积极思考问题,从而在学习过程中主动提出更多的问题。

2.联系生活实际,让学生爱参与

化学是一门与日常生活紧密相关的学科。如果在探究学习过程中经常联系到生活实际,这无疑会极大提升学生的参与意识和兴趣。比如,在准备化学实验时,学生可能会发现盛放氢氧化钙的试剂瓶周围有一层白色物质。这时,教师可以及时提出问题:"这种物质是什么?"并引导学生进行讨论。部分学生可能认为它是氢氧化钙,认为是因为长时间放置导致水分蒸发而析出;而另一些学生可能认为是碳酸钙,认为氢氧化钙与空气中的二氧化碳反应生成了碳酸钙这种白色沉淀。接下来,教师可以引导学生通过实验来探究这种物质的真实身份。通过这样的实践活动,不仅能激发学生动手实验的兴趣,还能帮助他们理解化学知识就存在于我们的日常生活中,从而更加深入地理解和喜爱这门学科。

3.创设参与的氛围,提供参与的途径

为了促进习惯于被动接受的学生转变学习方式主动参与,教师需要在课堂上创造良好的学习氛围,并提供各种参与途径。有句话说:"如果你有一个想法,我也有一个想法,我们交换后,每个人都将拥有两个或更多的想法。"集体讨论或辩论是激发学生积极思考、开发智力和培养创造力的有效方法。通过这种方式,教师可以将不擅长主动探究的学生分组,把辩论赛引入课堂,并根据学生回答问题的情况进行量化评估。

经过一段时间的实践,将学习测验结果与个人量化评比结果进行对比,可以发现学生的主动探究程度与学习成绩之间存在正相关关系。这样的发现将有助于让学生认识到主动参与探究学习的重要性。通过这种教学方法,学生不仅能提升自己的学习成绩,还能在学习过程中发展独立思考和解决问题的能力。

4.了解学生的个性差异,让学生均能参与

在每个班级中,总会有一些学习成绩不佳的学生。然而,这并不意味着这些学生智商低或无法教育,而是教师还未发现他们的潜力或优势所在。每个学生都有自己独特的强项和优点,关键在于教师能否通过恰当的方法和手段去挖掘和培养这些潜能。教育的过程不仅是传授知识,更重要的是激发学生的兴趣,发现他们的特长,帮助他们建立自信。这要求教师具有敏锐的观察能力和个性化的教学方法,以便更好地理解每个学生的独特需求,并采取适合他们的教育策略。

(二)培养学生的探究精神

培养探究精神,关键在于创设一个有利于激发学生探究动机和发挥其探究潜能的学习环境。以下是一些可用来构建这样的学习情境的有效方法:

1.鼓励学生积极参与

允许学生在课堂上打断教师的讲解,对教师的观点提出自己的看法,随时分享他们的探究体会或解题思路。这种开放的课堂氛围能让每位学生感受到自己的重要性和成就感。

2.容纳个性化和创新

对那些与众不同、行为独特且具有创造性的学生给予理解和支持,这能鼓励学生保持其独特性和创造力。

3.鼓励批判性思维

鼓励学生指出教师的不足,并修正教师的错误,从而实现"青出于蓝而胜于蓝"。这种做法不仅提升学生的思维能力,也有助于建立教师与学生之间的平等和尊重。

4.有意设计问题和错误

有计划地提出问题和设计错误,鼓励学生主动发现并探究,创造师生互动和生生互动的学习氛围。

通过这样的教学方法,不仅能激发学生的探究欲望,还能培养他们的探究精神,使他们在学习过程中形成科学的思维习惯和探究能力。这样,学生的学习方式将从被动的"要我学"转变为主动的"我要学",在"学中做"和"做中学"的过程中,他们能够主动发现和解决问题。

(三)更新教学理念,改变教学模式

促进学生主动参与化学探究活动,关键在于教师更新教学理念,改革教学模式。教师需要大胆创新教学方法,将传统的讲解式教学转变为探究式教学,同时引导学生从被动接受知识转变为主动探究。通过鼓励学生自主学习和合作交流,学生不仅能够学习知识、完成任务,还能掌握对他们终身有益的科学方法。

化学教师在教学过程中应精心设计教学模式,创设能够激发学生学习兴趣和实践热情的教学环境。设计有趣味性的化学实验,以现有化学教材为基础,结合学生周围的世界和实际生活,引导学生通过实验探索的方式进行学习。通过重视引导和激发学生的主动学习积极性,可以营造一个生动有趣、充满主动探究氛围的学习环境。这种教学方式不仅使学生积极参与学习过程,还能帮助他们发展探究能力和科学思维。

四、优化教学方法,提高教学效率

高中化学课程的难度相较于其他高中课程较高,因此,教师和学生需要共同努力以确保学生能够全面掌握课程内容。在化学教学中,尽管教师投入了大量的精力反复讲解并逐一突破重点和难点,辅以各种习题进行巩固,但仍有部分学生难以完全掌握知识。这种现象的根本原因在于教学效果并不理想。以下结合化学学科自身的特点,以及教学经验,对如何提高高中化学课堂教学的有效性做出阐释。

(一)合理安排教学内容,灵活运用教学方法

在课堂教学中,教师需要根据学生的年龄特点和接受能力,灵活应用教材并科学合理地安排教学内容。这种灵活运用教材,并不意味着对教材进行大幅度的调整。例如,将几节课的内容前后对调通常是不可取的,因为这样的做法可能会导致学生在学习上感到混乱,增加他们的心理负担,并给复习带来不便。

相反,教师应该根据学生的具体情况来决定每节课的内容分配。比如,一节课可能需要几个课时来完成,教师应该根据学生的理解和掌握情况来决定每个课时讲授什么内容,先讲什么后讲什么,每节课讲述多少内容,以及讲授的深度。这种灵活性要求教师深入了解学生的学习状况,使得教学内容既能覆盖教材要求,又能适应学生的学习需要,从而提高教学效果。

（二）加强实验教学，提高学生的化学能力

化学作为一门基于实验的学科，强化实验教学对于提升学生能力至关重要。这要求教师在实验教学中投入足够的重视和精力。首先，教师需要认真准备并成功执行教材中的每一个演示实验。在实验过程中，教师应确保操作规范，并引导学生从具体的形象思维过渡到抽象思维。

对于教材中安排的实验，教师应要求学生事先做好预习，鼓励他们在实验中仔细观察现象，并结合所学知识进行分析和判断。同时，学生应被鼓励认真记录实验过程和结果，并完整填写实验报告，从而培养良好的实验习惯。

（三）精心设计课堂练习，夯实基础

课堂练习在学生掌握和巩固知识、形成基本技能以及发展思维能力方面扮演着重要角色，同时也是教师了解和检查学生对知识掌握情况的关键途径。因此，为了实现教学目标，教师需要注重提升课堂练习的质量和效果。

课堂练习应具备针对性、实效性和趣味性，同时还要有层次性。对不同层次的学生应设定不同的练习要求，练习内容需体现出由易到难、由简到繁的渐进性。可以设计基础练习、巩固练习以及拓展练习，使不同水平的学生都能在练习中得到成长和提升。

此外，为了更好地巩固学生的知识并检测他们对知识的掌握情况，教师还可以采取一些专项训练。例如，向学生提出具有挑战性的疑问或有趣的问题，鼓励他们通过课后实验、查找资料、讨论等方式来寻找答案。在适当的时候，教师应检查学生的探究过程，并提出建设性的意见，从而培养学生的探究性学习方式，提高他们的自主学习能力。通过这种教学方法，学生能够在实践中加深对知识的理解和应用,进而提升整体的学习效果。

（四）理论联系实际,引导学生学以致用

化学是一门紧密联系实践的学科,其学习和应用需要在实际中得到体现。在化学教学过程中,教师应强化理论与实践的结合,有意识地在课堂上将所教授的内容与日常生活中的化学知识相联系。通过这种方式,学生可以用化学的视角去观察和分析日常生活中的问题,感受到生活中无处不在的化学现象。

例如,在讲解"铁的锈蚀条件"时,教师可以引导学生想象家用铁锅在使用后未及时倒干净水分时容易生锈的情况,帮助学生理解金属锈蚀的条件。当涉及一氧化碳的物理性质时,教师可以结合现实生活中的一氧化碳中毒案例进行讲解。这样的教学方法不仅使学生意识到课堂所学知识在现实生活中的应用,而且让他们认识到这些知识的实用性,从而激发他们的求知欲,帮助他们学会如何将所学知识应用于实际生活中。通过将理论知识与实际应用紧密结合,化学教学将更加生动有趣,更能激发学生的学习兴趣和探究精神。

（五）学会赏识学生,打造轻松的课堂氛围

在传统教学方式下,教师通常主导教学,而学生则保持被动。这样的教学氛围往往令学生缺乏自信,不敢表现自己,担心犯错或者受到同学的嘲笑。为了改善这种情况,教师需要学会赞赏学生。在学生看来,教师是崇高的存在,教师的微笑、鼓励的目光、赞扬的话语、鼓励的手势都能给予他们极大的鼓励,帮助他们重拾信心。因此,教师应该多次表扬、鼓励、欣赏和肯定学生。教育家周弘曾经说过:"即使全世界都不看好你的孩子（学生）,作为老师,你也要满怀感情地欣赏他们、拥抱他们、夸奖他们,为创造的生命和祖国的未来感到骄傲。"教师还应该善于发现学生的闪光点,给予表扬和鼓励,让他们经常体验到成功的喜悦,深信"我能做到"。

总之,提高化学课堂教学的效果一直是教师不断追求的目标。在今后的教学中,我们应该以新的课程理念为指导,将学生的发展置于首位,紧跟时代潮流,采用多样化的教学方法,激发学生的积极性和主动性,从而全面提高高中化学教学的效果,促使学生培养出良好的化学素养。

五、讲授法——促进学生智力发展

讲授法是一种常用的课堂教学方法,教师通过清晰、逻辑的口头语言向学生传授知识,促进他们的智力发展。这种方法能够迅速传递大量信息,方便及时地提出问题和解决方法,特别对于抽象内容,教师的启发式讲解对于激发学生积极思维至关重要。在高中化学教学中,其他教学方法都需要与讲授法相结合,因此,讲授法是最基本的教学方法。

好的教学设计需要通过教师的讲授来呈现。无论是课堂导入、情境创设、提问方式,还是学习方法的指导、合作学习组织、课堂管理等方面,都需要教师的讲授来实现。以《生活中两种重要有机物》第一部分乙醇的教学为例,教师通过有趣的情境创设,引导学生思考酒在人们情感表达中的作用,然后将注意力引向化学角度,激发了学生的求知欲。这种有条理、层次分明、逻辑严谨的讲授方法有助于培养学生的抽象逻辑思维,同时创造了一种严肃的学习氛围。

然而,讲授法也有其缺点,学生相对被动,不同学生的个体差异未必能得到照顾。如果学生只是被动地接受知识,可能会养成依赖性和惰性的学习习惯。此外,教师可能会过于注重教,而忽视了对学生学习方法的引导,从而影响了学生主动学习能力的培养。在高中化学教学中,运用讲授法必须符合以下四个基本要求。

1.合乎科学,用语准确

讲授法必须保持科学准确性。首先,传授的化学知识必须符合科学原理,不能出现科学错误。这要求教师具备高水平的化学知识,能深刻理解知识的内涵和外延,能够深入浅出、通俗易懂地讲解,同时避免科学性的错误。其次,应尽量使用科学、规范的专业术语,避免使用与科学不符的术语。

2.合乎逻辑,严谨有序

讲授必须具有清晰的逻辑结构,分层次、突出重点,符合知识的逻辑关系。首先,要将讲授内容置于整个知识体系中,考虑其与其他知识之间的逻辑联系。其次,应遵循科学探究的思路,激发学生的逻辑思维。最后,讲解专业知识时,必须保持严密的逻辑性,不可随意颠倒顺序。

3.启发思维,培养能力

讲授不仅是传授知识,还应激发学生积极思考,培养他们的能力和智力。因此,教师在运用讲授方法时,首先应考虑学生的认知水平和学习状态,运用具有启发性的语言,结合生活实际和问题情境,激发学生的求知欲望,引导他们积极思考。其次,可以采用问题性的讲解方式,用问题激发学生的思维活动,这样不仅传授知识,还培养学生独立思考和解决问题的能力。最后,在讲授过程中,教师应提供适当的时间,让学生思考,避免过快的语速。

4.简明生动,形象具体

生动形象的教学语言能够激发学生兴趣,促进他们的理解和想象力,特别对于抽象的化学知识有帮助。因此,教师在教学中应结合生活现象、实际例子或化学史中的典型案例,运用生动形象的语言进行讲解,帮助学生形成正确的化学概念,并增强学习兴趣。此外,教师应充分利用各种辅助手段,如观察、演示、图示、板书、多媒体课件和网络资源等,创造丰富的教学情境,使视觉信息与听觉信息协同作用,从而更好地促进学生的学习。

六、自主探究法——引导学生探索和解决问题

在当今的课程改革中,重要的目标之一是激发学生的内在需求,让他们自愿参与教学,积极参与学习,培养更主动的学习态度。这需要改变过于注重知识传授的传统课程模式,强调学会学习和培养正确价值观的过程。为实现这一三位一体的课程功能,自主探究性学习成为一个理想的教学方法。

自主探究教学法的核心思想是引导学生主动参与学习,促使他们自主构建知识。这种方法不是让学生各自为战,而是激发每个学生的积极性,让他们主动探索学习,并通过合作交流来加强学习效果。合作学习则是采用小组方式,让学生协同合作,充分利用彼此的学习优势。建立合理的合作学习小组是成功实施合作学习的前提。在组建小组时,应遵循"组内差异、组间异质、优势互补"的原则,这样可以实现小组内外的合作竞争,促进学生的全面发展。

高中化学强调通过实验感知知识,因此自主探究教学法非常适合提高高中化学学习的效果。这种方法可以让学生积极参与实验和探究过程,从中获得更深刻的理解。自主探究性学习不仅有助于知识的掌握,还培养了学生解决问题的能力和自主学习能力。这种教学方法有助于高中化学学习的质量提高。

自主探究学习改变了传统课堂填鸭式教学模式,使学生真正成为课堂的主体,教师担任的是课堂的指导者和服务者。以下总结两点高中化学自主学习的教学策略。

(一)自主学习目标的确定

确定教学目标是备课的关键步骤,只有制订出合理而可行的学

习目标,才能让学生明确具体的学习任务和要求,从而规定他们的学习方向和评价标准。我们会根据新的课程标准、教学内容以及学生的实际情况,设计学生自主学习的目标,并以问题的方式呈现给他们。

比如,在"环境保护"一部分内容的教学中,我们以"酸雨"为主线,设计了5个问题作为学生的学习目标:①什么是酸雨? 它是如何形成的? ②举例说明酸雨有什么危害。③我国酸雨分布的情况是怎样的? ④如何防治酸雨? ⑤写一篇小文章:"我能为防治酸雨做什么?"

(二)自主学习方法的引导

学习方法是学生在学习过程中积累的经验总结,是确保学习有效进行的一套经验体系。引导学生掌握重要的化学学习方法对于自主学习至关重要。学习方法既包括外在的行动,也包括内在的思维活动,因此,掌握学习方法实际上是获得学习经验和进行心智训练的过程。在日常教学中,我们需要特别关注学生的阅读、观察、分析、记笔记、提出问题、总结等在化学学习中常用的方法。对于自主学习的内容,我们会通过学习目标来提示学生主要的学习方法。

总之,在传统教育中,教师通常侧重于知识传授,将大部分精力放在教授知识和追求考试成绩上。这种教育模式下,教师以教为主导,学生以学为主要任务,知识的积累变得极为重要。然而,在信息时代,单纯追求知识的数量已经不够。知识更新速度快,追求知识量的增加变得不切实际,而更重要的是如何处理和应用信息。素质教育强调以学生为中心,注重个性发展,强调主体性和创造力。为了适应素质教育的需求,教师应积极探索自主学习的教学模式。

七、实验法——激发学生学习兴趣

化学是一门以实验为基础的学科,化学实验能够激发学生对化学的兴趣,帮助他们建立化学概念,获得化学知识和技能,培养观察能力和实验技能,同时促进了严谨认真的科学态度和科学学习方法的培养。举例来说,通过实验来教授学生有关"铁和铁的化合物"的知识,可以让学生亲身体验到化学中的颜色之美,这对于学习过程非常有益。通过颜色的观察来确认物质的存在和测试物质的性质,也是化学学科的一个重要特点。

(一)展示化学实验及其教学的功能

1.促进学生对化学学习的兴趣培养与发展

化学实验是一个全面动用手脑、视觉观察、听觉感知、嗅觉辨别的过程,能够积极反映实验者的个性和心理特征。如果缺少实验,化学素养的培养和发展将成为空中楼阁。在教学中,必须激发学生的好奇心和求知欲,只有当学生从实验中寻找答案时才能真正培养化学核心素养。

2.促进学生认知能力的提高

化学实验是学生提出问题和发现问题的重要途径,也是学习化学知识、技能和方法的关键手段之一。

3.培养学生内化科学精神

科学精神是指人们在科学活动中形成的一种意识和态度,包括科学工作者的意志、信念、气质、品质、责任感和使命感。它建立在科学思维和科学观念之上,是对科学产生和发展规律以及科学活动主题要求的一种理性升华。内化是指将社会意识转化为个体意识的过程。学生通过接受科学精神,并通过心理过程的内化,才能将其成为科学素养的一部分。

4.创造生动有趣的化学教学情境

化学实验教学情境是指在化学实验中能够激发学生学习积极性的各种情境。这些情境可以是真实的,如铜锌原电池实验;也可以是模拟或虚拟的,如模拟原子微观结构的动画。无论情境是具体的、可见的,还是描述的、抽象的,都应能够调动学生的学习兴趣,激发他们的实验探究欲望和求知欲望,才能成为化学实验教学情境的一部分。

(二)展示化学实验教学的基本过程

展示化学实验必须以实现特定的化学实验目标为前提,解决一组或一个化学实验问题。化学实验问题是指在给定化学实验条件下,实验主体当前状态与所需达到的目标状态之间的差距。展示化学实验设计应具备科学性和探究性价值。

实验设计通常包括以下类型:

1. 根据在教学中的作用,分为探究性实验和验证性实验。

2. 根据实验内容,可分为物质制备实验、物质分离实验和物质表征实验。

3. 根据实验侧重点和高中化学实验实际,主要类型包括:

(1)定性实验设计,包括制取物质、研究物质性质、检验物质以及分离混合物或提取物质等实验。

(2)定量实验设计,包括测定常用计量(如相对原子质量、阿伏伽德罗常数等)、确定物质组成和测定能量变化等实验。

(3)结构分析实验设计,用于测定物质的微观结构,包括分子结构和晶体结构的测定。

这些实验类型有助于教学过程中的目标设定和实验设计,从而更好地满足学生的学习需求和探究欲望。

(三)展示实验改进与创新的原则

1. 科学性原则

实验设计必须符合化学理论知识和化学实验方法理论,确保实验的科学性。

2.简单性原则

实验设计应采用简单的装置和方法,以较少的步骤和实验药品在较短时间内完成,确保实验操作简便有效。

3.趣味性原则

实验过程应生动有趣,能够激发学生学习兴趣,培养主动学习动机,促进相关化学知识的记忆。

4.对应性原则

实验设计和改进应与教材的思想相一致,不改变化学反应原理,不放弃学生需要掌握的典型装置和操作方法。

5.安全性原则

安全性原则要求在实验设计中尽量避免使用有毒药品或危险性较高的实验操作,以确保不会威胁到个人的身体安全,同时也要减少对环境的污染,将污染降至最低程度。

6.可行性原则

可行性原则要求在实验设计中,所选用的实验原理和方法必须在实际操作中是可行的,并且所使用的化学药品、仪器、设备以及实验方法等要符合现有条件下的可行性要求。

7.探究性原则

探究性设计原则要求设计的实验包含的化学规律通常较为隐晦,需要学生积极参与并发掘;解决问题的方法和路径通常并不明确,需要学生通过不断尝试、纠错,提出假设并验证假设的方式来寻求答案。

在高中化学教育中,改进和创新展示实验可以弥补传统实验的不足之处,提高实验的安全性和可操作性,减少药品使用量,降低环境污染的风险。教学可以将演示实验改为互动式实验或分组实验,以增加学生亲自参与实验和独立探究的机会。同时,教师在实验探究、实验改进、实验创新方面的精神也会潜移默化地影响学生,有助于培养学生的创新精神、环境保护意识以及绿色化学思想的养成。这符合新课标的要求,也有助于培养学生的观念更新、证据推理能力、实验探究和创新意识、科学态度以及社会责任感等核心素养的培养。

化学作为一门以实验为基础的学科,实验不仅是高中化学教学内容的重要组成部分,也是实现高中化学教育目标的最有效途径和方法。只有不断改进和创新化学实验,才能确保化学实验一直具有生命力,充分发挥实验在化学教育中的作用。这有助于适应素质教育和创新教育的需求,培养更多的创新型人才。

八、对比归纳法——知识系统化、网络化

学习的过程是一个不断积累知识的过程。为了使知识更易于提取和应用,必须及时对知识进行归纳和总结,以构建系统化和网络化的知识结构。举例而言,关于气体的实验室制备方法,通过对氧气和二氧化碳实验室制备方法的对比、综合和整理,可以得出制备气体的思路和方法,包括原理、装置、步骤、收集和检验等。

对比归纳教学方法将学生的主体作用与教师的指导作用有机结合,贯穿于教学活动中,以培养学生的智力、提高他们的综合分析和问题解决能力为教学的出发点和目标。

(一)对比归纳法有利于构建知识网络

高中化学的知识点通常分散且复杂,这使得学生往往难以找到学习的切入点,导致学习兴趣下降,化学成绩不理想。为了应对这种情况,教学中常常采用对比归纳法,根据学生的不同情况进行因材施教。这一方法引导学生将零散的化学知识和复杂的化学内容整理成提纲或图表,以构建出一个"知识点""知识线"或"知识网"的结构,然后通过对比分析,找出这些知识点之间的异同之处,以清晰地理解化学中有规律的知识,提高复习效率。

为了帮助学生更深入地理解和区分混淆不清的化学概念、原理和规律,教师可以继续采用对比归纳法,鼓励学生逐一比对这些概念,找出它们之间的异同之处,以更好地掌握这些知识。例如,同位素、同素异形体、同系物和同分异构体等概念常容易混淆,可以通过列表进行对比和归纳,使学生牢记这些概念及其相互关系,同时培养他们使用表格进行归纳、比较和分析的能力。这种方法有助于提高学生的学习兴趣,同时培养他们运用表格进行分类比较、对比分析的能力。

（二）对比归纳法有利于提高学生解题能力

对比归纳法实际上是一种综合性的教学方法,通过比较前后、左右、上下的知识或试题,教师可以引导学生发现知识之间的异同,从而更好地理解和掌握化学概念和原理。这种方法通常选择具有代表性和综合性的几道化学试题或示例,并将它们同时进行比较,然后进行解释或练习指导。具体而言,教师会讲解或练习几道题的同一步骤,而不是一道题完成后再转到下一道题,重点在于分析和比较每道题在同一步骤上的异同之处。这种并行教学的方法关键在于抓住每道题的同一步骤中的差异和共同点,进行分析、观察、总结和研究,直至最终得出结论。这样的教学方法有助于帮助学生更深入地理解和记忆知识点,同时提高他们的分析和综合能力。

（三）对比归纳法有利于培养学生探究能力

高中化学涉及众多分散的知识点,然而,通过横向联合这些知识,往往可以找到一些规律和相似性。发现这些规律不仅是学习化学知识的良好方法,还是由感性认识向理性认识迈进的过程,有助于培养学生的分析和综合思维能力。学生必须掌握常见物质的性质以及如何应用这些知识,只有当他们能够将知识点进行横向和纵向的整理和归纳,形成一个网络化、有序的知识结构,才能进行有意义的记忆和抽象逻辑思维,从而能够正确地复述、再现和辨认这些知识。通过对比归纳法,可以将不同物质之间的相似性质进行比较和总结,从而有助于更好地记忆和应用这些知识。例如,在高中化学中,漂白和褪色问题经常出现,如果学生不能清晰地理解它们之间的关系,将会影响到进一步的学习和应用。因此,教师可以采用对比归纳法,列出高中范围内所有具有漂白性质的物质,通过对比和总结,学生能够深刻理解漂白现象的本质。

　　总之,教师使用对比归纳法的教学方法,可以加深学生对所学知识的理解和记忆,激发他们的思考和学习兴趣,提高学习效率。这种方法能够引导学生善于观察和勤于思考,通过"归纳"和"对比"使知识更加深入,有助于提高化学课堂的教学效果。

第二节　学科核心素养下高中化学教学的课堂引导

一、预设与生成——课堂教学的两翼

教学是一个充满动态变化的过程,教师无法预先预测和掌控所有可能出现的情况,即使有预设也难免会遇到一些不可预测的情况。因此,教学被认为不仅仅是一门技术,更是一门艺术,因为在课堂上的美是预设和生成的统一体现。高中化学延续了初中化学知识,但更加抽象,其中的概念、公式和化学方程式更为复杂。再加上学生身心发展的变化,高中化学课堂的生成性和多样性也会更加丰富多彩。因此,在高中化学课堂中实施生成性教学,要求实现教师的教育目标和学生的学习主体性之间的统一,这是一个让学生从被动学习向主动学习转变的自主性学习建构的过程。

预设和生成是构成课堂教学的两个基本要素。预设指的是对课堂教学的设想和计划,只有那些懂得精心预设的教师,才能创造出高效和有序的课堂环境;而生成则是课堂的实际发展和建构,是教师在尊重学生学习主体性、能动性和差异性的同时,灵活地进行的创造性教学行为。这两者的统一是成功教学的关键,教师需要不断调整自己的预设,以应对不同学生和情境的需求,从而实现教与学的有效统一。

（一）以预设空间促进生成

教学活动是在特定的时间和空间背景下展开的,而教师对教学空间的主观设置将直接影响学生的思维和探究能力所能达到的程度。只有在创造最适宜的"教育"空间并为学生留出足够的思考空间时,才能激发学生的思维活力,使他们在渴望知识的前提下与教师一同构建课堂教学的内容。为了在课堂中实现学生通过与教师和同学互动产生的化学教育动态生成,教师需要采用开放的方式设计灵活、

动态和板块化的学习计划,而不是过于详细和线性的教学计划。这种教学计划不需要教师提前确定教学过程的每一个细节、每个环节的时间安排和实验探究的具体步骤等。尽管对于传统的化学教学来说,动态生成的教学设计可能显得更加"宽松",但它为课堂实施提供了足够的弹性时机,以促进知识的动态生成和学生的自主建构。这种方法有助于激发学生的思维,培养他们的探究精神,并提高他们的学习参与度。

(二)以预设问题促进生成

提问实际上反映了教师对课堂教学的预设,但能否实现生成,就要看教师在设计课堂提问时的水平了。只有那些灵巧、新颖、易于激发学生思考的问题才会有效促进课堂教学的生成。

1. 提问要有开放性

提问要具有开放性,鼓励学生从不同角度思考问题,并激发创新思维。例如,在学习二氧化硫的化学性质时,可以提出以下两个问题:从物质类别的角度推测 SO_2 可能是一种什么化合物?请提出假设并设计相应的实验来验证你的推测;从元素化合价的角度推测 SO_2 可能具有的化学性质是什么?请提出假设并设计相应的实验来验证你的推测。

2. 提问要有趣味性

提问要具有趣味性,能吸引学生的兴趣和好奇心。例如,在讲解原电池原理时,可以引入以下情境:"在伦敦上流社会,有一位贵族夫人格林太太,幼年时因蛀牙补过一颗不锈钢的假牙。不料,后来她因为车祸又掉了一颗牙,为了显示她的富有,她装了一颗黄金假牙。自此以后,她就经常出现头痛、失眠、心情烦躁等症状。更奇怪的是,众多的医学专家为她检查后,都找不到病因,这位夫人整日感到精神萎靡,找遍各大医院会诊也不见效果。"学生们,格林太太的病因到底是什么呢？请运用本节课学习的知识帮助格林太太找出她的病因。

3.提问要有递进性

要确保生成性问题的效果，问题的设计需要具有递进性，按照课程的逻辑顺序进行，遵循学生的认知规律，逐步深入，以便学生更好地理解和探究。如果问题的提问顺序混乱或不合理，可能会导致学生困惑或难以理解。例如，对于硫酸铝溶液和小苏打溶液混合后进行泡沫灭火的实验，以下是更合理的提问顺序：

(1)硫酸铝溶液和小苏打溶液各自属于哪种类型的盐？它们的溶液中存在怎样的平衡？

(2)两种溶液混合后，原来的平衡是否受到影响？

(3)混合后，平衡相互影响的结果是什么？为什么会产生泡沫？

这样的问题顺序更符合学习过程的逻辑，能够帮助学生逐步理解实验现象的原因和化学原理。

4.提问要有探究性

探究性提问可激发课堂的生成性效果和创新特点。例如，在复习"二氧化硫"时，设计问题引导学生讨论，让他们总结 SO_2 的性质与应用。讨论提纲包括：

(1)描述 SO_2 与人类生活的关系，你了解的有哪些方面？

(2)大气中的 SO_2 来自何处？为何说排放的 SO_2 是形成硫酸型酸雨的主要原因？为什么硫酸型酸雨的 pH 会随时间变化？

(3)有哪些减少燃煤排放 SO_2 的方法？请列举一些你了解的方法。

(4) SO_2 在哪些工业中被应用？这些应用与它的性质有何关联？曾有地方使用 SO_2 处理食用菌，后来导致产销减少，你能推测原因吗？

(5)为什么实验室中的 Na_2SO_3 样品容易变质？如何检验一瓶

Na_2SO_3 试剂是否变质？判断是否完全变质需要哪些依据？

（6）SO_2 气体为何能使溴水或酸性 $KMnO_4$ 溶液褪色？能用什么简单实验来验证你的解释是否符合事实？

这样设计的课堂能够激发学生的创新思维和能力，培养思维品质，展示生成性教学的特点。

（三）以教学机制促进生成

生成性教学是一项具有挑战性的任务，因为课堂的生成往往是随机的，无法完全依赖预设。教师需要灵活应对，随时根据课堂情况调整教学方案，捕捉学生的亮点，将其融入教学中。同时，教师的预设应以学生的学习为重点，真正关注他们的成长和发展。

综上所述，预设和生成在教学中都有其重要性，但二者需要平衡。教师的匠心和学生的智慧互相交融，才能创造出精彩的高中化学课堂。

二、体验性学习——立足学生的心理特点

新课标强调了教学的本质是交往，其中包括师生之间和学生之间的动态信息交流。这种广泛的信息交流不仅促进了师生互动，还形成了学习共同体。因此，我们需要改变单一的知识传授方式，引入多样化的学习方式，如研究性学习、参与性学习、体验性学习和实践性学习，以促进学生全面发展，培养良好的学习方法和终身学习的能力。

在这些学习方式中，体验性学习变得越来越受欢迎。体验性学习意味着学生亲身投入到实际活动中，通过自己的经验和情感来获得知识和意识。这种学习方式要求学生积极参与、实践、思考和合作，培养他们处理信息、构建新知识、解决问题以及与他人合作的能力。

虽然体验性学习通常与研究性学习和社会实践有关，但它同样可以在课堂内运用。通过体验性学习，可以改变传统的教学方式，鼓励学生更加主动地学习、实践和思考。这有助于他们培养重要的能力,如信息处理、问题解决和合作,使他们不仅注重知识的获取,还注重学会学习、合作和社交技能的培养。

(一)体现学生的主体性

体验性学习强调主体的参与和感知,将知识转化为个人经验,使学习更为生动和有趣。在现代教育理论中,突出了学生的主体性,使他们成为学习的中心,而体验性学习正是体现这种主体性的教学方法。

体验性学习允许学生充分动用各种感官,将抽象的知识具体化,使之成为个人经验的一部分,而不仅仅是外部的信息。在高中化学中,有许多内容可以通过让学生自主学习来完成。例如,在教授《环境保护》等课程时,可以让学生分组收集相关知识,并通过不同的方式展示,如小论文、小品、辩论赛、知识竞赛、海报等,从而激发学生的兴趣,培养他们的各种能力。

此外,化学是一门实验性较强的学科,实验也可以成为激发学生兴趣的有效方式。将一些演示实验改为学生自行进行或由学生来演示,可以增强他们的学习主动性和实验现象的感知。学生还可以参与实验方案的设计和验证,这有助于培养他们的创新精神和实践能力。

总之,体验性学习强调学生的主体地位,使他们成为学习的中心。学生通过实际参与和亲身经历,将知识内化为自己的经验,从而更好地培养他们的创新能力和实践能力。这种教学方法可以使课堂更加生动多彩,激发学生的学习兴趣和动力。

(二)注重师生间、生生间的交流

课堂设计是教育教学的关键环节之一,它直接影响着教育教学的质量和效果。传统的课堂设计通常由教师根据课程要求、教材内容和学生群体的特点来安排学习活动,但这种设计常常忽略了学生的实际需求和反馈。

在现代教育理念中，越来越强调学生的主体地位和参与性。学生是学习的主体，他们的学习需求和兴趣应该被充分考虑和尊重。因此，教师需要与学生进行平等的沟通和交流，了解他们的学习需求和兴趣，以便更好地满足他们的学习需求。

例如，在教授《乙酸》这一节课时，教师采取了一种开放性的教学方式，让学生自主选择学习的方式和内容，并鼓励他们表达自己的观点和意见。通过与学生的互动，教师了解到学生更关注乙酸的结构，因为他们认为结构是了解性质的根本原因。这种互动不仅使课堂更具有参与性，还能够激发学生的思维和创造力，让他们积极参与学习过程。

体验性学习方式也可以为课堂注入更多的活力。学生可以通过实验、讨论、分析等方式来主动参与学习，这有助于他们更深入地理解知识，培养解决问题和合作的能力。通过与学生的共同探讨和合作，教师可以更好地满足他们的学习需求，使课堂更加富有创造性和乐趣。

总之，课堂设计应该充分考虑学生的需求和反馈，倡导师生之间的平等互动和交流，使学习过程更富有活力和创造力，真正实现教育教学的双向交流和共同发展。这种教育理念有助于培养学生的自主学习能力和创新精神。

（三）强调学习的过程

学习的真正价值在于学习的过程，而不仅仅是学习的结果。体验性学习强调学生在学习过程中的亲身体验和感受，它的目标是让学生在学习中积极参与、主动思考，培养他们的学习能力和自主学习的意愿。

在课堂内，化学学习应该是一个充满活力和变化的过程，它应该根据学生的实际情况和学习需求来灵活调整。这要求教师在备课过程中要有充分的准备,同时也要有能力随时根据学生的表现和需求做出调整。

以教授《离子反应》为例,教师原本准备了一些练习题,但学生的提问和讨论引发了一个完全不同的学习方向。教师明智地决定调整教学策略,让学生根据提出的问题来进行讨论和实践。这种非预设性的教学方式充分激发了学生的思维和创造力,让他们积极参与到学习过程中,最终达到了既定的学习目标。

为了更好地体现学习过程,教师需要在课堂设计中留出足够的时间和空间。现代教育强调教学的灵活性,要求教师具备应对不同情境的能力。这也意味着教师需要不断提高自己的专业素养,以更好地适应和引导学生的学习需求。

总之,体验性学习是新课程改革中的一种重要学习方式,它注重学习的过程和学生的主体性。然而,任何一种学习方式都不是绝对的,而是相对的,应该与其他学习方法相结合。在课堂内,体验性学习应该与研究性学习、自主性学习、合作性学习等多种学习方式相融合,以达到更好的教育教学效果。这需要教师不断探索和实践,以满足学生的多样化学习需求。

三、自主学习——培养学生的自学能力

自主学习是一种重要的学习方法,它鼓励学生主动探索、积极参与学习,从而提高他们的学习兴趣和自我掌控能力。通过自主学习,学生可以更好地发展主观思考能力,这对他们未来的学习和成长都具有积极的影响。

(一)高中化学自主学习策略分析

1.激发学习动机

激发学生的学习动机是指教师运用多样化的教学策略,激励学生主动学习,促使他们的学习欲望转变为积极的学习行为。这一过程在整个教学活动中都具有重要作用,对学生产生积极影

响。积极的学习动机不仅能够激发学生对学习的热情,还能显著提升他们的化学素养,为提高学生的学术水平打下坚实基础。在教学初期,教师可以通过唤起学生的好奇心和鼓励他们进行自主学习来培养他们的学习动机。当学生取得良好的学习成效时,应给予正面的反馈,强调他们的努力和成就,从而增强他们的自信。在化学教学中,将化学知识与日常生活和实验相结合,运用多种教学方法,例如实验探究,可以有效提升学生的积极性,激发他们对化学学习的兴趣和动机。

2. 自主展开实验探究

学生可以通过设定学习目标和利用教材中的学案来开展自主学习。这种学习方式并不仅仅是对教材的简单阅读,而是按照预先设定的学习计划有目的地学习,目的是掌握即将学习的知识点,并记录下任何不理解的内容。这种方法不仅能有效促进知识的掌握,还能全面提高学生的学习能力。在自主学习过程中,需要注意以下几点:

(1)自主学习需要充足的时间。学生应根据学习目标和计划安排合理的学习时间。随着自学能力和效率的提升,他们可以逐步增加学习时间和内容。根据自身情况制订适合的学习计划,以提升学习的主动性和积极性。

(2)在自主学习的各个阶段,学生应遵循教师的教学计划进行学习。首先,确定学习目标和任务,然后根据教师提供的学案或学习大纲进行学习。

(3)学生应及时向教师提出问题。如果在学习过程中遇到难题或疑问,应及时向任课教师提问,解决学习中的困惑,从而加快自主学习的进程。

(二)自主课后阅读,提升自主学习能力

自主课后阅读是提高自主学习能力的有效途径。通过在课后自行阅读相关资料,学生不仅能够巩固和拓展课堂上学到的知识,还能够发展独立思考和批判性分析的能力。这种学习方式鼓励学生主动探索,培养他们的好奇心和求知欲。

在进行自主课后阅读时,学生应先明确阅读目标,选择与课堂内容相关或拓展性的资料进行深入学习。阅读过程中,重点是理解和吸收信息,同时对所学内容进行思考和反思,以促进对知识的深入理解。

此外,学生可以记录重点和不清楚的地方,以便在课堂上或向老师、同学求助时进行讨论。这种学习方法不仅能提高学生的阅读理解能力,还有助于培养他们的自我管理和时间管理能力。

通过自主课后阅读,学生可以在课堂学习之外,以更加灵活和广泛的方式学习,有效提升自主学习能力,为终身学习打下坚实基础。

四、自主实验——强化对知识的理解

在新课程教学改革的背景下,高中化学自主实验教学的创新变得尤为重要。为了充分发挥化学自主实验在教育中的价值,教师需要改变传统的教学模式,创新教学方法,并对教学体系进行革新,以满足现代教育对创新的需求,同时为教育管理方法的改进提供参考。尽管目前高中化学自主实验教学面临着一些限制性问题,但教师可以根据实际情况进行相应的调整。

在这一创新过程中,教师的任务是激发学生对化学实验的积极参与和兴趣,以适应教育创新的需求。这可能涉及采用更多元化的实验教学方法、鼓励学生进行探索和创新,以及提供更多实践机会,让学生在实验中学习和成长。通过这些方式,教师不仅能够提高学生对化学的兴趣,还能够培养他们的创新思维和实验技能,为他们的未来学术和职业发展打下坚实的基础。

(一)高中化学自主实验教学创新的必要性

高中化学自主实验教学的创新是现代教育改革的重要组成部分,对于提高学生的科学素养和创新能力具有重要意义。在传统教学模式中,实验教学往往被局限于验证已有的理论知识,而自主实验教学创新则强调学生的主动探索和创新思维。

通过自主实验,学生不仅能够深入理解化学理论,而且能在实践中发现问题、提出假设并进行验证。这种教学方法能有效激发学生的好奇心和探究欲,培养他们独立思考和解决问题的能力。此外,自主实验教学还有助于提高学生的动手操作技能,增强他们的实验设计和数据分析能力。

(二)高中化学自主实验教学创新的基本策略

1.创设情境化的问题探究环境

在化学自主实验教学中,为了有效推动化学实验教学的创新,教师需要在实验中创造问题探索的情境,并在这一过程中注意以下几个要点:

首先,教师应引导学生树立正确的学习观念,并鼓励他们将实验内容与日常生活相结合,从而促进实验教学方法的创新。例如,教师可以引入与日常生活或实际生产相关的化学实验,激发学生通过实验解决实际问题,提高他们的学习兴趣。

其次,由于化学学科与日常生活紧密相连,教师可以引导学生收集周围的化学现象,并通过实验亲身体验,增强他们的成就感,从而激发学习兴趣。例如,通过进行水果电池实验,学生可以更深入地了解电池的工作原理,从而支持自主实验教学方法的创新。在这个过程中,教师应设计多样、开放和个性化的活动,鼓励学生积极探究和求知,增强他们的实践操作能力。

总体来说,教师在化学自主实验教学中创设的情境非常关键。通过恰当的引导,将化学实验与实际生活相结合,促进学生的亲身体验和探索,可以有效激发学生的学习兴趣,增强他们的实践能力,为化学自主实验教学的创新提供坚实的支持。

2.构建自主探究的实验教学形式

为了适应新课程改革的要求,高中化学自主实验课程的教学方法需要进行相应的调整。教师需转变传统的课程教学方式,根据学生的基本需求,构建以自主探究为核心的实验教学方法,以提升学生的主动参与意愿。在整个教学过程中,教师的角色应从传统的知识传授者转变为引导者和协助者,引导学生积极参与化学实验,采用随机性作为教学的一种指导原则,以营造一个开放、灵活的教学环境。

在设计实验时,教师需要深入研究新的课程标准,结合教材内容制订实验计划,确保实验内容能够从简单到复杂逐步深入,以适应不同学生的学习进度和能力。这种教学方法不仅能够鼓励学生主动学习和探索,还能够帮助他们更好地理解化学概念和原理,同时培养他们的实验技能和科学探究能力,从而更好地适应新课程改革的要求,提高化学教学的有效性和趣味性。

3.注重教师与学生之间的活动交流

在高中化学自主实验教学中,激发学生的实验兴趣和参与度是至关重要的。为此,教师应重视与学生的互动和交流,共同探讨学习方法,以创新教学方式。这种方法有助于教师灵活调整课程内容和目标,以更好地满足教学和学习需求。

例如,在教授《钠、镁及其化合物离子反应》这一课程时,教师可以先利用多媒体展示离子反应实验,然后引导学生自主进行探究。在探究过程中,教师可以提出问题,激发学生的思考,通过互动解决问题,从而增强学生的学习兴趣。探究活动结束后,教师与学生共同总结离子方程式的意义和作用。通过这样的方式,教师可以提高学生的学习能力,并充分展示自主实验教学的价值。

总而言之,为了充分实现高中化学课程的教育价值,教师应结合自主实验教学的特色,创新教学方法,并充分利用情境化教学、自主探究和互动教学等方式,为新课标下的自主实验教学提供有效的参考和支持。通过这些方法,可以有效提升学生的学习动力,培养他们的科学探究能力,同时展示高中化学自主实验教学的价值。

五、合作学习——培养学生的合作能力

合作是人类社会发展与进步的永恒主题,在各行各业中都有所体现。在现代教育中,更加需要培养学生的合作学习能力,以共享学习资源和学习心得来提高学生的学习质量与效率。因此,开展合作学习,培养人的合作精神,是高中化学教学中所面临的重要任务。

(一)高中化学教学过程中存在的问题

现有的高中化学课堂,多数学校大部分教师仍然沿用传统的教学模式,即以教师为主导的课堂模式。这种课堂模式是以教师讲授为主,教师仍然在课堂中占据主要地位,起着主导作用,缺乏教师与学生之间的交流与合作,尤其是实验部分。由于受实验环境与经费的制约,现有大多数的化学实验都是以分组形式进行的,小组之间虽有合作,但小组之间的这种合作学习方式仍存在很多问题。

1.过分注重教师的指导地位,忽视学生的主体作用

传统的教育方法常涉及教师示范实验,而学生则按照教师的步骤进行实验,这种教学方式使得课堂显得僵化和刻板,不太有利于学生思考和实验探究。实验应当通过亲自动手,以更深入地体验化学实验的微妙变化和具体结果。在这个过程中,教师通常限制了学生的发散思维,同时也限制了他们独立思考和探究问题的能力。针对不同实验,只强调了实验中的注意事项,教师在实验中充当了监督和提醒的角色,这仅能培养学生简单动手的能力,而不能调动学生的积极性,更不能培养学生主动探究和解决问题的能力。

2.组内合作意识差,缺乏合作精神

在每个学习小组中,实验过程应当充分激发每位学生的学习热情,确保每个小组成员都积极参与。在小组内,学生应进行讨论、沟通和合作,而不是仅仅依赖个别学生执行实验,而其他人只是观看实

验结果而不了解其中的化学反应和结果原因。解决这些问题需要小组内成员之间的密切合作。这种合作方式让学生感受到他们都是活动的主导者,鼓励他们积极参与,共同完成任务目标。这不仅能够突出每个学生的个性,培养创造性思维,还强调了合作精神在学习中的重要性。

(二)高中化学教学中实施合作学习的策略

在高中化学教学中实施合作学习是一种有效的教学策略,它有助于提升学生的团队合作能力和深化学生对化学知识的理解。首先,教师需要根据化学课程的内容,设计合适的小组合作任务,如实验设计、问题解决或项目研究。这些任务应旨在促进学生间的讨论、交流和协作。

教师在分配小组时,可以考虑学生的能力差异和个性特点,以确保小组成员间能够互补、互助。在小组活动中,教师应鼓励每个学生积极参与,确保他们都有机会表达自己的观点和提出问题。

此外,教师还应在活动过程中给予适时的引导和支持,帮助学生解决合作过程中的困难和矛盾。活动结束后,通过小组展示、讨论或总结,教师可以引导学生反思合作学习的过程和结果,以加深他们对化学知识的理解,并提高合作学习的效果。

通过这些策略,高中化学教学中的合作学习不仅能够提高学生的学习效率,还能培养他们的沟通能力、团队协作精神和批判性思维能力,为他们未来的学习和生活打下坚实基础。

第四章　核心素养下高中化学问题式教学的实践思考

第一节　对问题式教学实施意义的认识与研究

一、问题式教学实施是实现教学目标的重要途径

（一）教学实施与实现教学目标之间的"距离"分析

基于核心素养的教学实施，倡导改变学生的化学学习方式，特别是要关注问题解决的学习方式。在此过程中，培养学生的问题解决能力应该是一个重要的教育目标，特别是在培养学生高阶思维能力方面更加需要重视。在教学设计的基础上，我们需要引导学生积极主动地参与高阶思维活动，如分析、评价和创造。然而，学生的高阶思维能力的发展需要有关高阶思维活动的支持。

此外，我们也应该认识到高阶思维的主要组成部分，包括"知识迁移能力""预测、观察和解释能力""推理能力""问题解决能力"和"创造性思维"。只有通过有效的教学实践，我们才能在课堂上构建高水平的化学知识，同时促进学生高阶思维能力和核心素养的发展。然而，在高中化学课堂教学中，通常由于教师的教育理念、教学方法和能力等方面的限制，教学实施与实现教育目标之间存在一定的差距。

在实际教学中，教学设计非常重要，它是成功教学的基础。然而，有时候会出现这样的情况：教学设计虽然很好，但教学实施并不理想，这影响了真正实现教育目标。尤其是对于缺乏丰富教学经验的年轻教师来说，常常会面临以下几种情况。

1.为了提问而提问

在教室里，为了突显学生的主导地位和促进师生互动，教师通常会提出问题。然而，问题在提出后，由于教师未给予学生足够的自主

思考时间和空间,常常会出现教师立即自行回答问题的情况。这种情境多次重复后,会导致课堂气氛变得愈发沉闷,学生对参与教学的热情也会逐渐降低。最终,即使教师提出问题,也几乎没有学生愿意回应。

2.互动中教学评价空洞、无意义

在课堂教学互动中,教学评价扮演着重要的角色。然而,很多时候,这种评价缺乏实质性的内容。许多教师在学生回答问题后,只是简单地说:"嗯,很好!请大家鼓掌。"或者问:"大家觉得他的回答怎么样?"这样的评价缺乏深度和具体性,学生难以感受到教师真诚、关心和重视的态度,也无法了解自己的回答是否有改进的空间。随着时间的推移,学生可能会对教师的评价变得漠不关心,在课堂互动中失去积极性。

3.教师对课堂生成的无视或忽视

在教学实施中,一些教师担心学生的回答会偏离原先设定的教学计划,可能导致课堂进度受阻。因此,当学生提出与教学预期不符的回答时,教师往往会忽视或不予回应。这种教学实施方式使得课堂变得死板,不具备灵活性,也不鼓励学生积极思考或提高能力。这对学生学科核心素养的培养和形成没有帮助。

因此,要实现教学设计与课堂实施的有效结合,教师需要正确理解和高度重视教学实施。在教学实施中,教师需要不断反思、体验和改进,提高自己在课堂中的应变能力。教学设计类似于剧本,即使有出色的剧本,也不能保证演出的成功。同样,教师的教学实施也如此。因此,我们需要认识到,教学设计与课堂教学之间存在一定的差距,好的教学设计并不等于成功的教学实施。

为了更好地将教学设计融入课堂教学中,缩小这一差距,教师可以采用问题式教学的方法。在课堂中,提出问题、引发怀疑、推动问题解决,以问题为驱动力,实现师生互动和生生互动。同时,注重学生的问题解决和自主学习,教师的评价也变得更为重要。这种教学方式可以减轻青年教师在课堂中的紧张感,使教学更加灵活有效,激发学生的学习兴趣,使教师和学生都更加轻松愉快地参与其中。

(二)问题式教学实施是教师提升课堂驾驭能力的起点和落点

教师的专业成长对于所有教育者都是至关重要的,尤其对于青年教师来说,提高课堂管理和控制的能力至关重要。虽然许多青年教师充满渴望,拥有出色的教学理念、教育素养和基础知识,但刚开始教学时通常缺乏足够的经验。在他们的课堂中,可能会出现各种问题,但他们不一定能够自己察觉到这些问题,或者虽然认识到问题的存在,但不知道如何加以改进。

问题式教学可以作为提高教学能力的起点。通过在每节课上的精心体验和深刻领悟,以及对每个教学环节的认真设计和推进,青年教师可以逐渐积累经验,自然而然地提高他们的教学实施和课堂管理能力。这个过程是逐渐发展的,需要时间和不断的实践,但它可以帮助教师逐渐成长,更好地应对教育工作中的挑战,提高自己的教育水平。

(三)问题式教学实施是学科核心素养培育和学生能力提高的有效方法

高中化学学科核心素养的重要性日益凸显,成为高中化学教学的关键方向。然而,在实际教学中,如何有效地培育学生的核心素养成为一个共同的挑战。我们需要思考如何将核心素养融入高中化学课堂教学中,以及如何自然地促进学生的核心素养的培育。

同时,高中教学也需要关注学生能力的培养,因为高考考查了学生的多种能力,如信息获取、信息加工、信息转化、观察分析等。在教学实践中,我们必须认真考虑如何更好地培养学生的这些能力,以满足高考的要求。同时,教学中需要平衡教师的指导作用和学生的主体地位,以确保学生的能力培养得以实现。

问题式教学实施可以是解决这些问题的有效方法。它要求教师在充分准备教学的基础上,通过提出问题和引导学生解决问题的方式来开展教学活动。这种方法可以使课堂充满思考和吸引力,激发学生的探索兴趣,促进学科素养和能力的培养。问题式教学实施将先进的教育理念融入教学流程,优化教学过程,有助于实现核心素养和学生能力的全面发展。

1. 问题式教学实施与学科核心素养之"宏观辨识与微观探析"

化学作为一门研究物质性质和变化的学科,涉及宏观与微观层面的相互联系,这一学科特点为学生培养"宏观辨识与微观探析"的核心素养提供了机会。在高中化学教学中,通过巧妙的问题引导和解决,可以促使学生在宏观现象和微观本质之间建立联系,培养基本的化学思维和分析方法。

高中化学教学的问题设置和解决过程可以引导学生从宏观到微观,从实际到理论,建立深刻的化学思维和化学视角。这种教学方法不仅帮助学生理解化学知识,还能将知识应用于实际生活和实验实践中,促使核心素养"宏观辨识与微观探析"的形成和体现。

在化学教学中,这种宏观与微观的相互关系体现在各个方面,如分子运动解释湿衣晾干的现象、从微观离子角度分析酚酞反应、实验现象为基础进行微观分析、溶液 pH 的规定以及酸碱性的测定等。通过这些教学示例,学生可以逐渐培养宏观和微观之间的关联思维,深化对化学现象的理解和解释。

问题式教学实施是一种有效的方法,能够帮助学生发展"宏微结合"的核心素养。在教学中,教师需要充分利用化学学科的特点,通过问题式教学引导学生,为他们提供思考和感悟的机会,加强"宏微结合"的核心素养的培育。这样的教学方法有助于学生更好地理解化学概念,将知识运用到实际情境中,实现知识与素养的有机融合。

2.问题式教学实施与学科核心素养之"变化观念与平衡思想"

化学研究物质的变化，深入探究物质变化的内在原因和遵循的规律，因此，培养学生的"变化观念"是高中化学教学不可或缺的核心素养。这种观念帮助学生理解物质性质和化学反应的本质，同时也对高中阶段的化学学习和未来的发展具有重要意义。

在高中化学教学中，教师可以通过问题设置和问题解决的方式来强调和强化学生的"变化观念"。通过多角度的问题讨论和思考，学生可以更深入地认识物质的性质以及相关的化学原理。这种"变化观念"的核心素养对学生整个高中化学学习过程和未来的发展都具有极大的益处。它帮助学生形成一种动态的认知方式，使他们能够更深入地理解和应用化学知识和原理。

在高中化学学习中，学生需要理解不同反应之间的共同点和差异，从单个反应到一类反应，从简单到复杂，从明确数据到需要量化的过程等。教师可以通过问题式教学的递进性，引导学生逐渐建立"变化观念"，并注重学生的自主迁移能力。外界条件的变化对反应的影响也是一个重要方面，学生如果缺乏"变化观念"，可能会产生错误的认知和应用。因此，在课堂教学中，问题式教学可以帮助学生以动态变化的思维方式学习化学知识，更好地理解化学原理，分析化学现象，从而促进他们积极探索和深入学习高中化学。

"平衡思想"在高中化学学习中具有重要的意义，它不仅有助于学生理解化学知识，还有助于学生在生活和社会中获得更多的启示。在高中化学学习中，学生接触到了不同类型的平衡，如可逆反应的平衡、水溶液中的离子平衡等，这些内容直接涉及平衡体系和相关原理的学习。然而，真正的"平衡思想"应该体现在学生对原理的应用和迁移上。

通过从化学平衡的角度分析和认识自然和社会现象，学生可以提升对人生的理解和体验。例如，将勒夏特列原理与老子的哲学思想相联系,或者与物理的楞次定律关联,寻找它们之间的相似之处,这种思维方式有助于学生将化学原理与其他领域的知识相结合,拓展思维的广度和深度。

在教学实施中,问题式教学可以帮助学生深入探讨与反思这些内容,通过问题的设置和解决,促使学生在思考中更深刻地理解和认知化学知识。这种教学方法有助于学生将"平衡思想"真正内化为他们的素养,使他们在化学学习中,以及在观察和思考自然和社会现象时,能够以平衡的观点和观念看待、分析和理解问题,对于他们的未来成长和发展也具有积极的帮助。同时,这种思考方式也有助于将"变化观念"与"平衡思想"有机地融合在化学学习中,为学生提供更全面的化学教育。

3.问题式教学实施与学科核心素养之"证据推理与模型认知"

在高中化学学习中,由于化学涉及微观领域的抽象性质,因此培养学生的"证据推理"核心素养至关重要。这一素养可以帮助学生将抽象的微观原理与宏观现象有机统一,从而更深刻地理解和认知化学知识。

学生需要从定性到定量地认知和理解化学概念和原理,这有助于将抽象的概念具体化。通过数据的分析和实验现象的观察,学生能够建立明确的认识。在教学中,可以借助实验、数据分析和图像等方式来培养学生的"证据推理"素养。例如,通过实验中的观察和数据收集,让学生推理化学反应的机制或原理,或者使用数字化仪器来显示实验数据的变化趋势,使学生能够直观地理解抽象概念。

此外,教师可以通过问题式教学实施来加强学生的"证据推理"素养。提出问题并引导学生分析和解决问题的过程,有助于他们培养推理和分析的能力。这种教学方法可以帮助学生更好地理解化学原理,并将其应用到实际问题中。

另外,对于学生来说,培养"模型认知"的素养也具有重要意义。

这种认知方式可以帮助学生理解和应用化学知识,同时也有助于他们在其他学科中的学习和发展。通过将已有的知识框架和学习基础迁移到新的学习内容上,学生可以更轻松地掌握新知识。在教学实施中,可以通过引导学生将已掌握的知识和思维方式迁移到新的学习内容中,以提高他们的学习效率和思维能力。

综上所述,培养学生的"证据推理"和"模型认知"核心素养在高中化学学习中非常重要。教师可以通过问题式教学实施和多种教学方法来帮助学生培养这些素养,从而提高他们的学习能力和认知水平。

4.问题式教学实施与学科核心素养之"科学探究与创新意识"

高中化学的学习基于实验,可将课堂教学转化为科学探究。教师需具备教学意识,整合探究与学习内容,培养学生科学探究意识,引导其体验探究过程,激发学习热情和创新意识。

5.问题式教学实施与学科核心素养之"科学态度与社会责任"

高中阶段的化学教学不仅仅是传授知识,更应强调培养学生的科学态度和社会责任感。尽管有些教师认为将这些素养与化学知识联系起来有一定困难,但实际上,通过问题式教学,可以在化学课堂中自然而然地培养学生的科学态度和社会责任感,使二者相辅相成,相互促进。

二、问题式教学实施在师生交流中的桥梁作用

在教学过程中,师生交流是不可或缺的环节,它赋予课堂生命力和活力。缺乏充分的师生交流会导致一系列问题,包括教学目标不明确,教学效果不佳,教师疲惫和学生失去学习兴趣。因此,我们应该高度重视师生交流,确保课堂教学充满活力和积极性。

(一)高中化学课堂教学师生交流场景再现

不同地域、不同层次的学校,由于客观、主观两方面的种种原因,课堂中师生交流存在着较大差异,大致有以下状况:

1. 过于传统的教学导致师生交流不足

目前，一些课堂教学仍然沿袭传统的"师讲生听"模式，尤其在偏远地区和经验丰富的老师中更为常见。在这种教学中，教师主导着整个课堂，不断讲解和板书，而学生则被动地听课和记笔记。这种单向传授的教学方法限制了学生的思维和能力发展，不足以满足现代高考对思维、素养和能力的要求。高考更加强调学生的信息获取、加工、问题解决和知识应用能力。因此，我们需要改变这种教学方式，让学生更积极地参与，培养他们的综合素养，以更好地应对高考和未来的挑战。

2. 缺乏交流深度与广度的"师问生答"

大多数教师尽管在培训和交流中接触到了高中教学的新理念，也有意将其应用到自己的教学实践中，但在实际教学中，由于对师生交流的理解有限，以及课堂管理和交流技巧的不足，导致师生交流的深度和广度仍然有待提高。很多教师将师生交流仅仅理解为师问生答的形式，而且通常停留在表面的互动，这种教学方式可能会掩盖教师的主导式教学。在这种情况下，教师通常使用一成不变的提问方式，例如"是不是?""对不对?"等，而学生则往往机械性地回答"是""对"，缺乏深入思考和真正的互动。

3. 真实有效的师生交流

新课程的教学理念逐渐被广大一线教师接受和推崇，他们致力于将核心素养培育和学生思维能力、综合素质的发展融入高中化学课堂教学中。这些教师认识到，无论是关注学生的全面成长，培养未来社会建设者，还是追求课堂教学的实效，都需要摒弃传统的"师讲生听"方式。他们努力打破课堂上忽视学生参与和发展的现象，创造充满师生广泛深入互动的高中化学课堂。

这些教师通过多种教学方法和资源的灵活应用，以及合理的教学评价方式，实现了真正的师生互动。在这样的课堂里，教师与学生之间进行积极的视觉和语言交流,甚至进行激烈但富有情感的讨论和争辩。课堂不再是教师的独奏,而是一个师生合作、共同学习的平台。在这个流动的时光中,教师和学生相互启发,一同进步。在充满活力和吸引力的课堂中,教师是引导学生的温暖导师,学生是不断成长的主体。

智慧在课堂中生根,思维在交流中锻炼,能力在思考中发展。真正有效的师生交流促进了学生的全面成长和进步。

(二)高中化学课堂教学师生交流不足的原因剖析

确保师生之间的广泛深入交流和充满活力的课堂是我们在教学中不断追求的目标。尽管许多教师已经在努力朝这个方向发展,并在某些时候实现了这样的课堂,但不可否认的是,仍然有更多的教师在所谓的"日常课堂"中,未能充分体现学生的主体地位。

这种情况导致学生的学习热情在课堂上受到压抑,他们的自主学习和探索精神逐渐减弱,思维和能力的发展受到了阻碍。因此,我们不能忽视这一问题,需要认真探讨其原因,以便采取改进措施。要实现改变,首先需要深入分析问题的根本原因。

高中化学课堂教学中师生交流不足,从教师层面上来讲,主要是教学意识和教学理念、教学能力和教学方法、教学环境和教学氛围三个方面的原因。

1.教学意识和教学理念的影响

教师在课堂中的行为往往反映了他们的教学意识和教学理念。对于一些有一定教龄和教学经验的教师,可能并不完全认同新的课程理念和核心素养培育的教学目标,而且他们的教学思想和行为模式可能已经形成了固有的模式。因此,对于这些教师来说,要改变长期形成的教学习惯并非易事。

改变这种情况不是一蹴而就的,而需要通过深入的教学研究和教学体验,循序渐进地进行改进。这些有丰富教学经验和出色课堂管理能力的教师,只要能够改变他们的教学理念和教学意识,就可以充分利用他们的经验和能力来改进课堂教学。这种改变需要时间和持续的努力,但是可以为学生提供更好的教育。

2.教学能力和教学方法的影响

有一些年轻教师,他们尚未形成固有的教学方法或风格。这些教师对于新课程理念和核心素养培育的教学目标有着相对充分的了解和认可。然而,他们通常缺乏灵活的教学技能和多样化的教学方法。尽管有新课程的教学理念支持,但由于这些教师课堂管理能力不足,许多教学构想不能顺利实施。在教学过程中,他们常常需要应对相对陌生的教学内容,注意力集中在一个接一个的教学步骤上,难以充分与学生互动交流。在交流中,他们可能无法准确和适当地回答学生的问题,限制了与学生的深入交流。此外,由于缺乏经验,他们可能未能充分利用课堂中产生的教育机会,影响了与学生的交流深度和广度。

解决这种情况的根本方法是加强教师的基本教学技能,熟悉高中化学的教学内容,并熟练掌握课堂教学的基本方法。通过不断地教学实践和磨炼,逐步提高课堂管理和驾驭能力。我们相信,经过教学实践中的不断锻炼和提升,在新课程理念的指导下,这些教师将能够更自如地与学生进行广泛而深入的交流。

3.教学环境与教学氛围的影响

学校的教学环境和教学氛围,对教师的教学行为产生重要影响并对其制约。常言道,"教学相长",这也适用于教师的职业成长和发展。学生的认知基础、认知能力和学习习惯等因素,也是决定教学环境和教学氛围的重要因素。因此,尽管在某些学校,面临实际困难,要在教学实践中体现新理念,开展师生交流,但教师不应感到沮丧,而应积极应对,及时调整教学方法,通过不懈努力,提高师生交流的广度和深度。

当然,高中化学课堂教学中师生交流不足,还受到各种因素的制约。无论面对何种情况,教师都应充分了解学生的需求,积极参与教学过程,确保学生获得真正的进步和发展。因此,我们需要从自身做起,从课堂教学的每个环节入手,在教学实践中不要忘记学生,切实注重与学生的交流。这种交流不仅应在课堂内发生,还应延伸到课后,以确保师生之间的双向交流。通过这样的努力,我们可以在高中化学教学中更广泛地实现教师的主导作用和学生的主体地位,创造出更加富有活力的"双主体"课堂。

(三)以问题式教学实施搭建师生交流的桥梁

面对高中化学课堂教学中师生交流不足的问题,分析具体原因有助于教师的改进。问题式教学是一个有益的改进方式,可促进更多师生互动。对于经验丰富的教师,问题式教学可帮助提升教学理念,使教学更关注学生的成长。他们可以自然地将丰富的教学素材转化为引人入胜的问题,从而更好地实现师生交流。对于年轻教师而言,问题式教学是提高教学能力的途径。设置引导思考和推动教学的问题需要全面的准备和研究,这有助于提高教学能力。问题式教学还可以增强教学评价的实效性,加强教师与学生的交流。对于学术较薄弱的学校,问题式教学可帮助教师共同研究实际教学情况,提高教学能力,共同成长。

1.问题式教学实施有利于教师及时获得反馈

课堂教学是一个师生相互交流的过程。教师需要根据教学计划及时获取学生的反馈,以便进行深入的交流。为了获得及时的反馈,教师需要密切观察学生的言行举止,这一点至关重要。问题式教学可以帮助教师更迅速、直接地了解学生的反馈,及时发现与教学计划的偏差,识别学生的真实学习需求和困难。在这种交流中,课堂变得真实而有效,有助于学生解决实际学习中的问题,使他们在课堂上更容易地理解和掌握知识。

2.问题式教学实施有利于学生更好地表达

为改变课堂教学中师生交流不足的问题,教师需要具备一种给学生表达的时间和空间的教学意识。然而,有时教师可能会在站上讲台后,忘记了这一点,陷入单向讲述与讲解的模式,错失了培养学生的机会。问题式教学实施可以帮助教师避免这种情况,它提供了更多的机会,让学生更好地表达和陈述自己的观点,强调了学生的主体地位。通过以问题为中心的教学方式,教师可以与学生交流和探讨,学生有更多的时间和机会表达自己的看法,从而更好地参与学习,避免了单向教学的问题。

3.问题式教学实施是构建师生交流桥梁的有效方式

问题式教学实施为师生交流提供了重要支持。在高中化学教学中,它通过引导思维、拓展思维、提升思维的方式,搭建起了师生之间的思维桥梁。这种思维桥梁使得教师能够更及时、更准确地获得学生的反馈,并给予学生表达自己观点的机会,促进了师生之间的深入交流。在新课程理念下,高中化学教学旨在培养学生的综合素养和关键能力,因此,教学应该更注重学生的主体地位和思维能力的培养。问题式教学实施正是为了实现这一目标而设计的,它强调了师生交流的重要性。通过问题的引导和讨论,学生在课堂中能够更深入地参与学习,将所学知识转化为自己的能力和素养,实现全面发展。因此,问题式教学实施在高中化学教学中具有重要的作用。

三、问题式教学实施是学生相互促进的重要方式

在高中化学教学中,不仅需要注重师生之间的交流与互动,还应关注学生之间的互动。通过问题式教学实施等方式,可以促进学生之间的交流广度与深度,使课堂成为充满活力的学习过程。教师应提供多种形式的交流机会,使学生在课堂中能够积极参与互动,展现自己的才华,激发智慧火花的碰撞。在核心素养的背景下,教师需要充分认识到学生之间的广泛交流对教学和学习的重要作用。

（一）学生相互交流与促进的重要作用

1.使不同层次的学生得以共同提升

在同一个班级中,学生之间存在着不同的学习能力和兴趣。传统的班级授课制往往是基于大多数学生的认知基础和学习能力来设计和实施教学的。尽管有分层教学和其他方法的尝试,但这些方法的效果有限。因此,有必要缩小学生之间的差距,减轻教师的教学压力,并提高学生的学习效果。学生之间的相互交流和合作可以促进不同层次的学生相互学习,互相补充,帮助他们在学习思维、学习方法和对知识的理解等方面取得更好的成绩。这种交流对于学生的共同提升具有重要的推动作用。成绩优秀的学生在这个过程中不仅可以帮助其他同学,还可以深化和巩固自己的知识,提高自己的能力和素养。而作为听者的学生也可以通过对比和内省,及时发现自己的不足之处,实现自我提高。这种来自同学的交流和点拨不仅可以激发学生的学习动力和信心,还可以促进他们的语言组织、表达和信息加工能力的提高。在不同学习内容中,学生的交流角色可以互相交换、互相学习,使友谊增进,学习进步。这个过程对学生的全面发展具有积极影响。

2.生生之间更易沟通

学生之间的交流通常更加顺畅,这主要是因为他们有着相似的年龄、学习起点和思维方式,使得他们更容易理解和接受彼此的言辞和方式。他们更了解彼此所遇到的困难和问题,因此能够更直接地进行交流,快速解决问题。有时候,教师反复解释后学生仍然不明白,但当同学解释时,学生可能会突然理解。因此,我们应该认识到学生之间交流的优势,不要忽视生生之间的交流。通过广泛的交流,学生还能够逐渐学会如何处理语言、语气和表情等,提高与人和谐相处、协作互助的能力,这对于他们的身心发展也非常重要。

3.教师获得的反馈信息更具代表性

生生之间的交流有助于更全面地了解学生的问题和困难,使教师能够更深入、有针对性地与学生交流。通过生生交流,学生通常能够集思广益,从不同的角度和层面讨论同一问题,这有助于教师更好地分析和判断问题的本质。教师可以迅速辨别哪些问题是学生共同的困难,需要改变教学方法和方式来解决;而哪些问题则是因为学生自身不足而导致的,需要根据不同情况进行个性化的引导和辅导。因此,师生交流和生生交流在教学中是相辅相成的,它们共同构成了一个循环往复的过程,是彼此相互促进、共同发展的关键环节。这种教学方式使教育过程更加动态,有助于实现教学相长的目标,特别是在高中化学的教学中,具有重要的意义。

(二)增强学生相互交流促进的方法与途径

在教学中,教师需要重视并促进学生之间的相互交流和共同进步。为了实现这一目标,教师应该采用各种方法和途径,以确保学生之间的交流是有方向性和实效性的。教师应该深刻理解并熟知增强学生相互促进的方法和途径,以便能够及时而适度地应用它们。在学生相互交流和促进的过程中,教师应发挥导向和调控的作用,引导学生合理有效地互动,以促进他们的共同进步。这对于教育过程的成功实施非常重要。

1.以小组合作学习的方式增强学生相互促进

一些教师对小组合作学习存在误解,他们以为简单地将学生分成小组或者让他们坐在一起就算小组合作学习。这种误解导致了小组合作学习形式化,没有实质性的效果。学生虽然坐在一起,但缺乏共同的问题讨论,往往只有个别学生在完成任务,缺乏组内深入的交流与合作。为了改变这种情况,我们可以借鉴一些方法,例如,将问题提供给小组让他们解决,然后代表可以通过板演等方式展示结果;组内成员对同伴的展示进行讨论、分析,并提出评价。或者,全班同学分组交流、展示，教师引导并进行评价和方案制订等。这种学习过程中，学生需要探究和解决问题，分工合作，展示成果，激发组内成员积极参与，促进互相交流和合作。这样的小组合作学习不仅能提升个体能力，也有助于共同进步，对学生的学习主动性、思维训练以及合作意识和能力都有很大帮助。

2.善用课堂讨论

课堂讨论不仅仅限于小组成员之间，也可以在教师的引导下，全班同学之间展开信息传递。与小组合作学习相似，课堂讨论需要有明确的问题贯穿始终，不应该仅仅是一种形式的展示。教师应该分析讨论的必要性，只有在确实需要讨论时才进行，不要仅仅为了让学生参与而进行讨论，将其视为体现新课程教学理念的手段。此外，教师还需要重视讨论的过程，包括问题的提出，给予学生充分的时间和空间来发表观点，问题逐步深入与推进，师生和生生之间的观点交流和思维碰撞，以及讨论结果的展示等。这种方式能够更好地促进学生深度参与学习过程。通过观点展示拓宽思考视野，多角度、多层次、全方位地探究学习内容，增强学生对学科知识的理解。同时，在这个过程中，培养学生的科学探究和创新意识、科学态度和社会责任等化学学科核心素养。在课堂讨论中，师生和生生之间的交流互相促进和补充。师生共同解决问题，共同获取知识，体验探究的意义，感受学习的乐趣，享受进步的喜悦。

3.重视课后探究

课堂内的学习和学生之间的相互交流，若能延续到课后，自然可以扩展学生相互交流的层面，强化学生自主学习的意识和能力。有些学习内容，只有通过学生的认真思考，学生做好足够的功课之后，教师的引导和启示才能发挥相应的作用。否则，因学习内容难度过高、容量过大，或因学生本身遗忘、学习能力不足等原因，会出现教学中难以突破的困难。有些课堂探究问题，若当堂解决，需要花费太多的时间,会严重影响教学的进程,或者,必须要查阅资料等才能解疑释惑。教学中遇到上述状况,就要充分发挥课后探究的重要作用。在这个过程中,教师可以给学生指明探究的方向,进行问题的分解和任务的分配。学生在课后分工合作,共同研讨,解决问题或为解决问题做好充分的准备。在这个过程中,学生能够感受到来自教师的信任、来自同伴的支持,学习的积极性高,充分体现学习中的主体地位。由课堂到课后,再由课后到课堂,循环往复,有效增强教和学的内在动力。课堂学习效率得以提高,课后交流的深度和广度得以充分发掘,真正形成课堂内外的相互补充,师生之间相互促进,生生之间互助共进。

小组合作学习、课堂讨论、课后探究等增强学生相互促进的方法和途径,并不是截然分开的,往往是融合一体、互相渗透、组合交替的。而这些方法和途径,都离不开问题解决。因而,教师要在相应的活动中关注问题的发现、问题的提出、问题的解决等环节的落实,这样,方能真正发挥其作用,落实对学生的培养与培育。

(三)体现问题式教学实施在相应活动中的重要作用

问题式教学实施是学生相互促进的重要方式,具体体现于小组合作学习、课堂讨论、课后探究等方法与途径中,有着不可替代的重要作用。无论哪种方法,离开了问题的贯穿始终和教师的有效引导,都可能流于形式,失去应有的作用。因而,教师在熟练应用小组合作学习、课堂讨论及课后探究等教学方法、方式的同时,要意识到自身主导作用的不可或缺,要认识到问题设置、问题提出等的重要性。充分发挥问题式教学实施的重要作用,能够更充分地实现以上方法和途径在学生相互促进成长中内在的、长远的意义。

第二节 问题式教学实施与课堂教学

一、不同教学环节问题式教学实施的特点及作用

从问题式教学实施的角度来看,教师的教学视野、素养以及课堂管理能力等方面都直接影响着教学实践。因此,我们需要在课堂教学的各个环节,如引入、突出重点与解决难点、知识回顾与反思等方面,有针对性地思考和运用问题式教学的方法。这需要我们在不同教学环节中考虑问题的性质和特点,并探讨它们之间的内在联系。

在实际的教学中,每节课都需要从整体的角度来考虑和实施问题式教学,以确保每个教学环节都能够有效地发挥其作用。这些作用既是递进的,又是相互依赖和相互促进的。在课堂教学的整个体系中,教师和学生可以形成一个有机整体,共同思考、讨论和学习。

不同的教学环节在问题式教学实施中发挥着不同的作用。因此,在问题式教学实施中,我们需要认识和理解不同教学环节的特点,以及如何设置问题、解决问题,以及问题设置在不同环节中的作用。这有助于我们在课堂教学中实现问题式教学的层次化和系统化。要做到这一点,我们需要对不同教学环节的问题式教学实施特点进行深入的分析和思考。

(一)教学引入环节的问题式教学实施

总体而言,问题式教学实施在教学引入环节的关键是要着眼于学生的认知基础和认知能力。这意味着需要深入了解学生的情况,对教学内容进行合理的分析和处理,引导学生充满热情,有信心地参与课堂学习。

1.教学引入环节以问题式教学实施引发学习动机

学生的学习动机对整个学习过程至关重要,它反映了学生对学习内容的兴趣和热情,决定了他们在课堂中的积极程度和学习态度。在教学引入环节使用问题式教学,通过引发问题和疑问,可以有效激

发学生的学习动机,使他们更加专注和渴望地学习新知识。这有助于建立良好的学习基础,推动学生更深入地参与学习过程。

2.教学引入环节以问题式教学实施了解学习目标

学生的学习过程需要有明确的目标和方向,这类似于"预则立,不预则废"的原则。在教学引入环节,通过问题的设置与解决,可以帮助学生更清晰地理解学习目标,激发他们联系和应用已有知识和方法的能力,减少对新学内容的陌生感。这有助于学生建立更充实的知识储备和自信心,更积极地参与学习。

3.教学引入环节以问题式教学实施明确学习方法

高中化学的学习涉及各种不同的教学内容,因此,学生需要根据每节课的具体情况采用不同的学习方法。在教学引入环节,通过问题式引导,可以帮助学生明确应对当前学习内容的具体学习方法。这样,学生能够更清晰地了解学习方向,有针对性地制订学习计划,以有条不紊的方式展开学习。

案例:SO_2 的化学性质

教学分析:高中化学关于元素化合物性质的学习,容量大、化学反应繁多,因而,学习过程中的思路和方法非常重要。在教学中,教师要引导学生重视迁移,能利用已学知识和原理构建知识框架和体系。同时,以明确的学习方向,做到层次清晰、条理分明地学习。在学习 SO_2 之前,学生已学习了 CO_2、SiO_2 等重要化合物的性质。因此,以已有知识为基础,在 SO_2 化学性质学习的教学引入环节,设置问题,明确学习的角度和思路。同时,给学生提供高中阶段学习元素化合物知识的整体思路和方法。

教学实施:

问题 1:SO_2 与 CO_2、SiO_2 同为酸性氧化物,酸性氧化物有哪些共同的化学性质?

问题 2：S 元素的常见价态有哪些？从氧化还原的角度看，SO_2 应具有什么性质？为什么？

问题 3：学习物质的化学性质，常从酸碱性、氧化还原、特性等角度入手，SO_2 有什么特性呢？

教学评议：高中阶段，对于物质化学性质的学习思路清晰，方可条理清楚，方法恰当。常从酸碱性、氧化还原和特性等角度进行学习。对于 SO_2 化学性质的教学引入，问题 1 是从酸性的角度，类比已学 CO_2、SiO_2 进行梳理。问题 2 从 S 的常见价态切入，应用氧化还原的相关规律推测，SO_2 既有氧化性又有还原性。问题 3 一方面帮助学生厘清学习思路，另一方面引出 SO_2 特性的学习。

教学感悟：教学引入环节的问题讨论，使学生对课堂学习能有总体思路，能够构建框架认识，同时可应用已知原理实现迁移，为课堂学习明确方法，有序顺利展开。

综上所述，问题式教学在教学引入部分的实施中，通过引发学习动机、明确学习目标和方法，以及营造积极的学习氛围，起到了关键作用。在设置问题时，需要注意问题具有趣味性、简洁明了等特点，能够与学生的实际发展水平相契合，并在问题解决过程中提供足够的探究空间，以激发学生的兴趣。此外，教师应确保学生有足够的时间和机会参与问题的解决，以促使课堂教学实现师生共同参与、共同探究的理念，使教学在起始阶段就能够实现教师主导和学生主体相结合的良好开端。

（二）课堂教学重点与难点的问题式教学实施

在课堂教学中，教师需要精心设计，突出教学重点和突破教学难点，这需要认真思考学生真正的困惑，明确教学内容的构建方式，强调应该突出的重点，制订有效的突破难点策略，并合理开发课程资源，组织教学活动。问题式教学实施在这些关键环节中应具备明确的特点，以达到促进学习的目的。

1.重难点环节以问题式教学实施梳理思路

在课堂教学中,教学重点通常包含大量内容,而教学难点往往让学生感到迷茫,不知从何处入手,也难以找到学习的思路。因此,在处理课堂的重点和难点时,采用问题引导和问题解决的方式是非常有效的。这种方法可以帮助学生逐渐厘清学习思路,从简单的点入手,顺着线索推进,逐渐深入,使他们能够更好地理解重点内容,并克服难点,从而在学习中更加自信和熟练。

案例:化学平衡移动(高三复习)

教学分析:化学平衡是高中化学学习中的一个重要内容,它既涵盖了重要的教学重点和难点,也具有广泛的应用领域。通过学习化学平衡,学生不仅能更好地理解化学反应和现象,还可以培养对原理的深刻理解和熟练应用的能力。此外,化学平衡的原理和思想也与其他学科、自然现象以及社会人文现象相关联,因此,学习化学平衡可以拓宽学生的知识视野和认识世界的角度。特别是在学习平衡移动的过程中,学生需要明确其内涵和外延,掌握其应用方法,因为很多与化学平衡相关的问题都依赖于对平衡移动的判断和确定。通过问题式教学的方式来学习平衡移动,可以帮助学生逐步厘清思路,突破难点,更好地理解和应用相关概念。

关于平衡移动方向的判断方法是教学重点,需视问题情境而进行选择。常用的方法有哪些?对应的题设是怎样的?以问题解决逐一厘清思路,加深理解。而对于平衡移动内涵的认知是常见的教学难点。高中化学关于平衡的问题分析解决中,学生经常判断平衡移动是"正向"还是"逆向",但往往对其内涵没有明确的认识,造成进一步学习的困难,进而在问题解决中易出现失误。通过问题式教学实施,在问题设置和解决中,明确以速率认识平衡及平衡移动的学习思路,有效地化抽象为形象,化难为易,突破学习难点。

教学实施及评议:

"突出重点"教学实施：

问题 1：判断平衡移动的方向，常用的方法有哪些？

问题 2：v（正）与 v（逆）发生变化，平衡一定移动吗？为什么？满足什么条件，平衡才会发生移动？平衡正向移动、逆向移动与平衡不移动的速率变化分别是怎样的状况？请总结规律。

问题 3：试以温度升高时的平衡移动为例，分析勒夏特列原理中的"减弱这种改变"的内涵是什么？

结合物理楞次定律与老子"天之道，损有余而补不足"，如何理解勒夏特列原理？如何应用勒夏特列原理判断平衡移动的方向？

问题 4：若反应未达平衡，应用 Q_c 与 K 的关系，可以判断什么？应用 Q_c 与 K 的关系，可以判断平衡移动的方向吗？通常在什么情况下应用？

"突出重点"教学评议：在化学平衡的学习及其问题分析中，判断平衡移动的方向是重点。对于常用的判断平衡移动方向的方法，问题 1 是总体认识。教学实施中，学生往往不能全面分析与解答，通过教师引导形成对总体思路的引导和梳理。

问题 2 引导学生理解平衡之所以移动及平衡移动方向的本质原因。教学问题以"总—分—总"方式设置。教学实施中，通过师生互动，学生对平衡移动方向与速率的关系，先构建总体认识，再逐一分析，最终自然而然地导出速率与平衡移动方向的总结性规律。

应用勒夏特列原理是判断平衡移动方向最常用的方法，其重点在于对"减弱这种改变"的理解。问题 3 先通过升高温度时的平衡移动体会其内涵，又以物理的楞次定律，老子的"天之道，损有余而补不足"引导学生触类旁通，由此及彼，以更开阔的视野感悟应用勒夏特列原理判断平衡移动方向的核心思想。

而应用 Q_c 与 K 的关系判断平衡移动的方向，是学生容易忽视但又非常重要的方法。通过问题 4 的设置与解决，引导学生明确：若未达平衡,应用 Q_c 与 K 的关系可判断反应进行的程度;若已达平衡,题设中相关数值"无规律"变化时,常用这种方法判断平衡移动的方向。

"突破难点"教学实施:

问题1:平衡移动的前提条件是什么? 从速率的角度分析,改变外界条件,怎样的状况下旧平衡会被破坏?

问题2:平衡移动的方向与化学反应速率是怎样的关系? 以 $N_2(g)+3H_2(g)\xrightarrow[\text{加热加压}]{\text{催化剂}}2NH_3(g)$ 为例,从速率的角度思考:平衡正向移动、平衡逆向移动、平衡不移动各自的含义是什么?

问题3:请分别分析平衡正向移动、逆向移动与平衡不移动,对于反应物的量将产生怎样的影响? 对于生成物呢?

"突破难点"教学评议:对于平衡移动的学习,常出现的认识误区之一是旧平衡未建立,就以平衡移动的思路和方法解决问题,导致失误。

问题1针对以上常见误区设置,引导学生重视平衡移动的前提条件。引导学生从速率的角度学习平衡移动,既容易理解,又凸显实质。

而对于平衡移动具体内涵的认识不清,常会导致学生学习过程中的困惑和失误。问题2结合学生熟悉的化学反应合成氨,明确学习平衡移动的重要思路:以"速率"为切入点,以 $v(正)$ 与 $v(逆)$ 的相对大小为判断平衡移动方向的依据,明晰平衡正向移动、逆向移动和平衡不移动的具体含义。

问题3则是对平衡正向移动、逆向移动和平衡不移动,从反应物、生成物两个方面分析其变化,进一步提升对平衡移动含义的认知。

教学感悟:以上的问题式教学实施,对于化学平衡学习的难点与重点,即平衡移动的内涵及平衡移动方向的判断方法:在不同情况下应用何种方法,每种方法应如何理解,有什么注意事项等,以问题的设置与解决逐一学习和思考。经过这样的学习过程,对于化学平衡学习的难点与重点,学生能够在真正理解的基础上,应用相关方法自主解决问题。

2.重难点环节以问题式教学实施分解对比

课堂教学的重难点内容确实可以通过问题式教学的方式进行分解、对比呈现,以促使学生更深入地理解和掌握。问题式教学能够激发学生的思维,引导他们主动探究、讨论和解决问题,从而在比较中更好地理解不同观点、原理和深层次原因。通过分解和对比,学生可以全面地掌握重点内容,逐层深入地理解难点,从而形成更为深刻和鲜明的认识。

问题式教学的关键在于引导学生思考和探究,使他们在解决问题的过程中积极参与,从而更好地理解和掌握教学内容。这种教学方法有助于学生形成更加全面、深刻的认识,提高他们的学习动力和自主学习能力。通过问题式教学实施,教师可以更好地突出教学的重点和突破难点,帮助学生更好地理解和掌握教学内容,促进他们的学术发展。

案例:盐类的水解

教学分析:水溶液中离子浓度关系的分析,有助于学生形成重要的化学思想,如"电荷守恒""物料守恒"等,也要学会以这些化学思想为基础和依据自主解决问题。这些学习内容,对于学生的分析能力、综合能力的训练极为有益。同时,还可以帮助学生形成抓主要矛盾、全面认识、善于发现内在关联等问题解决中的常用思想和方法。但是,这些学习内容因为对学生的能力、思维要求较高,往往又是学习难点。因而,以问题式教学实施分解对比,在比较中理解、理解中应用、应用中认知的学习过程和方法,有利于学生的学习,也有利于学生的发展。教学中的难点,是对核心原理,如强弱电解质、离子浓度与溶液浓度的关系、电离程度与水解程度关系等的理解和应用。而教学的重点,则是对代表反应,如 CH_3COOH 与 $NaOH$ 反应的不同情况,代表物质,如 $NaHCO_3$、$NaHSO_3$ 等结合原理的对比学习。学习过程既有关联又有区别,深入浅出,以具体实例形成对比分析,实现直观呈现与深刻思考认知的有机结合。

教学实施及评议:

"突出重点"教学实施:

问题 1:25 ℃,0.1 mol/L CH_3COOH 溶液与 0.1 mol/L $NaOH$ 溶液等体积混合,反应后溶液中离子浓度由大到小的排列顺序是怎样的?

25 ℃,pH=2 的 CH_3COOH 溶液与 pH=12 的 $NaOH$ 溶液等体积混合,反应后溶液中的离子浓度由大到小的排列顺序是怎样的?

问题 2:$NaHSO_3$ 溶液中,含 S 元素的粒子有哪些? 其浓度由大到小是怎样的排序? 为什么?

$NaHCO_3$ 溶液中,含 C 元素的粒子有哪些? 其浓度由大到小是怎样的排序? 为什么?

问题 3:25 ℃,0.1 mol/L KHC_2O_4 溶液显弱酸性,我们可以获取哪些信息? 对溶液中的粒子浓度进行分析可得什么结论?

"突出重点"教学评议:应用电荷守恒、物料守恒、质子守恒等化学思想以及电离大于水解、水解大于电离等化学原理,对溶液中的粒子浓度关系进行分析和认识,也是盐类的水解教学中的重点内容。教师要充分认识这些教学内容的内在价值,认识其对于提升学生的能力和思维等方面所具有的重要意义,要避免学生在学习中不求甚解,甚至囫囵吞枣,减弱教学、教育应有作用的充分发挥。以问题式教学实施,通过问题设置和问题解决的分解对比,有效地突出学习重点,锻炼学生思维,增强学生理解能力,达成化学学科知识的学习与学生的发展相辅相成,互相促进。

问题 1 通过两种典型问题情境对比,让学生对酸碱反应后溶液中的"电离大于水解"进行具体应用、体会和感悟。在应用中,可形成更深层次的认知。

问题2以高中化学常见物质 $NaHSO_3$、$NaHCO_3$ 的对比,将弱酸酸式根"电离大于水解"与"水解大于电离"进行分解学习。通过该方式的教学,使学生形成完整、全面的知识体系,经过对比中的分析与思考形成的认识也是深入的、清晰的。

而问题3则是对学习中的所得所获的应用,帮助学生增强信息获取能力、信息加工能力和知识应用能力。

"突破难点"教学实施:

问题设置:

问题1:"电离大于水解"的内涵是什么?

对于 25 ℃,pH＝2 的 CH_3COOH 溶液与 pH＝12 的 NaOH 溶液等体积混合后的"电离大于水解",如何理解?

对于 $NaHSO_3$ 溶液,"电离大于水解"如何理解?

问题2:"水解大于电离",其含义又是什么?

25 ℃,pH＝2 的 HCN 与 pH＝12 的 NaOH 溶液等体积混合后,溶液中$c(Na^+)>c(CN^-)$,可由此得出怎样的结论?

25℃,0.1 mol/L $NaHCO_3$ 溶液的 pH＞7,其原因是什么?

问题3:请回顾整理,"电离大于水解""水解大于电离"其内涵常对应哪两类状况?

"突破难点"教学评议:问题1首先引发学生的疑惑,使学生在疑惑中产生探究动力。以 CH_3COOH 与 NaOH 溶液的反应、CH_3COOH 与 $NaHSO_3$ 溶液的酸碱性分析为例,将"电离大于水解"分解对比讨论,知其含义,懂其实质。

问题2与问题1是整体上的分解对比。学习过程中,学生会自然联想,有"电离大于水解",那么,相应地是否有"水解大于电离"? 是否也对应两种状况? 因此,由问题1解决过程中的所知所获,对于问题 2 的自主思考与解决顺理成章。而问题 2 本身也进行了分解对比。对于学生而言,HCN 与 NaOH 溶液的反应相对陌生,因而,问题设置更为具体化,更为直观明了,为学生自主学习提供了入手点。教学中,教师引导学生应用电荷守恒,易知溶液显碱性。进一步分析溶液显碱性的原因,顺利学习这种情况下"水解大于电离"的含义。同时,提高学生对电荷守恒等原理的熟练应用能力。因为问题 1 的设置与解决,学生有了相应的认识基础和解决问题的能力,因而问题 2 后续的分解对比,以 $NaHCO_3$ 的溶液显碱性直接引入,使学生很容易自主分析并解决问题。

而问题 3 是回顾与整理,学生可从总体上对比认识"电离大于水解"与"水解大于电离",进一步形成体系化的深入认知,为顺利完成重点内容的学习提供良好的知识和能力基础。

教学感悟:以问题式教学实施对教学重难点进行分解与对比,在教学过程得以顺利推进的同时,学生获得的不仅仅是对化学学科知识和原理的感悟,更多的是能力、思维和素养在突破教学难点和突出教学重点过程中的增强与提升。

3.重难点环节以问题式教学实施辨析升华

课堂教学中,重点和难点的处理确实需要教师运用灵活多样的教学方法,使学生能够更全面地理解和应用所学知识与原理。通过知识与原理的辨析学习以及认识与应用的提高,可以避免认知误区,使学生能够更深入地学习重点内容,逐层深入,形成周密的认知。对于学习难点,采用剥茧抽丝、逐步突破的学习方法,有助于学生更好地攻克难题,提高学习效果。

问题式教学是一个有效的教学方法,通过系列问题的设置与思考解决,可以使学生的自主思考与辨析过程有效结合,提高对所学原理的认识水平,从而实现教学中的重难点突破,帮助学生更全面地提升和成长。通过问题的具体化辨析,教师可以将难点融入问题解决中,针对性地呈现每个问题,使学生逐一攻克学习难点。这种教学方式也可以将教育教学价值融入教学中,帮助学生在高中化学学习中真正成长。问题式教学为学生提供了更深入思考和学习的机会,有助于他们更好地理解和应用所学内容。

(三)课堂回顾反思与问题式教学实施

回顾反思环节在课堂教学中具有重要的作用,但在实际教学中,有些教师和学生可能没有充分重视这一环节,甚至将其忽略或淡化。对于教师来说,回顾反思环节可能被视为次要的,尤其是在时间紧张的情况下,可能会被省略。对于学生来说,这一环节可能会让他们感到课堂学习即将结束,从而导致精神和学习状态的放松,注意力分散。然而,实际上,回顾反思对于内化课堂教学内容非常重要。它可以帮助学生快速梳理知识脉络,构建和巩固知识框架,将所学知识有效地转化为能力和素养。

此外,反思也有助于学生意识到学习中存在的不足,指导他们在课后自主学习中找到方向,提高学习效率,增强学习信心和能力。因此,回顾反思环节在课堂教学中应受到重视,教师和学生都应该认识到其重要性,并付诸实践。

在回顾反思环节中,教师的教学方法和方式具有重要影响。如果教师只是简单地重复课堂内容,学生可能会感到无趣,不会积极参与。然而,如果教师能够以问题呈现方式进行回顾反思,将教学内容内化、重现和升华,那么教学就会具有内在的思考性,吸引学生的兴趣,激发他们的积极性,促使他们更深入地梳理和巩固所学内容。因此,将问题式教学应用于回顾反思环节,以问题强化整体教学,深化学生认知,是在教学实践中值得重视、探索和实施的方法。

1.教学回顾反思以问题式教学实施升华课堂教学

课堂教学的回顾反思环节应当体现出对课堂教学的升华作用。这种升华包括多个方面,首先是将人文思想渗透其中,拓展课堂教学的文化和视野,使化学学科与人文知识以及其他学科产生交叉和联系,实现高中化学教育的育人功能和价值。其次,升华也包括强化和构建化学学科知识,突显化学知识与日常生活、生产实践的紧密联系,引导学生将知识转化为能力,将学科内化为素养,使其具备从化学角度深入思考常识和分析生活、社会现象的能力。最后,升华还涉及指导学生将化学知识和原理应用于实际,使其能够观察、认识和改变世界,让学科知识成为学生改善世界的有力支持和内在动力。

通过合适的问题设置和解决,教师和学生在课堂教学回顾与反思中完成对化学知识的巩固和思想的升华,使二者相互促进,成为学生学习化学的深层动力。这种升华不仅有助于学生更好地理解和应用化学知识,还培养了他们的批判性思维和解决问题的能力,使他们更好地融入社会并为社会发展做出贡献。因此,在课堂教学回顾反思环节中,注重升华的实施对于教育教学都具有重要价值。

2.教学回顾反思以问题式教学实施实现广泛联系

在高中化学学习中,将化学知识转化为学生解决问题的能力,并将其积淀为学生的化学素养和完善的认知体系,是实现对化学原理的深入理解和综合运用的前提和基础。因此,在学习过程中,需要通过广泛的联系、比较和辨析,全面深入、明晰高中化学的知识和原理。

在课堂教学的回顾反思环节,通过以问题的形式呈现学生的联系,以问题的解决来进行比较和分析。通过鼓励学生积极思考和探究,可以有效地促使学生在纵向深入和横向拓展学习内容的过程中取得多层面的进步和发展。这种方法通过广泛联系的方式,能够在课堂教学回顾反思中有力地推动学生的学习,帮助他们更好地理解和应用化学知识,培养他们的批判性思维和问题解决能力。因此,以问题式教学为基础的课堂教学回顾反思方法具有重要的教育价值和实践意义。

3.教学回顾反思以问题式教学实施实现多方拓展

在课堂教学的基础上,通过回顾和反思环节,可以自然地将化学原理知识与生活、生产实践的联系、在生活和生产中的重要应用,以及与其他学科知识的内在关联、与社会未来发展和前沿尖端科学的密切关系等多个层面融入教学内容。这样的拓展有助于开阔学生的视野,激发他们的探究意识,使他们更深刻地理解和体会化学知识的实际用途,从而增强对化学学习的热情。通过以问题为核心的拓展方式,能够更突出地体现课堂学习中的探究性和思考性,有助于学生培养未来社会所需的关键能力和必备品格。这种教学方法能够促使学生更深入地思考和探索,提高他们的综合素质,为未来的学术和职业发展打下坚实的基础。

二、不同教学环节问题式教学实施的关注点

课堂教学的引入、重难点和回顾反思等不同教学环节在整个课程中担任不同的角色和任务。问题式教学实施在这些环节中具有独特的特点和关注点,以满足不同教学阶段的需求,推动学生的全面发展。不同环节的问题式教学应注重引发学习动机、突出教学重点和难点、巩固知识体系、拓展思维视野等方面,以促进学生的综合素质提高。因此,对于每个环节,教师需要根据具体的教学内容和学生的需求,有针对性地运用问题式教学方法,以达到更好的教学效果。

(一)教学引入环节问题式教学实施的关注点

在教学引入环节,问题式教学实施需要特别关注问题的设置,确保问题具有足够的吸引力和启发性,能够引发学生的思考和兴趣。同时,问题的难度应适中,既能激发学生的求知欲,又不至于让他们感到无法应对。此外,问题的形式也应多样化,以适应不同类型的学生和教学场景。最重要的是,教师在问题的提出和引导过程中,要善于引导学生思考,而不是直接给出答案,让学生通过思考和探索来解决问题,从而培养他们的自主学习能力和批判性思维能力。

1. 教学引入环节问题式教学实施不要过难

教学引入环节中,教师在选择问题时需要确保问题的难度适中,既能够激发学生的思考和兴趣,又不至于让他们感到过于困难而放弃。过于难的问题可能会让学生望而却步,无法参与问题的解决过程,从而影响了问题式教学的效果。因此,教师在设置问题时应充分考虑学生的认知水平和能力,确保问题具有挑战性但又可行,能够引导学生积极思考和探索。这样,教学引入环节才能发挥其应有的作用,激发学生的学习兴趣和动力。

案例:金属铁的学习

教学分析:关于金属铁的学习,在不同的阶段都有相关内容。例如,初中阶段对铁的重要反应的陆续学习、高中进一步的学习等等。在不同的阶段,学生对于铁的认知基础与学习目标不同,因此,教学中的问题设置要与此相对应,而不能盲目设置教学问题,脱离教学的实际状况与需求。

教学实施:在金属铁的学习中,教学引入环节若设置这样的问题:

铁在周期表中的位置是怎样的? 铁的原子核外电子排布是怎样的? 这样的核外电子排布,决定了铁的哪些性质?

教学评议:在教学引入环节中,确保问题的适切难度是非常重要的。如果问题过于复杂或依赖于学生尚未学习的知识,可能会让学生感到困惑和挫折,从而降低他们的学习积极性。在这种情况下,学生可能会过度依赖教师的解释,而无法积极参与问题的解决过程,导致问题式教学的效果受损。

因此,教师在设置引入问题时,应该充分考虑学生的先前知识和能力水平,选择与他们已学知识相关的问题,以便引导他们建立连接并积极参与学习。如果希望引入更复杂的概念或知识,可以逐步引导学生,先提出简单的问题,然后逐渐引入更深入的内容。这种渐进式的问题设置有助于学生逐步理解和掌握复杂的概念,同时保持了他们的学习积极性。

教学感悟:确保问题的难度适当是非常关键的,尤其是在教学引入环节。教师应该深入了解学生的知识水平和学习需求,根据他们的先前知识和能力来设置问题,以便引导他们积极参与教学活动。过于复杂或超出学生理解能力范围的问题可能会阻碍学习进程,因此在问题式教学实施中,确保问题的难度与学生的认知基础相匹配至关重要。这有助于确保教学引入环节的问题能够顺利引导学生进入学习状态,而不是造成困扰和挫折。

2.教学引入环节问题式教学实施不宜过易

教学引入环节问题式教学实施若过易,缺乏思考性和思维含量,对于相关的问题解答,学生未经思索就能脱口而出,问题设置也不能很好地发挥应有的激发和带动作用。教学问题的设置和实施若过于简单,貌似师生之间一问一答,推进顺利,但实质上缺乏深入思考的问题解决过程,并不能在学生脑海中激起波澜和思维浪花。学生对课堂教学,也难有发自内心的、真正的学习热情。

3.教学引入环节问题式教学实施不能过远

课堂教学引入环节的问题式教学实施需要在适度联系和主题聚焦之间找到平衡。问题设置和实施应该与教学主题和学习目标保持一致,不偏离主线,以确保学生的学习能够有针对性地展开。适度的联系和扩展可以丰富教学内容,激发学生的兴趣,但必须以主题为中心,确保学生能够在学习过程中集中注意力,厘清思路,明确学习目标,不至于分散注意力或迷失方向。这样的教学实施有助于引导学生进入学习状态,积极参与课堂活动,达到更好的学习效果。

案例:同系物

教学分析:在高中化学的学习中,对于同位素、同素异形体、同系物和同分异构体等学习内容,学生往往容易混淆,出现认知偏差和应用失误。因此,很多教师在教学过程中会进行对比分析,帮助学生厘清概念,加深认识。但是,在教学过程中,教学问题的设置需要突出学习重点,不可偏离教学主旨。

教学实施:

有机化学"同系物"的教学中,教学引入环节若设置这样的问题:

大家知道氧元素常见的单质有哪些吗? O_2 和 O_3 是什么关系? 它们的物理性质、化学性质有怎样的关系? 它们之间的相互转化是物理变化还是化学变化? ……

教学评议:教师设置这些问题的出发点,可能是想以同素异形体之"同",引出即将学习的同系物之"同",同时,进行两个概念的对比分析。但是,作为同系物课堂教学的引入,对于以 O_2 和 O_3 为例的同素异形体相关内容展开过多,学生的注意力过多集中于所学同素异形体的相关知识,对同系物的关注反而还需思维转折。因此,问题式教学实施中的教学引入离课堂教学的重点"过远"反而不利于课堂教学的顺利进行。

教学感悟:教学引入是为了为课堂教学的重难点环节打下基础,让学生在精神、行动和知识准备上都能够更好地参与课堂教学。在这一环节中,必须围绕课堂的主要内容展开,避免过多的次要内容分散学生的注意力。联系应该是与主要内容有关的联系,拓展应该是围绕重点展开的拓展,回顾应该是沿着主线进行的回顾。这三个方面是教学引入环节中需要特别关注和努力实现的要点。

(二)重难点教学环节问题式教学实施关注点

课堂教学的重点突出和难点突破需要恰当的思维强度和思维密度。在这个环节中,问题式教学的实施需要紧密关注学生的反馈,了解他们的认知困难,随时调整教学节奏和问题的提出与解决方式,确保教学灵活多变、富有创新和吸引力。教师应根据学生的需求,使他们在学习过程中多维度地发展和成长。

1.重难点教学环节问题式教学实施需关注教学节奏

在重难点教学环节，教学的节奏应该经过问题式教学实施的掌控和调整。就像一首音乐作品一样，一堂课应该有高潮和平缓的部分。学生的思维和情感在这个环节中，就像音乐高潮一样，需要有规律地进行问题的提出和解决。在思维高潮中，学生能够体验到重点教学内容的深度和难点教学内容的逐渐攻克。而教师则需要在问题的推进中，适时地放慢节奏，给学生反思和巩固的时间和空间。通过对比性问题的设置，学生可以应用所学的知识自主解决类似问题，这不仅是思维高潮后的舒缓阶段，也是加强学生知识和方法应用能力，提高学习信心的机会。在课堂前期，教师的主导作用通常更加显著，因为学生需要首先学会、体会和领悟；而在课堂后期，问题解决更多地由学生主导，因为他们需要内省、模仿和应用。这两个阶段相互关联，前者对应思维高潮，后者对应平缓的时刻。通过这样的组合和对比的问题设置和问题解决，教师可以在合理的教学节奏下，有效整合方法和原理的学习与应用，将教师的主导作用与学生的主体地位有机结合，使大部分学生能够适应课堂教学，成功完成学习任务。

案例：盐类的水解之离子浓度比较

教学分析：在"盐类的水解"相关内容的学习中，离子浓度的比较对大多学生而言是学习困难之处。而这些学习内容，若单纯凭借教师的讲解，学生缺乏自主梳理和消化，对相关原理和方法不容易做到真正理解和应用。如果只是学生自己琢磨，又因难度较大、综合性较强等原因，学习效率低且效果不佳。因此，教学中选择代表物质的组合，既有教师的引导和启发，又有学生的思考和内化，在对比中掌握原理，在类比中学会应用，才能有较好的学习效果。既有教师引导下的思维和思考的层层提升，又有学生认真的练习和学习中的心领神会，教学过程有节奏分明的逐步推进，可顺利攻克重点。

教学实施：

教师设问组合：

问题1：常温，浓度均为 $0.1\ mol/L$ 的 CH_3COOH 与 $NaOH$ 溶液等体积混合，反应后的溶液中离子浓度由大到小排序是怎样的？

问题2：常温，$0.2\ mol/L$ 的 CH_3COOH 与 $0.1\ mol/L$ 的 $NaOH$ 溶液等体积混合，反应后的溶液中离子浓度由大到小排序是怎样的？为什么？

问题3：常温，$0.2\ mol/L$ 的 CH_3COOH 与 $0.1\ mol/L$ 的 $NaOH$ 溶液等体积混合，反应后溶液中 $c(CH_3COOH)+2c(H^+)=c(CH_3COO^-)+2c(OH^-)$ 是否成立？请谈谈分析过程。

问题4：请思考上述问题分析的基本步骤、思路和方法是怎样的？

学生对应练习组合：

问题1：$25℃$，$pH=2$ 的 HCl 与 $pH=12$ 的 $NH_3 \cdot H_2O$ 等体积混合，反应溶液中离子浓度由大到小的排序是怎样的？为什么？

问题2：$25℃$，$0.1\ mol/L$ HCl $V_1 L$ 与 $0.1\ mol/L$ 的 $NH_3 \cdot H_2O$ $V_2 L$ 混合，反应后溶液恰好呈中性，则 V_1 与 V_2 的大小关系是怎样的？反应后，溶液中离子浓度由大到小如何排序？应用什么方法可快速分析？

教学评议：CH_3COOH 与 $NaOH$，HCl 与 $NH_3 \cdot H_2O$ 的组合，是离子浓度关系分析中常见的组合。教学中，应用 CH_3COOH 与 $NaOH$ 的组合进行教师方法指导的问题设置。在这组问题设置中，特别关注问题解决中的思维含量的逐步增强，选择典型题设，由易到难，梯度分明，每个问题都关注原理的发掘、方法的指导。

问题1是基础性设问，其中蕴含的思想和方法是：先分析反应后的状况；分析离子来源；常为"强大于弱"，即强电解质电离产生的离子浓度，要大于弱电解质电离产生的离子浓度。以上的思想和方法，是进行溶液中离子浓度关系分析的基础，是通用的、重要的方法和思想。

在问题 2 的解决中,由问题 1 所得的思想和方法同样适用。重点是通过师生互动,学习和了解这种情况下"电离大于水解"的含义。

而问题 3 是综合应用电荷守恒、物料守恒来解决的典型问题,从中获得的思想和方法对很多问题都是适用的。

问题 4 则是对思路和方法的再次强化,学生的梳理过程,既是内化的过程,也是将知识转化为能力的过程。

在"教师设问组合"的问题解决中,课堂教学容量大,以教师引导为主,进行方法的训练与习得。在此基础上,进入相对舒缓的教学节奏,以"学生对应练习组合"的问题设置,选择常见的另外一对典型物质组合 HCl 和 $NH_3 \cdot H_2O$ 进行学生的自主练习。由 CH_3COOH 与 $NaOH$,变换为 HCl 和 $NH_3 \cdot H_2O$,问题的设置也不是简单重复,而是原理相近、情境不同,训练学生思维的灵活度和创新能力。虽然教学节奏略做改变和调整,问题解决中的思维含量依然保持,教学中的思考性和能力训练并无减少。

问题 1 是"电离大于水解"的另一种常见问题情境,学生需应用已学知识形成较为完整的认知体系。

而问题 2 是灵活度高、综合性强的设问,学生对很多具有代表性的题设情境和原理只有真正理解,才能够顺利完成。在这个过程中,学生能进行深入的思考、深层的认识,体会问题解决方法的优化选择。

教学感悟:高中化学学习中,有许多教学内容可以通过类似的"教师设问"与"学生对应练习"组合进行问题设置,有效调控课堂教学节奏。这些教学内容,或相似,或相反,或对应。例如,强弱电解质中的 CH_3COOH 与 HCl、$NH_3 \cdot H_2O$ 与 $NaOH$ 组合,盐类的水解 CH_3COONa 与 NH_4Cl、Na_2CO_3 与 $NaHCO_3$ 组合;酸碱中和滴定

HCl 滴定 NaOH 与 NaOH 滴定 HCl 组合，HCl 滴定 $NH_3 \cdot H_2O$ 与 NaOH 滴定 CH_3COOH 组合；等等。这些教学内容，通过对比、类比、分组的教学问题设置和问题解决，教学节奏面向大多数学生。教学中既有知识原理的学习体会，又有应用、内化和提升，恰当地融合教师的主导作用和学生的主体地位。这样的问题式教学实施，面向学生实际的学习困难和学习需求，有效地调整教学节奏，能够将教学难点的学习在思考和领悟中转化为学生迅速全面进步的契机。

2. 重难点教学环节问题式教学实施需要关注思维密度

认知负荷理论是澳大利亚心理学家约翰·斯威勒于 20 世纪 80 年代末期首次提出的，它探讨了在学习过程中，个体工作记忆中所需的心理活动总量，即认知负荷。认知负荷可以分为三类：内在认知负荷、外部认知负荷和相关认知负荷。内在认知负荷与学习材料的复杂性和学生的认知结构相关，外部认知负荷与教学设计和学习材料的呈现方式有关，相关认知负荷则是学习者为形成认知图式和知识结构所主动投入的认知资源数量。这些认知负荷类型相互叠加，影响学习效率。

在教学过程中，为了促进有效的学习，应尽可能减少外部认知负荷，增加相关认知负荷，并确保总的认知负荷不超出学习者的承受范围。认知负荷理论强调学习者的认知状态和学习状态，以及根据学生的情况不断调整和改进教学策略和方法。这与新课程标准中的"以学生为本"的主题相契合。

在问题式教学实施的重难点教学环节，应考虑学生的认知状态和学习状态。教师可以通过合理设置问题的顺序、分组和层次，使教学从易到难、思维密度由小到大，确保每个层次的问题都能够让学生积极参与和回答。此外，通过巧妙设计的教学问题、有序的教学过程和积极的师生互动，可以减少外部认知负荷，增加相关认知负荷，以便学生更好地理解和应用知识。这种教学方法可以在思维碰撞和递进学习中,帮助学生理解重要概念和克服难点。

3.重难点教学环节问题式教学实施需关注提炼要点

重难点的教学内容常常具有庞杂性,这就要求在问题式教学的实施中,教师需要精心设计问题,以帮助学生提炼和厘清要点,引导他们有序地学习和思考。庞杂的学习内容如果不经过整理和提炼,容易让学生感到困惑和无从下手,导致学习状态混乱和记忆单一。

在高中化学学习中,确实存在许多复杂的知识点和规律,但教师可以通过问题式教学的方法,将这些内容分解为更小的、易于理解的部分,然后逐步引导学生逐个理解和掌握。问题的设置应该有针对性,围绕学习的关键要点,帮助学生逐步建立起知识的框架和体系,而不是零散地记忆知识点。

此外,教师还应该注重培养学生的学习方法和思维能力,使他们能够更好地应对庞杂的学习内容。化学学科的学习需要培养学生的归纳、分析和解决问题的能力,这些能力对于厘清复杂内容非常重要。通过问题式教学,学生可以逐渐培养出有序思维和分析的习惯,帮助他们更好地理解和掌握化学知识。

总之,在重难点教学环节,问题式教学的实施可以帮助学生处理庞杂的学习内容,提炼要点,建立有序的知识结构,同时培养学生的学习方法和思维能力,使他们更好地应对复杂的学科内容。这有助于提高学生的学习效率和学术能力。

案例:盐类的水解应用

教学分析:盐类的水解相关原理和知识,不仅与化学实验仪器的构造与使用,与化学实验以及现象等关系密切,同时,与生活实际、生产实践也有着千丝万缕的联系。如 $FeCl_3$、Na_2S 等化学试剂的配制,Na_2CO_3、Na_2SiO_3 等溶液的保存,泡沫灭火器的原料与原理,肥料的施用,胶体的制备,纳米材料的制备,等等,都与盐类的水解有关联。若在教学中一一列举,其内容非常庞杂,且乱而无序。因此,教学中若不加以要点提炼,则势必造成学生罗列加记忆的学习状态,不利于促进学生对学习方法的认识和体会,不利于学生思维和能力的提高。相反,若以教师的精心设问引导与提炼要点,看似无章可循的教学内容,可有序展开。并且,在学习的过程中,学生不仅能对盐类的水解的相关原理及应用加深认识,形成体系,还能够温故知新,能对$Fe(OH)_3$胶体的制备等内容,从实验原理等方面有更为深入的学习和理解。教学实施:

问题1:大家能否谈谈盐类的水解原理有哪些应用?

问题2:若从盐类的水解受到"抑制"的角度分析,盐类的水解有哪些重要的应用?

问题3:若从盐类的水解得以"促进"的角度分析,盐类的水解有哪些重要的应用?

问题4:请从制取、配制、使用等角度对盐类的水解的应用进行分析,有哪些具体实例?

教学评议:分类的思想和方法在高中化学学习中具有重要作用,尤其在处理复杂的学习内容时,可以帮助学生更好地厘清思路和掌握知识。在问题式教学实施的重难点环节,选择适当的分类角度是关键,因为它决定了问题的设置和解决方式。以盐类的水解为例,可以选择"抑制"和"促进"两个分类角度,这种分类方法既能帮助学生温习已学知识,又能引导他们探索新知识。通过问题设置和解决,学生可以逐步厘清不同盐类的水解规律,明白何种条件下会抑制水解,何种条件下会促进水解,从而建立起有序的知识框架。分类的思维方式还可以帮助学生将复杂的学科内容分解成更小的部分,使学习变得更加有序和可控。这有助于学生更深入地理解和掌握化学原理,同时培养他们的分析和归纳能力。总之,选择适当的分类角度是问题式教学实施中的关键,可以帮助学生更好地厘清复杂的学习内容,提炼要点,建立知识框架,培养分析和思维能力,从而提高他们的学习效率和学术能力。

　　问题 1 的设置,是对盐类的水解的应用进行学习的开端和基础,是对学生的启发,也是对学生发散思维的训练。同时,引导学生对已学知识进行回顾梳理,为后续的深入探讨提供学习资源。

　　而问题 2 则是引导学生依据设问提供的思考方向,进行要点提炼和深入认知。学生可能提到的事实有 $FeCl_3$、Na_2S 溶液的配制等,教师则可以教学的实际状况为基础,通过教学互动,从 $MgCl_2 \cdot 6H_2O$ 等结晶水合物中获得 $MgCl_2$ 等无水盐的方法,盛放 Na_2CO_3、$NaAlO_2$ 等水溶液的试剂瓶不能用磨口玻璃塞等,进行归类补充。

　　对于问题 3,学生回答的可能更多:泡沫灭火器的使用、用热纯碱溶液清洗油污、$Fe(OH)_3$ 胶体的制备、草木灰与铵态氮肥不能混合施用等。在教学互动中,教师需要补充些学生陌生或容易遗忘的内容,如 Al_2S_3 的制备,离子能否在水溶液中大量共存的分析,金属酸洗,纳米材料的制备,$FeCl_3$、$AlCl_3$ 等的水溶液加热、蒸干及灼烧产物的分析等。经过这样的师生互动中的补充与完善,学生能够对盐类的水解的应用获得较为全面的认识,且能与其原理相结合,是深层次的、有益于学生成长的学习过程。

　　问题 4 的提出是对学生的启迪,也是引导学生进行回顾与巩固。

　　教学感悟:通过分类思维和问题式教学,教师能够对庞杂的学习内容进行要点提炼,有助于整合教学内容并引导学生的学习思路。这种方法能够激发学生思考和探究,帮助他们更好地理解重难点知识,提升他们的能力和素养。

　　(三)回顾反思教学环节问题式教学实施关注点

　　回顾反思教学环节在课堂教学中扮演着重要的角色,它可以被看作是课堂教学的"点睛之笔"。因此,我们应该特别重视这个环节,不应因为时间紧张等原因而忽略它,甚至完全省略掉。我们应该充分发挥回顾反思环节的作用,不仅要总结要点,还要进行升华,以确保课堂教学在知识体系的完善、视野境界的提升和人文素养的培养等方面都能够得到提升。

1.回顾反思教学环节应避免平淡固化

由于回顾反思教学环节常常被忽视,教师在这个环节的教学语言往往显得单一和呆板。例如,教师可能会使用类似以下的措辞:"同学们,你们在这节课学到了什么?谁可以和大家分享一下?""请大家回想一下,我们在这节课主要学习了什么?""好了,今天的课就到这里。我们这节课学到了什么?"这种类型的课堂教学回顾反思,语言表达单一,组织形式呆板,缺乏创新,逐渐变得乏味,学生失去了参与的积极性。因此,对于回顾反思环节的教学组织,教师需要精心策划,注入创新元素,确保这个环节依然能够在富有探究氛围的情境中展现课堂教学的精髓,使学生能够深刻领悟课堂教学的核心内容,提升他们的认知水平。

2.回顾反思教学环节应避免平铺罗列

课堂教学回顾反思环节的教学内容,若过于平铺罗列,甚至只是对课堂所学内容"标题式"的一一列举,类似于:"这节课我们学习了这样几点,一是 Cl_2 的物理性质,二是 Cl_2 的化学性质,而 Cl_2 的化学性质又包括了 Cl_2 与金属的反应,Cl_2 与非金属的反应,Cl_2 与 H_2O 的反应,Cl_2 与碱的反应等"这样的回顾反思,貌似"提纲契领",对课堂所学的重点都一一提及,但事实上,这样平铺直叙的回顾,依然是对课堂教学的简单重复,只不过是"选择性"的重复。缺乏思维深度的学习内容和学习过程通常难以激发好奇心旺盛、充满探究兴趣的学生的积极参与,因此可能无法充分发挥教学的潜力。回顾反思教学环节也不例外。因此,在回顾反思环节中,教师应该避免采用单一的"平铺直叙"式讲解,而是要更多地注重思维训练、知识应用和创新性思考。此外,教师还应该鼓励师生互动和生生互动,通过问题的提出和解决来呈现课堂教学的核心内容,以促进学生深入理解和运用所学知识的能力。这种方法可以在回顾反思教学环节中得到应用,以提高学生的思维深度和参与度。

3.回顾反思教学环节要突出实质

回顾反思教学环节的关键在于强调学习内容的实质,引导学生对实质进行再认识,以加强他们的认知。在这个环节中,教师应该着重突显课堂学习内容的实质,引导学生对实质进行深刻反思,以加强他们的认知水平。在教学中,这个环节应该体现对教学内容深层次的再学习和梳理。有时候,教师可能要求学生回忆课堂所学的"知识点",而学生也可能相应地回答课程的"概要"。然而,这种浅层次的逐条逐点的复述可能会导致学生对学习内容的深度思考不足。学生可能会在课堂上忙于记笔记,然后在回顾反思时关注于"条条框框",在课后忙于回忆笔记。这种学习方式可能会使学生忙于记忆,而忽略了理解,然后在问题解决中陷入困境,生搬硬套,导致效果不佳。因此,在课堂教学的回顾反思环节中,通过问题的提出和解决,学生可以从根本上理解所学内容,深刻地理解学习思路,从而在学习中思维变得更加灵活,认知更加深刻,学习更加轻松,更加明晰,也更加自主和高效。

三、问题式教学实施不同教学环节的相互联系

从系统论的角度来认识课堂教学,这是高中化学教师应该具备的教学视野和教学思维方式。系统论是一个新兴学科,它研究系统的结构、特点、行为、动态、原则、规律以及系统之间的联系,同时也对系统的功能进行数字化描述。系统论的基本思想是将研究和处理的对象视为一个整体系统。系统是由相互联系的要素构成的整体,其中要素之间存在相互联系,它们是不可分割的。系统论的核心思想是整体观念,即任何系统都是一个有机的整体,不是各个部分的简单组合,系统的整体功能是各要素在孤立状态下所没有的性质。

在教学实施中,同样可以从系统论的角度来认识每个教学环节及其作用,关注每个教学环节问题设置与实施的密切关联。课堂教学通常包括教学引入环节、重难点教学环节、回顾反思环节等,它们各自都有着不可或缺的作用。然而,这些教学环节不能孤立存在,而应该被视为一个有机整体,它们之间存在内在的、不可分割的联系。因此,在问题式教学实施中,每个环节的问题设置及解决都应该在充分体现其独特作用的同时,也要考虑到它们之间的递进、提升和互相关联的作用。这样,教学中的问题设置就能够更好地服务于整个教学流程,培养学生更为全面和深刻的能力。

总体来看,课堂教学中的重要环节,包括教学引入、重难点教学和回顾反思,其问题设置和解决呈现出一种内在的联系,可以理解为基础、提升和回归的关系。在教学问题的设置方面,教师可以以引入环节的问题为基础,逐步提升问题的难度和深度,拓展学生的思维,然后在回顾反思环节中回归到核心问题,巩固学习成果或引导学生深入思考。这种有机的联系有助于教学内容的系统性和学生认知能力的全面提升。

教师应该根据不同教学内容的特点,从系统和全局的视角,精心设计每个教学环节的问题,使其既独立存在,又相互关联,形成一个完整的教学系统。这种教学方式符合教学需求和认知规律,有助于学生在课堂学习中逐步建立坚实的学习基础,提高能力。

为了实现这样的教学效果,教师需要深刻理解教学内容,熟练掌握教学规律,并了解学生的认知水平和能力,以便能够恰如其分地设置和解决问题。只有在这些基础上,教师才能够有效地将问题设置和解决融入教学环节中,使课堂教学成为一个有机的、有序的系统,从而帮助学生在系统性的学习中不断提高。

重难点教学环节的问题设置与问题解决,是为了让学生能够在思考和探究氛围中自主学习。与教师的单纯讲授相比,以问题引导的教学过程对学生更具吸引力,学生参与程度更高。在问题设置和问题解决中,关注了四个方面:一是注重学生的自主学习。对于有些教学内容,学生带着问题阅读教材,然后自主解决问题,培养学生的信息提取能力、信息加工能力和自学能力。在学习过程中,学生能够兴趣盎然,增强学习的自信心。二是运用分类的思想进行学习。例如,运用交叉分类的思想,从不同的角度来说,糖类可分为单糖、低聚糖(二糖)、多糖,又可分为还原糖和非还原糖。教学中,问题设置指向明确,学生在了解分类依据的基础上,能够积极参与问题解决的过程,在有序的探讨中,顺利完成对重难点内容的学习。三是对学生已有知识的充分应用,教学中运用有机化学的基本学习思路,从官能团入手,在学生已知的－CHO、－OH 所具有的重要性质的基础上,预测、推导葡萄糖的重要化学性质。学习过程有利于增强学生应用知识解决问题的能力,有利于学生对高中化学学习方法和学习思路的感悟,有利于学生化学素养的积淀。四是对化学实验的重视。在问题式教学实施中,对于－CHO 的检验、对于淀粉水解程度的分析,以及相关实验方案的设计、实验试剂的选择、实验方法和实验步骤的探究,都在强化学生的实验能力和实验素养。在问题解决中,多种教学方法灵活应用,能够使学生在积极主动地探究中,完成对于糖类重难点内容的有效学习。

回顾反思环节的教学设问,是对教学引入环节设问的呼应和解决。学生运用课堂所学,在问题解决的过程中,感受收获的喜悦,体会化学知识与生活实际的息息相关、化学知识的重要应用。无疑,对于学生的化学学习,能够增强内在的动力。

在重难点教学环节中,问题的设置和解决是为了激发学生的思考和探究兴趣,使他们能够更自主地学习。相较于传统的教师讲解,以问题为引导的教学方法更具吸引力,能够提高学生的参与度。在问题设置和解决过程中,有几个关键方面需要关注:

首先,要注重学生的自主学习。对于某些教学内容,学生可以在阅读教材时提出问题,然后自己尝试解决这些问题,这有助于培养学生的信息提取、加工和自学能力。这种学习方式能够激发学生的兴趣,增强他们的学习自信心。

其次,运用分类的思维方式进行学习。例如,可以使用交叉分类的方法,从不同的角度对待学习材料,这有助于学生更好地理解和应用知识。问题设置应该明确,让学生在了解分类原则的基础上积极参与问题解决的过程,从有序的讨论中顺利学习重难点内容。

再次,要充分应用学生已有的知识。在教学中,可以运用基本的有机化学学习思路,例如从官能团出发,结合学生已知的一些化学性质,预测和推导新的性质。这种方法有助于学生提高应用知识解决问题的能力,同时也有助于他们更好地理解高中化学的学习方法和思维方式,培养化学素养。

最后,要重视化学实验。在问题式教学中,对于化学实验的设计和执行,包括试剂选择、方法和步骤的探究等方面都要重视。这有助于提高学生的实验能力和实验素养。通过积极主动的探究,学生可以有效地学习糖类等重难点内容。

回顾反思环节的教学提问是对教学引入环节的回应和延伸。学生在问题解决过程中,感受到学习的愉悦,体验到化学知识与实际生活的联系,以及化学知识的重要应用。这种积极的体验和感受有助于激发学生内在的学习动力。

第五章　促进化学学科素养发展的思维可视化教学

第一节　促进化学学科素养发展的思维可视化教学模型

一、化学学科可视化

(一)思维可视化方式的种类及用途

思维可视化在教学中的应用可以通过多种方式实现，其中包括思维图示、符号表征、模型展示和文字表述等方法。以下是几种思维可视化的类型及其用途的简单分析：

1. 思维导图

思维导图是一种以中心主题为核心，通过分支的方式展示相关思维和概念的图示。在教学中，思维导图可用于整理和展示知识结构，帮助学生更清晰地理解复杂概念之间的关系，以及课程内容的组织结构。它也可以用于总结课程重点和提供复习材料。

2. 概念图

概念图是用于表示概念和它们之间关系的图示。在教学中，概念图可以帮助学生可视化不同概念之间的联系，以及概念的层次结构。这对于知识的整合和记忆非常有用。

3. 流程图

流程图通常用于描述一系列步骤或事件之间的关联和顺序。在教学中，流程图可用于说明实验过程、解决问题的方法，以及复杂概念的逐步分解。学生可以通过观察流程图来理解事物的发展和过程的逻辑性。

4. 符号表征

化学是一门专注于研究物质性质的科学，它运用各种符号来描述物质，连接宏观世界与微观世界。在化学中，符号表征的方式多样,包括元素符号、离子符号、结构示意图、化学式和化学方程式等。这些符号的使用使学生能够将看得见的宏观现象与看不见的微观变化联系起来,从而对物质的结构和变化原理有更直观、更深入的理解。

5.模型展示

模型是一种用来表达客观事物形态和结构的工具,它可以通过实际实体或虚拟方式将主观思维的构想呈现出来。在不同领域中,有各种类型的模型,包括数据模型、物理模型、结构模型、仿真模型和思维模型等。思维模型是一种以图形、符号、结构化语言等简单易懂的方式来表达人们思考和解决问题思路的形式。

在化学领域,由于微观结构和化学微观变化无法直接观察,使用模型展示方式可以生动地呈现物质的化学性质、结构和变化过程。这种形象化的展示方法有助于深化学生对化学概念和原理的理解,将抽象的思维转化为更具体、更形象的思维方式。通过思维模型,学生可以更容易地理解和记忆化学知识,从而提高他们在化学领域的学习效率和深度。化学模型的使用在教学中具有重要意义,可以帮助学生建立更牢固的化学基础。

(二)思维可视化教学模型的功能

新课程下的教育改革涵盖了多个方面,包括教育组织形式、信息传递方式、学生学习策略和方式以及评价方式的改革。在这一背景下,基于思维可视化的教学方法在一定程度上有助于推动教育的改革和发展,包括改变教学方式、重新审视课程价值、调整学习方式和改进评价方式等方面。这种教学方法通过以视觉方式呈现信息,激发学生的思维,提高他们的学习效果,从而与教育改革的目标相契合。

1.促进教学方式的转变,实现学生学习的主体性

促进教学方式的转变,实现学生学习的主体性是教育改革的关

键目标之一。传统的课堂教学常以教师为中心,学生被动接受知识,这限制了学生的发展。基于思维可视化的教学方法通过巧妙设计学生活动,如绘制知识网络图、设计实验方案、进行实验操作、解答问题、构建认知思路等,引导学生多角度思考和分析,使他们的内隐知识和思维外显化,从而培养了学生的主动学习能力。这种方法能够更好地贴近"以人为本"的教育理念,提高教学质量,促进学生学习的主体性,使他们更积极地参与课堂,更好地理解和应用知识。

2.促进课堂价值的转变,推动学科素养发展的全面性

促进课堂价值的转变,推动学科素养发展的全面性是现代教育的迫切需求。传统课堂教学注重知识传授和考试成绩,忽略了学生思维能力和综合素养的培养。基于思维可视化的教学方法以知识为线索,引导学生深度思考,不仅传授知识,还培养了学生的思维能力和创新潜质。这种方法实现了从知识传授到能力和素养全面发展的转变,符合现代教育理念,为学生提供了更广泛的发展机会。通过思维可视化,学生能够更好地理解和应用知识,培养综合素养,促进了学科素养的全面发展,使他们更适应未来社会的需求。这种教学方法有助于学生综合能力的提升,为他们的未来发展打下坚实基础。

3.促进学习方式的转变,提升学生学习能力

促进学习方式的转变,提升学生学习能力是教育改革的重要目标。传统的学习方式通常以被动接受教育为主,学生缺乏自主学习的动力和能力。基于思维可视化的教学方法通过多样化的学习活动,如思维导图、概念图、模型构建等,激发学生的主动学习兴趣,培养他们的学习能力。这种教学方式强调学生的参与和合作,让他们更积极地探索和解决问题,从而提高了学习效果。学生通过思维可视化工具,能够更清晰地理解知识,建立知识之间的联系,培养批判性思维和问题解决能力。这种学习方式不仅提高了学生的学术水平,还为他们未来的职业和生活奠定了坚实的基础。因此,促进学习

方式的转变,提升学生学习能力是教育改革的必然选择。

4.促进教学评价的转变,检验教学设计的有效性

促进教学评价的转变,不仅有助于检验教学设计的有效性,还能提供更全面、实时的反馈信息,以指导和改进教学过程。传统的教学评价主要依赖于期末考试等方式,这种方式存在滞后性和局限性,难以及时了解学生的学习情况,更难以评估教学设计的实际效果。

引入思维可视化的教学评价方式可以通过实时观察学生的思维图谱、学习笔记、解题思路等,及时发现学生的困惑和问题,从而及时调整教学策略,提高教学效果。同时,学生也能通过可视化工具展示他们的学习过程和成果,有助于更好地理解和反思自己的学习方式,提升学习能力。

这种教学评价方式促进了教学的互动性和个性化,有助于教师和学生更好地合作,实现教育目标。因此,它不仅有助于检验教学设计的有效性,还提供了更灵活、综合的评价手段,推动了教育的改革和发展。

(三)促进化学学科素养发展的思维可视化教学设计原则

1.主体性原则

新课程标准强调了"以人为本"的教育理念,将学生的知识获取、能力培养、素养提升作为教学目标。思维可视化教学旨在激发学生的主体性学习,通过设计学生主体参与的教学活动,提高他们的参与度,使他们在课堂中能够充分思考、积极行动,不断提升自己的能力和素养。例如,在实验探究活动中,教师可以从以前的"老师示范实验"转向"学生分析—设计—操作"的自主探究活动。这个过程中,学生将学会思考、学会设计、学会评价,并且能够构建清晰完整的思维模型,从而在活动中体验到创新思维的乐趣。这种以学生为主体的教育方式更符合新课程标准的教育理念。

2.适用性原则

实现思维可视化的方式多种多样，包括语言文字表达、符号表征、图示表征、模型展示等。不同的方式在使用时有不同的作用。例如，符号表征和模型展示可以将宏观现象下的微观实质呈现出来，有助于学生理解宏观和微观之间的关系，促进学科素养的发展。图示表征可以帮助学生建立完整的知识体系，有助于模型认知素养的发展。符号表征可以展示物质的变化关系，有助于培养变化观念和平衡思维等素养。因此，教师在进行教学设计时，需要根据具体的教学内容和教学目标选择合适的思维可视化方式，以最大限度地提高教学效果。

3.深刻性原则

化学作为一门具有抽象和复杂性质的学科，其微观层面的变化往往无法用肉眼直接观察到。为了激发学生的学习兴趣和动力，思维可视化教学需要充分考虑学生的认知规律，巧妙地利用可视化方式，以使抽象和复杂的化学知识更加生动、形象和深刻。例如，在学习原子结构时，教师可以借助多媒体演示原子结构外层电子排布的情况，通过动画模型图展示，以视觉冲击力来激发学生的想象力，将抽象的思维变得更加形象化，从而加深他们对抽象知识的理解和记忆。这种方式有助于学生更好地理解和掌握化学知识，提高他们的学科素养。

4.全面性原则

新的课程标准强调了以"素养为本"的教育理念，旨在培养发展"综合型人才"的教育目标。思维可视化教学活动应该协调发展各种学科素养。以"离子反应"教学为例，教师既可以通过让学生观察电解质和非电解质溶液的导电情况来培养宏观辨识素养，也可以通过动画演示方式让学生了解电解质水溶液的动态，以帮助学生深刻理解电解质的概念和含义，培养微观分析和证据推理素养。这样的教学方法有助于全面培养学生的各种学科素养,符合新课程标准的要求。

总之,思维可视化教学设计原则旨在促进学科素养的全面发展,通过主体性、适用性、深刻性和全面性的原则指导教师设计有针对性的教学活动,从而更好地满足新课程标准下化学学科的教育需求,培养具备综合素养的化学学科人才。

(四)促进化学学科素养发展的思维可视化教学设计程序

1.明确教学主题,落实学习目标

明确教学主题,确立学习目标。教学主题是教学计划的核心,围绕学习目标展开,需在设计教学活动前明确。

2.研读课程标准,确定学科素养体系

研读课程标准,明晰学科素养。深入理解新课程标准下的化学学科素养发展体系,根据学生现有水平确定素养目标。

3.分析教材内容,挖掘学科素养内涵

分析教材内容,挖掘素养内涵。认识教材的价值,从各章节中挖掘出潜在的学科素养内涵,建立知识与素养的桥梁,促进素养发展。

4.巧设可视化环节,落实学科素养发展

在课堂教学中,教学活动是关键环节,应充分体现以学生为主体的教学理念。思维可视化教学以促进学科素养发展为目标,将知识作为明线,素养作为暗线,融入教学活动中。以"离子反应"为例,学生首先通过实验宏观辨识不同物质的导电情况,然后用图示法绘制物质存在形式,初步建构微粒观。接着,通过动画演示展示微粒变化,形成认知冲突,完善认知结构,实现微观探析。最后,整合分析,引出电解质概念,实现宏观与微观、证据推理素养的协同发展。因此,教师在教学设计中应根据课标和教学内容,创设可视化教学环节,帮助学生在活动中发展思维和素养。

5.评析可视化行为,诊断学科素养效果

教学评价是对教学目标的评估活动,具有反馈、激励和反思的作用,需具备及时性、准确性、公平性和双向性的特点。本研究将采用思维可视化方式对学生学习效果进行诊断,检验其素养水平是否达标,为教学提供有效反馈和决策依据。可视化评价方式多样,包括图示、文字描述和符号表征等,也可结合多种方式。例如,在学习"离子反应"概念时,可绘制微粒形式示意图,评估微粒观念理解;观察完成导学案或解答测量题情况,评估新知识掌握;设计实验方案和绘制流程图,评估科学探究素养;构建知识网络图,评估认知结构完整性。思维可视化教学旨在整合知识与素养,合理设计教学环节,引导学生素养逐步发展。通过师生相互评价,检查教学效果,推动全面教育,实现一体化模式。

二、化学学科可视化素养

(一)实验与模型相结合,实现宏观与微观可视化

利用视觉感官可以增强人们对抽象物质的认知,特别是在学习化学这门科学时,它可以帮助学生更好地理解微观世界。化学研究主要集中在微观层面,涉及分子、原子等微小领域,因此,对学生来说,理解化学变化在微观层面的发生是一项较为困难的任务。思维可视化教学采用多种手段来解决这个问题。

首先,通过实验教学,让学生亲身经历化学变化,使化学反应的外部表现直观可见。接着,使用动画、图示、符号等方式将微观变化呈现给学生,以形象化的方式展示化学反应的内部机制。这不仅吸引学生兴趣、提高参与度,还有助于引导学生从微观角度分析和解释化学变化的过程,培养宏观和微观结合分析的能力。

此外,多媒体技术可用于展示化学微观变化的动态过程,制作微观粒子结构模型,播放危险性实验的视频等,使化学课堂更加生动、形象化、动态化。例如,在学习"离子反应"时,可以通过图示展示硫

酸与氢氧化钠反应的动态过程,帮助学生深刻理解离子反应的微观机制。这种方式可以激发学生对化学的兴趣,使学习过程更富有趣味性。

(二)建构三重表征,强化认知思路

化学科学采用了三种不同的表征方式,通常被称为"三重表征",它们分别是宏观表征、微观表征和符号表征。宏观表征涵盖了有关物质的宏观性质、变化过程、用途和外观等方面的描述。微观表征则涉及物质的微观结构、微粒之间的运动状态等微观层面的信息。符号表征包括了使用化学式、离子方程式、原子结构示意图等符号化的方式来表示物质和化学反应。这三种表征方式在化学中起着重要的作用,帮助科学家和学生理解和描述化学现象和过程。

这三种表征方式的结合反映了化学认识的多层次发展过程,有助于深化对化学现象和性质的理解。在基于思维可视化的教学活动中,可以利用这三种表征方式来帮助学生理解化学概念和原理。首先,通过宏观现象展示物质的变化和性质,引起学生的兴趣和注意。然后,通过微观表征揭示这些现象的微观机制,让学生深入了解化学变化的内在过程。最后,通过符号表征建立宏观和微观之间的联系,促进学生的宏观辨识和微观探析能力的发展。

举例来说,在学习"离子反应"这一内容时,可以通过演示电解质溶液的导电性、介绍电离理论以及展示电离方程式等方式来引导学生构建"宏微符三重表征模型",从而帮助学生更好地理解这些关键概念。

(三)建构认知模型,外显认知思路

建构认知模型是一种重要的学习方法,它有助于学生外显化自己的认知思路。通过建构认知模型,学生可以将抽象的概念和思维过程可视化,使其更具体和清晰。这有助于学生理解复杂的概念,同时也有助于教师了解学生的思维方式和认知过程。

在化学教育中,建构认知模型可以应用于解释化学现象和理论,例如原子结构、分子运动等。学生可以通过绘制图示、图表或模型来表示这些抽象概念,从而更好地理解和记忆化学知识。这种外显认知思路的方法有助于学生提高问题解决能力和创造性思维,同时也为教师提供了评估学生理解程度的工具。因此,建构认知模型在化学学习中具有重要的作用,可以促进学生的学科素养发展。

(四)创设驱动性问题,促进内隐思维外显化

在问题解决过程中,个体的内心思维通常无法被他人直接观察到,因此评价者难以准确判断个体的认知是否正确或完整。为了解决这个问题,一种有效的方法是使用外部语言进行思考,将思维过程外显化,这被称为出声思维。出声思维不仅有助于评价个体的自我监控水平,还是培养自我监控能力的关键环节。将思维过程用语言表达出来,个体可以更清晰地理解和分析问题,同时也能够接受他人的反馈和指导,从而提高问题解决的效率和质量。因此,出声思维方式在认知过程中具有重要的作用,有助于促进个体的思维和学习能力的发展。

在教学中,通过鼓励学生使用出声思维方式来分析和解答问题,可以帮助他们将内心的思维过程清晰地表达出来,从而实现认知思路的外显化。这有助于教师了解学生的思考过程,同时也可以帮助学生自我监控和提高他们的思维能力。例如,在探讨电解质的电离性质时,教师可以引导学生提出问题,并鼓励他们用自己的语言表述观点,从而激发他们的自主探究精神。这种教学方法可以提高教学效果,同时也可以促使学生更深入地理解知识之间的内在联系,实现知识的清晰化,从而促进隐性知识和思维的外显化。

(五)建构思维图示,厘清知识脉络

高中化学是一门复杂而抽象的学科,涉及大量的概念、反应和化学原理。为了更好地理解和掌握化学知识,建构思维图示是一种非

常有效的方法,可以帮助学生厘清知识脉络,加深对化学概念的理解,提高学习效率。

首先,思维图示可以用来整理化学概念。在高中化学中,有许多基本概念,如原子结构、分子构造、化学键、化学反应等。通过绘制思维图示,可以将这些概念有机地联系在一起,形成一个完整的知识体系。例如,可以绘制一个思维图示,以展示原子结构与周期表的关系,帮助学生理解元素周期性规律。

其次,思维图示有助于呈现化学反应。化学反应是高中化学的重要内容之一,包括各种反应类型和反应机理。通过绘制反应机理图示,学生可以清晰地看到反应的步骤和物质之间的转化过程。这有助于他们理解反应机理,并能够更好地预测和解释不同反应类型。

此外,思维图示可以用来展示化学实验。在高中化学实验中,通常需要遵循一系列步骤,使用特定的实验仪器和试剂。通过绘制实验步骤和仪器图示,学生可以更好地理解实验的操作过程,确保实验的成功进行。

最重要的是,思维图示有助于掌握化学原理。高中化学涉及许多化学原理,如质量守恒定律、能量守恒定律、反应速率等。通过绘制思维图示,可以将这些原理以图形和文字的形式展示出来,帮助学生深入理解和记忆。

综上所述,建构思维图示是学习高中化学的重要方法之一。它有助于整理化学概念,呈现化学反应,展示化学实验,掌握化学原理,提高学生对化学知识的理解和掌握水平。因此,学生在学习高中化学时可以积极运用思维图示,以提高学习效率和学科素养。

第二节　促进化学学科素养发展的思维可视化教学探究

一、高中化学学科素养思维

(一)基于新课程标准下的化学学科素养发展要求

随着信息化时代的快速发展和科技革命的深入推进,传统以知识和技能为主的人才培养方式已无法适应社会快速转型的需求。因此,我国的教育体系需要进行深刻的改革。新课程标准下的化学课程旨在满足学生未来发展的需求,着重于多样性、层次性和科学性的教学活动,拓展学生的学习、表达和思维空间,培养他们解决问题的能力,提高他们的学习能力和社会责任感。

新的教育理念强调教学设计的重要性,鼓励多样化的实验活动,以培养学生的创新思维和实践能力。同时,注重学生素养的达成情况,提倡一体化的教学模式,包括教学、学习和评价。这将带来根本性的教育变革,涉及课堂信息传递方式、课堂组织形式、学生学习方法和策略以及教学评价方式等多个方面的改革和发展。这是积极的变革,旨在更好地满足学生需求,培养更具创新和社会适应能力的未来人才。

(二)基于高中化学课堂教学现状的要求

新课程改革下的化学课堂教学旨在实现知识、技能、情感和思维的协调发展,但在实际教学中,一线教师面临多重压力和问题。首先,有些教师仍采用传统的教授教材方式,导致教学内容单一和枯燥,削弱了学生的积极性和主体地位。其次,一些教师可能过于注重教学任务,而忽视了对学生行为评价和认知模型构建的重要性,限制了学生的问题解决和知识迁移能力。最后,有些教师过分关注考试成绩,而忽略了学生情感和素养的发展。

新课程标准下的化学课堂强调以素养为核心,提倡一体化的教育模式。因此,教师需要改变传统的教学方式,培养学生的思考、学习和应用能力,促进知识、技能、思维和素养的全面发展。这需要教师积极创新教学方法,激发学生的学习兴趣,全面关注学生的成长和发展。

(三)基于思维可视化对化学学科素养发展的作用

思维是人类独特的认知和精神活动,是一切心智活动的核心,但它是不可见的。思维可视化通过视觉手段呈现思维方法、路径和规律,有助于理解和记忆,提高信息处理和传递效率。在基于思维可视化的化学教学中,教师以学生为主体,采用图示、符号、文字、模型等可视化方式展示化学知识和思维过程。这有助于吸引学生的兴趣,使隐性知识外显化,提高教学效果,达到素养发展的目标。同时,帮助学生深刻理解化学概念和原理,梳理知识关系,建立解决问题的思路,培养学习能力,促进情感和素养的提升。因此,在新课程改革下,借助思维可视化教学,可以改善传统教学方式,提高教学和学习效果,实现知识、思维和素养的全面发展。

学科素养是学生通过学科学习逐渐形成的正确价值观念、必备品格和关键能力的体现,是学科育人的核心。化学核心素养则是在化学学科的基础上形成的,反映了学生从微观角度认识客观事物的方式和水平。我国将高中化学学科素养分为五大板块,包括化学学科思想与方法、实践创新能力、精神价值追求等方面。近年来,化学学科素养在新课程改革中得到广泛应用,成为热门话题和教育改革中必不可少的方向之一。

二、高中化学学科素养的建构

高中化学学科素养的建构包括培养学生的化学知识体系、科学思维方式、实践能力和社会责任感。学生需要逐步构建扎实的化学知识基础，培养科学思维，具备观察、实验和推理等能力，同时还要能够将化学知识应用于实际问题，并考虑社会和环境的可持续性。为了更好地借助高中化学课程培养全面发展的人，需要对高中化学学科核心素养的内涵进行科学的建构，以便让一线教师能够准确把握，在实际教学中才能更好地促进学生学科素养的发展。我国的化学学科素养包括以下五项内容：

（一）宏观辨识和微观探析

在高中化学教育中，学生需要具备宏观辨识和微观探析的能力。这包括以下要求：学生能够分类物质，认识到物质的多样性；能够从原子和分子层面理解物质的结构、性质和变化，形成"结构决定性质，性质反映结构"的学科观念；具备微观和宏观相结合的视角来分析和解决问题。

（二）变化观念和平衡思想

在高中化学教育中，学生需要培养变化观念和平衡思想。这包括以下要求：学生应理解物质是运动和变化的，了解化学变化需要特定条件和质量守恒等法则；认识到新物质的生成是化学变化的核心，同时能够意识到化学变化中的能量转化；了解化学变化具有一定的局限性，明白影响化学反应限度的条件；能够全面、动态地分析化学反应，运用化学反应原理回答实际问题并提出解决方案。

（三）证据推理和模型认知

高中化学教育应培养学生的证据推理和模型认知能力。这包括以下要求:学生应能够基于证据提出各种假设、分析、推理、论证,并构建观点、证据、结论之间的逻辑关系。他们还应具备能够通过分析、推理来了解研究对象的本质特征、构成要素及相互关系,并能建立模型,运用模型解释化学问题的能力。教师可以通过以下方式来了解学生是否具备这些能力:①学生是否能够通过观察、实验等手段获取证据,根据事实和证据解释化学现象、本质和规律。②学生是否能够基于事实和证据,根据物质的物理性质、化学性质以及化学变化的规律,对有关化学问题进行有理有据的分析和解释。③学生是否能够根据事实建立数学模型、认知模型和实物模型,以反映研究对象的本质,并揭示其中的规律。④学生是否能够准确理解模型与物质原型之间的关系,并能够借助模型解释物质的组成、结构、性质和变化等问题。⑤学生是否能够正确评估和改进已有的认知模型,根据新发现和新信息不断完善和优化模型。

(四)科学探究与创新意识

高中化学教育应培养学生的科学探究和创新意识。这包括以下要求:学生应能够根据探究的目的提出科学假设、设计探究方案,并进行科学探究。他们还应具备合作精神,敢于质疑,勇于展示,大胆创新的能力。教师可以通过以下方式来了解学生是否具备这些能力:①学生是否能够从现实问题中提取有价值的化学问题,明确探究目的,并设计探究方案。②学生是否能够根据探究方案,及时、准确、客观地记录实验现象和实验数据。③学生是否能够科学地分析实验探究过程中记录的现象和数据,做出推断,并得出结论。④学生是否能够对实验探究的方案、过程、结果和结论等问题进行反思,能够与同伴交流讨论,提出改进方法和进一步探究的计划。⑤学生在实验探究过程中是否具备实事求是的态度,能够独立思考,积极合作,敢于质疑,表达独立观点,不盲从。

(五)科学精神与社会责任

高中化学教学旨在培养学生的科学素养和社会责任感。这涉及以下几个方面:学生需要培养谦逊严谨、追求事实的科学态度,以及对探索未知、尊重科学真理的强烈意识和理念。此外,学生还应深刻理解化学对人类社会进步的重要作用,树立可持续发展和绿色化学的观念,并能够对化学领域的社会议题作出恰当的判断。①学生应具有对科学的强烈好奇心和探求欲,尊崇真理,勇于追求真理,并有终身学习的愿望和能力,形成严谨务实的科学态度。②学生应认识到化学与社会、环境、科技之间的紧密联系,深刻认识化学对人类社会发展的巨大贡献,并能科学、全面、精准地理解化学工业生产对环境的影响。③学生应具有环保意识和节约资源的观念,秉持可持续发展和绿色化学的理念。④学生应积极参与对热点问题的探讨,具备强烈的社会责任感,能引导他人正确理解化学相关的社会问题。

化学学科的五大素养在教学中扮演着极为关键的角色,其中前三项特别反映了化学学科的核心理念和方法论。"科学探究与创新意识"激励学生在实际操作中不断追求创新,而"科学精神与社会责任感"则强调了更高层面的价值观和道德观。这五种素养相辅相成,使得知识和技能的学习、化学思维和观点的构建、科学探究和问题解决能力的培养,以及创新意识和社会责任感的激发,共同融合成一个完整的化学学科素养体系。

为了培养学生的学科素养,教学的关键是要围绕这些素养,改变学习方式和教学模式,实现课堂的转型。学科教学应该发生在真实的问题情境中或与日常生活密切相关的情境中,采用多种学习方式,如自主学习、合作学习、探究学习、项目学习和活动体验等。

总之,有机化学教学应该基于学科素养培养,教师需要充分理解学科素养的内涵和构成要素,将其具体应用到单元教学和课堂设计中。教师应该重视选择和创造适合的学习情境,通过有效的教学活动促进学习的发生。通过学生与有机化学情境的互动,不断培养学科观念、学科思维和探究技能,促进学生的学科素养发展。

三、基于学科素养的有机化学教学策略

(一)基于学习共同体的教学设计

高中化学课堂教学的关键在于引导学生积极主动地与客观世界、他人以及自我进行互动学习。这种互动可以通过文本资料、影像资料、化学实验、阅读、讨论等多种方式实现,包括与教师和同学之间的合作、交流、碰撞和展示。

教学的核心目标是促进学生的学习,教学的成功在于学生是否真正地学到了知识和技能。因此,教学应该以学生为中心,将学生视为学习的主体,同时也是教学的主体。教学要以学生的需求和能力为基础,先理解学生的学习状态,然后根据学生的实际情况进行教学。教师应该以学生为服务对象,充当学生学习的引导者、促进者和监督者的角色。

在课堂上,师生之间以及学生之间应该形成一个教学共同体,共同面对同一个学习课题。师生之间和学生之间对于学习内容的认知应该有共鸣,同时也可以有互补和质疑。在这种情况下,师生之间需要进行互相尊重和信任的对话,讨论和交流不同的观点和看法,相互启发和鼓励、解决疑惑、分享观点,一起寻找解决问题的方法和思路。

通过讨论和倾听,进行多方面的交流和沟通,形成学习共同体的重要特征。

在学习共同体中,教师关键要树立指导、支持、协同学习的主体意识,发挥激发、维持、促进学生学习的主体作用。教师的指导、支持和协同学生学习作用表现在以下几个方面:首先,教师根据课程标准构建教学单元,精心设计课时的教学内容和活动。其次,教师以学生的现有经验为出发点,精心选择与学习相关的自然界和社会生活中的问题和事物,创设适宜的学习情境。接着,通过与学生的对话和生生之间的对话,调动学生已有的经验和知识,并将其迁移到当前的学习活动中。教师还为学生提供必要的条件和资源,鼓励并支持学生通过阅读、观察、实验和练习等方式积极参与学习活动。此外,教师应鼓励学生积极展示他们的学习成果和心得体会,并鼓励他们与同伴或教师进行对话,以发现学生的优点和不足之处,促进学生之间的交流与合作。教师还应及时发现学生在新知识学习中的难点,通过合作交流的方式分析这些难点产生的原因,寻找解决问题的方法。最后,教师会掌握学生之间的对话、交流和合作学习,引导学习方向和学习进程,为学生创造多样化的学习机会,鼓励他们积极参与学习活动并勇敢展示自己的学习成果。同时,教师还会帮助学生掌握科学的学习方法,使他们在科学方法的熏陶下逐渐理解和掌握化学概念和原理。

总之,基于学习共同体的教学设计强调教师和学生都在教学活动中扮演主要角色,要积极参与学习过程。学生是参与的主体,应主动参与学习。教师则是设计、组织、实施学习活动的主要负责人,需要引导、鼓励和支持学生的学习。教师要及时了解学生的学习情况,与学生互相交流,实现共同学习。因此,课堂教学设计应全面客观地考虑教师和学生之间的关系,充分考虑教师和学生在教学中的角色,建立共同学习的学习共同体,这是提高高中化学教学质量的关键条件之一。

(二)基于学科素养的教学单元设计

基于学科素养的教学单元设计强调教师不仅应关注知识点传输和技能训练,还应思考如何组织探究活动,以创造富有启发性和深度的教学环境。这种设计以包含多个教学内容点的单元作为基本单位,基于学科素养来规划和设计课堂教学,使教学活动更有结构和内在联系。

在教学单元的设计中,可以根据不同的目标和主题采用不同的划分方式。例如,可以设计知识单元,以帮助学生理解和掌握特定领域的知识;也可以构建基于生活经验的活动单元,让学生通过实际体验来学习;还可以采用"目标—达成—评价"方式设计课程单元,以确保学生达到预定的学习目标;或者使用"主体—探究—表达"方式设计活动课程单元,鼓励学生主动参与探究和表达自己的理解。

总的来说,高中化学课程可以围绕六个主题展开:化学学科特点、化学基本概念与基本原理、化学反应原理、常见重要元素和化合物知识、有机化学基础、物质结构与性质。这些主题既包括必修内容也包括选修内容,旨在帮助学生发展化学学科素养。

然而,传统的化学课堂教学设计通常以章节为基本单位,更注重知识点的传授、技能的训练以及重点难点的突破。在教学设计和实施过程中,常常忽视不同知识之间的内在联系,导致学生获得零散的、不够深入的知识。因此,需要更多关注整体的教学单元设计,以更好地培养学生的化学学科素养。

在当前应试教育的背景下,高中化学教学往往偏向于知识的传授和解题技能的培训,忽视了知识形成的过程。教师的工作有时仅限于提高学生的考试成绩,这种教学方式难以实现培养学生化学学科素养的目标。因此,为了培养和发展学生的化学学科素养,教师需要学会进行教学单元设计。

教师在教学单元设计和实施中应遵循以下基本原则:

第一,根据学科素养的要求和课程标准,结合学生的具体情况确定单元教学目标和主题。

第二,创设生动的学习情境,融合化学知识、生产生活经验以及最新科技成果等,重新组织教学内容。

第三,设计巧妙的教学活动,引导学生积极参与和主动学习。

第四,制订科学合理的评价标准和评价方式,以便对学生的学习成果进行评价。

教学单元的设计涉及如何将化学教材章节内容转化为基于学科素养培养的教学单元,这对教师来说是一个挑战,需要不断地思考和探索。此外,多个课时的教学单元如何在不同课堂教学中完成,实现学生学科素养的培养和发展,也需要在整体框架中进行精心设计和安排。

总的来说,基于高中化学学科素养的教学单元设计和课时设计强调学生的自主学习、合作学习和探究学习等主动学习方式,将学生置于学习的主体位置。在学生主动学习的过程中,教师的支持和协同学习至关重要。教师和学生在教学过程中共同学习、共同探究、共同成长和进步。

（三）基于化学情境创设的教学设计

基于化学情境创设的教学设计，旨在通过真实或模拟的化学情境，激发学生的学习兴趣，促进理论与实践的结合。教学设计可以分为几个阶段：

首先，是情境创设。教师可以利用实验演示、视频资料或者虚拟现实技术，构建一个贴近学生生活或科学前沿的化学情境。例如，通过展示日常生活中的化学现象，如食物变质的化学原理，或者介绍最新的科学研究，如新型材料的开发。

其次，是问题提出。在情境中，教师提出与课程内容相关的问题或挑战，鼓励学生进行思考和探索。例如，讨论为何某种食物容易变质，或者探索某种新材料的化学性质。

再次，是学生探究。学生在教师的指导下，通过小组合作、信息搜集、实验操作等方式，对问题进行深入探究。在这个过程中，学生可以运用所学的化学知识，进行假设、实验和分析。

然后，是知识构建。通过探究活动，学生在实际情境中应用和巩固了化学知识，教师在此基础上引导学生进行反思和总结，帮助他们构建系统的化学知识体系。

最后，是应用拓展。教师可以引导学生将所学知识应用于更广泛的领域，如环境保护、新能源开发等，激发他们对化学学科的兴趣和认识，同时培养他们的创新意识和实践能力。

整个教学设计注重学生主体性的发挥和实际操作能力的培养，通过情境创设，使化学学习更加生动、实用和有趣味性。

（四）基于课堂学习活动的教学设计

目前我国的课堂教学模式大致分为三种：第一种是教师主导的

模式,由教师系统性地向学生传授课本知识;第二种模式则侧重于学生的自主性,即在教师的指导下,学生通过自主学习、合作学习和探究学习等多种方式获得知识;第三种模式介于前两者之间,即教师讲授与学生活动并重。从国内外课堂教学改革和发展的趋势来看,越来越多的课堂注重学习活动的设计和组织,学生的学习活动成了课堂的核心。课堂应当是在教师指导下,开展各种学习活动的场所。在这样的课堂上,不仅需要学生进行独立学习,还需要学生之间的合作学习和师生之间的对话交流,这样的课堂充满了活力和生机,更加富有创造性。

要有效地设计学习活动,关键在于确保活动有明确的目标和任务,设计要精心组织,并且步骤清晰,同时要能根据实际需要做出适时调整。优秀的活动设计应具有鲜明的主题和分明的步骤,呈现出层次分明且递进式的特点。学生在教师设计的框架内进行探究学习,在实践中学习,体验成功的喜悦。目前,学习活动的组织形式主要有两种:一种是探究式课堂教学模式下的教学活动设计与组织;另一种是"自学—辅导"模式下的教学活动设计与组织。这两种模式都旨在激发学生的积极参与,促进学生的深入理解和应用能力的提升。

在探究式课堂教学模式下,教学活动的设计与组织要素包括几个重要方面:首先,教师需要清楚地理解探究式教学模式的定义,这种模式以学生的探究活动为中心,重点在于"发现问题、运用科学方法、获取新知识、提升探究意识、增强探究能力、理解科学的本质"。其次,要明确探究式教学的适用范围和注意事项,因为这种模式并不适用于所有化学课堂,设计时需考虑其是否助于实现学习目标。

在实施探究式教学时,要注意以下几个问题:第一,探究学习活动需要学生高度热情和主动参与。因此,活动的主题要适中,目的和步骤要具体明确,以便学生能够准确理解和掌握,顺利开展活动。第二,重视教师与学生行为的协调以及师生间的交流互动。教师的行为要根据教学目标、内容和学生情况来设计,并在实际教学中做出适时调整,平衡预设与生成的重要性。学生的学习行为应在教师的宏观调控下进行,同时要充分体现学生的主体地位,教师需尊重学生的主动性。师生之间的交流要及时且有效。第三,课后,教师需要及时反思探究活动是否达到了预定的学习目标,是否有改进的空间,以及是否存在更好的探究方案。这样的反思对于优化教学方法和提高教学效果至关重要。

"自学—辅导"课堂教学模式下教学活动的设计组织的关键点,应该是指导学生自学,根据学生的自学效果对学生进行辅导,实现教学目标的达成,真正做到以学定教。该教学活动的设计组织应该从以下两个方面入手:

1. 自学指导的设计组织

在自学的实施方面,需要考虑两个主要因素:时间安排和准备条件。首先,自学应安排在课内进行,尽量避免占用学生的课外时间。这样做旨在确保学生有充足的时间进行自主学习,同时也保护学生的课外时间,使其能够平衡学习与休息。

其次,关于自学的准备条件,应将指导学生自学的建议转化为具体的自学指导提纲,并提前发放给学生,供其在自学过程中参考。这一提纲的编写质量至关重要,它需要简洁明了,能够有效指导学生的自学过程。

目前,许多高中已经开始将自学指导提纲、教案和学生的练习融合为一份综合的导学案。课堂教学活动根据导学案的安排进行,这就要求教师在编写和使用导学案时进行更深入的思考。同时,如何利用导学案实现教学与学习的深度融合也是一个值得探索的问题。导学案的有效使用不仅可以提升教学效率,还可以增强学生的学习主动性,促进学生更好地理解和掌握知识。

2.自学辅导的设计组织

在自学辅导的设计中,考虑学生自学情况是关键,这对于巩固自学成效和实现教学目标至关重要。在学生自学过程中,教师需要将全面巡视和重点观察相结合,全面掌握学生自学的效果。结合课前的预设,教师应根据学生的学习情况及时进行补充和调整,而不是单纯依赖学案进行教学。

自学辅导涉及两个主要方面:一是在学生自学、交流、讨论阶段,教师应适时介入,提供有效的辅导和答疑。二是在教师进行补充点评和学习小结时,教师的辅导答疑同样重要。教师的及时、准确的辅导答疑能帮助学生深入理解核心内容,掌握知识形成的过程,领悟学习方法,形成系统化的知识。

综上所述,基于学生的学科素养设计和组织课堂学习活动,重点关注化学教学方式和学习方式的转变,实现课堂的转型。这种转型将促进学生学科素养的发展,帮助学生更好地适应知识经济时代的要求,培养其终身学习的能力。

(五)基于问题解决的课堂教学设计

1.创设问题情境是前提

问题的提出对于激发学生的学习兴趣和探究意识具有重要作用。它可以引导学生通过合作学习来探索问题的解决方案和答案,帮助学生在解决问题的过程中理解知识的形成过程,深入理解知识的内涵和外延,从而达成学习目标。为了有效创设问题情境,需要考虑以下三个方面:

(1)促进合作学习

问题情境应有利于合作学习的开展,能够发挥学习共同体的作用,促进学生之间的相互协作和学习。

(2)问题与学习目标的紧密联系

设计的问题需要与学习目标紧密相连,有助于学生思维的发展。问题不宜过于简单或琐碎,缺乏深入思考的价值,而应具有一定的挑战性,能够促进学生的思维和理解。

(3)高起点、低落点的问题设计

问题应该基于学生的"最近发展区",即既不超出学生当前能力太多,又能促使他们进一步学习和发展。设计的问题应当让学生感到能够通过努力解决,但同时需要同伴的合作和教师的指导才能完整解决。这样的设计有助于有效激发学生的主动探索欲望。

通过以上这些策略,可以在课堂上创造一个充满挑战和激励的学习环境,鼓励学生主动参与和深入思考,从而达到更好的学习效果。

2.设计和组织课堂学习活动是核心

为了增强学生的合作意识和能力,教师在课堂活动的组织上需给予特别关注,有效地进行师生之间的对话,以提升课堂的教学效率。在安排探究活动时,教师应进行细致的考虑和规划,并预留适当的调整空间。高质量的课堂学习活动对于帮助学生深入理解化学的基础概念和原理、提高其分析和解决问题的能力具有重要作用。

3.学生能否积极主动参与合作学习是关键

解决问题的过程中,学生的合作学习和教师的协助是不可或缺的。在这一过程中,教师应当鼓励并尊重学生之间的讨论和交流,并且提供充足的思考空间和时间。此外,教师也应积极参与到学生的交流和讨论中,认真倾听学生的观点,及时给予启发和指导。

4.有效地调控交流对话是保证

在课堂教学中,教师需扮演主导角色,激发学生在发现和解决问题方面的热情。教师应认真倾听学生的交流,并通过师生对话及时地为学生提供启发和引导,有效地调控课堂教学节奏。讨论结束后,教师还需要根据学生解决问题的具体情况,进行针对性的讲解和指导。

5.引导学生运用逻辑思维分析化学问题

在高中化学教学中,当介绍化学反应原理时,教材通常会依托客观事实和实验数据进行分析和论证。在这种教学情境下,利用这些数据来创设问题情境,引导学生在分析数据的过程中探寻规律是关键。通过逻辑分析和推理,学生可以得出结论,并获得新的知识。问题解决的教学模式在高中化学复习课中尤为受欢迎,它帮助学生更深入地理解化学概念,掌握基本原理,准确辨识容易混淆的知识点。通过对典型问题的分析,这种模式提升了学生运用化学知识分析和解决问题的能力。

在高中化学复习课中运用基于问题的教学模式,能够有效地体现课堂的转型,即改变复习的焦点和教学与学习的方式。通过知识复习和问题讨论,依托对话和交流,这种教学模式提高了学生解决问题的能力。推行基于问题解决的课堂教学有助于培养学生的问题意识,激发他们的求知欲,发掘学习潜能,发展智力,同时也帮助学生应用化学知识和方法来分析和解决问题,进而提升他们的学科素养。

（六）基于人文伦理教育的教学设计

1.要重视科学素养和人文精神的融合

化学教学中必须兼顾人文精神和科学素养的统一发展,不能只专注于技能("才")的培养而忽略对学生人文素质("人")的培育。人文精神教育的目标在于引导学生树立正确的人生观、价值观和世界观,帮助他们形成对自然、社会、他人和自身的正确态度。教育的本质不应仅仅局限于成绩的追求,如同医生不能仅关注疾病而忽视病人,或化学家仅专注于原子、分子和化学反应而忽视其对人类福祉的影响一样。如果教育仅关注成绩而忽视学生的全面发展,那么这样的教育是不完整的。我们的目标应该是培养全面发展的学生,使他们在科学素养的同时,也具备深厚的人文素质。

2.重视在高中化学教学中渗透伦理教育

要引导学生正确理解社会发展中的环境、污染、疾病等问题,并培养他们对可持续发展的意识,关键在于强化科技伦理教育。特别是在高中化学教学中,应着重渗透伦理教育,让学生理解化学研究和其成果的目的是提升人类福祉和生活质量。学生应认识到,化学成果的应用不仅在于科技进步,更应致力于保护环境和推动社会的可持续发展。通过这种教育,学生可以形成全面、负责任的世界观,认识到科技发展与伦理责任的重要性。

3.准确把握科技伦理教育的基本要求

每个人的判断都会受到自己理论认识和信念的影响。对学生进行科技伦理教育,其本质是通过认知性和规范性教育来影响学生的未来行为和生活态度。科技伦理教育的目的在于让学生理解,化学的创造和发明应出于正当动机,其应用结果应对人类和环境有益。不能仅从利益的角度评价创新和发明,因为错误的动机可能导致对每个人都有害的后果。

科技伦理教育还有助于学生认清科学研究和应用的正确方向,引导他们自觉遵守科技伦理规范,从而有效规范他们未来的行为。此外,科技伦理教育不仅需要理论讲解,还需要实践体验。比如,在化学伦理教育中,学生首先在课堂上学习化学品的安全使用知识和规则,然后通过实验室实践或参观工厂等方式,进一步了解化学品的安全使用,这样可以有效地提升他们的科技伦理意识。

4.可以借助化学家的故事对学生进行熏陶

在化学发展的历史中,众多化学家为国家和民族的进步做出了重大贡献。他们的发明和创造的化学物质在很大程度上影响甚至改变了整个时代。因此,在高中化学教学中,应当更多地让学生了解这些化学家的故事,体会他们的探索精神和崇高品质,从而获得灵感和教诲,并受到人文精神的熏陶。

总体而言,通过高中化学教学加强对学生的人文精神和科技伦理教育,是提升学生学科素养的关键措施之一。这不仅有助于学生在科学领域的知识和技能上取得进步,更为学生的全面发展提供了重要的支持和促进。通过这样的教育,学生不仅学习化学知识,还能学会如何将这些知识应用于实际生活,理解科学与人文之间的联系,培养全面发展的素养。

第六章 核心素养下高中化学教学的优化

第一节 构建学习共同体的舞台

一、探讨课堂教学中教和学的关系

在课堂教学中,教师与学生的关系经常被简化为教学关系,或仅从教与学的角度考虑。通常,这种讨论会聚焦于教师和学生在教学过程中的地位、教与学的先后顺序,以及谁才是教学的主体——是以教师为主导还是以学生为中心,是先教还是先学。有观点认为,教学的核心目的在于学生的学习,教学效果取决于学生是否真正学到了知识。因此,教学应该本着学生为中心的原则,将学生视为学习和教学的主体,教师的教学应根据学生的学习需要进行调整,重视学生的主动性,以学生为本,先学后教。在这种观点中,教师的角色被视为学生学习的服务者和促进者,最多是教学过程的主导者。另一种看法则认为教与学是不可分割的整体,主张在教学中使用"学案"或"教学案"来替代传统的"教案",强调教与学的紧密结合和互动。这种观点旨在打破传统的教学模式,更加注重教与学的相互作用和平衡,从而实现更加有效和全面的教学效果。

教师与学生的关系不仅仅局限于课堂上的教与学关系。这种关系更多地体现在教师的教授和学生的学习活动之间,与教学内容、教学方法以及教师和学生的个性特征相关。在探讨课堂教学中的教与学关系时,可以暂不考虑教师和学生的个性特征影响。

学习是学生通过自己的努力完成的,主动积极地参与学习活动是必不可少的。但在基础教育阶段,学生的学习兴趣、动机、元认知能力甚至自控能力仍在发展中,因此教师的引导、指导、支持和对学习的管理也非常关键。课堂上的教与学是相互依存、互相影响的,缺一不可,应视为一个整体。教学是教师和学生共同参与的活动,不存在主次、先后之分,也不存在依附关系。课堂教学活动不仅包括学生个人或小组的学习活动,也包括学生的主动学习活动或教师要求的学习活动。这些活动都是在课堂教学环境中进行的,融入教学总体活动之中,而非独立于此,受到教学目标、教学内容以及教师和学生共同体的制约。同样,教师的教学也受到这些因素的制约。因此,课堂是教师和学生共同组成的,旨在达成教学目标的教学共同体的舞台。

课堂教学是一个动态的、具有变化性和生成性的过程,可能因师生互动或其他偶发因素而发生变化。教师不仅需要课前准备和预设,还需要应变能力,持开放态度,用教学智慧应对不同情况。通过互动反馈和生成,使教学过程顺利进行,达成预定教学目标。为了使课堂教学中的教与学活动相互促进、和谐运行,教师、学生和教学内容之间需要建立和谐的关系。在处理这种关系时,教师的主导作用不可或缺。基础教育阶段的学生特点要求教师在协调教师、学生和教学内容的关系上扮演主要角色。不能离开基础教育阶段的具体学情、教学内容和教学方法,抽象地讨论教师和学生在课堂上的关系。

二、交流对话应当成为师生课堂活动的主旋律

在课堂上,教师和学生形成一个教学共同体,共同探讨同一学习课题。对于教学内容的理解、讨论问题的观点和意见,师生之间可能有共鸣,也可能有差异,学生可能有疑问和质疑,这就需要进行对话。在一个平等的课堂环境中,若教师和学生相互尊重、相互信任,对话就成为可能。

课堂上的师生对话、交流是学习共同体的核心特征。通过对话,教师可以分享对教学内容的理解,学生可以展示学习成果并提出问题。对话让教师和学生能够互相了解,共同参与教学活动,实现教学相长。在学习共同体中,不同观点的讨论和交流能够促进相互启发,解除疑惑,并共享解决问题的思路和方法。同时,这也是倾听和评价他人观点的机会,有助于增强同伴间的理解和友谊,培养合作意识。对于基础问题,学生可以通过互帮互学来掌握,而教师可以将更多时间和精力用于引导、启发和组织对话和讨论,帮助学生解决难题。

在课堂上,教师可以通过聆听学生的发言来准确把握学生对学习内容的理解程度和疑惑。通过对话,教师的肯定、激励、指导、建议、批评和督促都更具针对性和时效性。对话也使师生能够分享思考、经验和知识,丰富学习内容,促进学生的知识构建。此外,对话能够激活思维,提高思维的灵活性和广阔性,引发思维的碰撞,激发创新灵感,提高课堂的生成性。

课堂上的师生对话不应局限于教师提出问题,学生被动回答。对话的目的不在于让课堂教学仅仅按照预定程序进行,也不应刻意引导学生仅表达与教师相同的观点或成为教材的复述者。师生对话应是平等、真诚的,涵盖交流与探讨、欣赏与评价、分享与质疑,具有教育性和生成性。

对话的成功与否不在于持续时间长短或频次,而在于对话的质量。对话应服从于教学需求,灵活处理。对话不必强求一致,可以在交流中求同存异。围绕学习内容的对话通常指向学习结果,但也可能存在观点不一致的情况。如学生观点有误但难以说服,应允许其保留观点,待后续思考和讨论。

教师在对话的启动和调控中扮演关键角色,应善于营造合作学习氛围,鼓励学生参与。教师需通过言行让学生感受到参与学习交流对话的期待。课堂应为学生提供充足的思考和交流时间与空间，关注各水平学生，通过设计问题和设置阶梯促进讨论。

教师要平等参与教学对话和讨论，同时激励学生并调控教学进程。聆听学生发言，观察学习表现，及时反馈。面对对话或讨论困境，教师应指导学生改变思考角度或研究方法；面对分歧，应用有力例证和论据进行分析和引导；讨论迷失方向时，适时进行调控和引导。

在人数较多的班级开展合作学习时，可分小组讨论以增加发言机会。但若学生缺乏交流热情，认为讨论是讲授的铺垫或不如直接听讲有用，只忙于个人学习或形式性的小组"汇报"，分组讨论将失去实质意义，则成为仅有形式的"教学秀"。教师需引导学生认识到交流讨论的价值，激发他们的参与意愿。

在化学学科的课堂教学中，对于特定的课题或问题，讨论和解答通常不会出现太多不同的意见或答案。当三到五名学生表达了有代表性的观点后，一般就能达到启发和分享的目的。这意味着在班级讨论中，并非所有学生都有机会发言。然而，即使没有直接发言的学生，只要他们专注于同伴的发言，通过倾听、小声讨论、简短补充、表示赞同或提出质疑，也同样是有效的对话和交流方式。

在学生思考完问题或完成练习后，挑选出具有代表性的观点或解答，并在展示台上展示这些观点，使师生一起进行讨论、评判和修改，也是一种有效的协同和合作学习方式。这种方法不仅能促进学生之间的互动，也有助于提高课堂教学的效率和质量，同时激发学生的学习兴趣和参与感。

三、发挥教师在课堂教学中的指导和协同学习作用

在学习共同体环境中，教师需积极发挥引导、支持和协同学习的核心作用,以激发、保持和促进学生的学习动力。教师的这一作用主要体现在:①基于课程标准构建教学单元并进行详细的课时教学规划;②结合学生的生活经验和他们能理解的自然现象或生产生活实例,创设与教学内容相关的学习情境;③通过与学生的对话,唤醒他们的学习经验和相关知识,并应用于当前的学习活动中;④提供必要的条件和资源,激励和支持学生通过观察、实验、阅读资料、实践练习和交流探讨等方式进行学习;⑤及时从学生的学习活动和他们的心得分享中,发现并肯定学生展现的灵活性和创造性,促进学生间的交流与合作;⑥及时掌握学生在理解、掌握和应用新知识方面的难点及疑点,针对学生的疑问和困惑,通过师生对话,引导学生寻找同伴的交流和合作,有效帮助他们解决问题,提升学习成效;⑦控制课堂进度,协调学生的对话、交流和合作学习活动,确保学习方向和进程的准确性,创造条件并鼓励更多学生参与,展示他们对学习内容的理解和应用;⑧通过师生对话或案例教学(或范例讲解),帮助学生了解和掌握科学学习方法,让学生认识到知识的产生过程,理解科学家在创造知识时所采用的科学方法,感受科学方法的影响,从而正确理解化学概念和原理。

第二节　提高学习情境创设的时效性

学习情境的创设是课堂教学中不可或缺的一部分,也是教师基本教学技能的体现。它指的是根据教学目标和内容,结合学生的经验或从自然和社会生活中挑选典型场景或事物,并通过各种教学媒体以及教师的语言描述,将其生动地展示给学生。这些情境既可以作为学生观察研究的对象,也可以为开展学习活动提供背景。创设学习情境时,其目的需要明确,与教学内容紧密相关,情境本身应真实可信,能够激发学生的学习兴趣,促进他们的探究学习,并营造出合作和交流的教学氛围。

一、创设化学学习情境的两种常见方法

在化学教学中,创设有效的学习情境以引起、维持并促进学生的学习是至关重要的。通过分析多个成功的课堂教学案例,我们可以总结出一些经验:首先,情境创设应体现化学学科的特色,能够展现化学知识的发现过程、应用条件以及该学科知识在日常生活中的意义和价值。学科性是教学情境的核心属性,这要求教师深入挖掘化学学科本身的魅力,并利用其研究内容和方法的特点来创造和启发学习情境。

这意味着,在设计化学教学情境时,教师应深入思考如何使学生感受到化学知识的实际应用和探索过程,使之不仅停留在理论知识的传授上,而是将理论与实践、学科内涵与日常生活紧密结合。例如,通过实验演示、案例分析、现场考察等方式,使学生在真实或模拟的化学环境中亲身体验和探究,从而更加深入地理解化学概念和原理,并认识到学习化学的实际意义。通过这种方式,化学教学不仅传递知识,还激发学生的兴趣和探究精神,促进其全面发展。

(一)利用化学实验创设学习情境

化学主要研究物质在原子和分子水平上的组成、变化与合成。

虽然原子、分子等微观粒子无法直接看见或触摸,但物质的化学变化往往伴随着显著的宏观现象。自然界和生产生活中存在许多物质及其变化的生动案例,这些都可以与教学内容紧密结合,通过化学实验鲜明地展示物质变化现象,从而创设有效的学习情境,激发学生的学习兴趣。

例如,在教授原电池原理时,一些教师会利用多样化的实验来创设学习情境,如使用柠檬或柑橘制作的水果电池来驱动音乐芯片,通过这些新奇的现象揭示化学能转化为电能的过程;或是通过剖开新旧干电池让学生观察对比,以帮助他们理解化学反应与电能生成之间的联系。

化学实验在创设学习情境中的作用不仅仅是展示物质性质和变化的事实或现象,更是为讲解和掌握知识提供引子或铺垫。不能仅仅将实验现象和结论简单联系起来就结束,而应引导学生仔细观察实验现象,从观察到的现象或结果中发现问题,并通过思考、分析和归纳,运用逻辑推理找到现象背后的本质或规律,深入理解所学知识。这样的教学方式能帮助学生更深刻地理解化学知识,了解知识形成的过程。

(二)注重利用学生的经验,联系现实生产生活

在化学教学中,从生动的社会生活环境中发掘和利用化学学习的情境资源来创设学习情境是非常重要的。知识既源自生活,又服务于解决生活中的实际问题。有效的教学始于对学生现有经验的充分挖掘和应用。这些经验包括认知经验和生活经验。正如教育家陶行知所言:"我们要以自己的经验为根,以由这些经验引发的知识为枝,然后才能接纳他人的知识,使其成为我们知识体系中的有机组成部分。"

化学教学应引导学生在日常生活中学习化学,使化学知识与生活紧密相连。创设的学习情境虽然包含所需学习内容的化学信息,

但它并非知识本身。教学中要引导学生在这些情境中,从他们的生活经验、社会生活的具体事物和场景出发,通过观察和分析物质及其变化现象,发现和探索问题,最终将感性认识转化为理性认识,构建知识。

在创设学习情境时,应考虑化学学科的特点、具体的学习内容、学校所处的自然和社会环境以及学生的生活经验,挑选学生能够理解的社会生活中的事物。这样,学生不仅能够更好地理解化学概念和原理,还能够感受到化学知识在现实生活中的应用和价值。

二、化学学习情境创设需要注意的几个问题

第一,教学情境必须包含问题,这样才能有效引发学生的思考。这些问题应该指向教学目标,并且需要新颖有趣,以激发学生进行深入思考和探索。问题的难度应适合学生的学习水平。由于实际问题往往较为复杂,涉及多个学科知识或社会因素,不宜仅从化学角度简单解释或寻找解决方案,以避免误导学生。

第二,创设的学习情境应能为学生提供良好的启示或灵感,以促进他们的创造性思维和创造意识。教学情境应具体、感性、形象,可以直观观察和感知,有效地丰富学生的感性认识。它们应激发学生的想象、联想和推理能力,促使感性认识向理性认识的转化和升华,帮助学生突破个别经验的局限,实现知识的深入理解和应用。

例如,在教授碳原子价电子层结构时,可以使用模型或电子排布式、轨道表示式来展示。通过对比碳原子的价电子层结构和甲烷分子的结构模型,激发学生探求其中原理的兴趣。教师可以引导学生从微观结构呈现的事实出发,推测原子间形成特定结合形式的可能原因,为理解杂化轨道和杂化键原理铺垫,帮助学生构建完整的知识体系。

第三,学习情境应能给学生带来积极向上的情感体验。教学情境的设计需要具有激发学生情感的效果,能引发学生的情感波动,激励和鼓舞他们进行探索和研究。在利用教学情境进行教学时,要注意对学生思想意识产生积极或良好的影响。例如,应避免使用令人恐惧的场景来展示化学品的危害性,因为过度强调化学品的毒性可能会在学生心理上产生负面影响,而忽视了化学品的双重性和正确使用的重要性。

第四,在概念教学中,创设的问题情境要注意概念与具体事物之间的联系与区别,并考虑到概念形成的阶段性,以避免给学生带来理解上的困难或误导。化学概念是抽象的,是基于感觉、知觉和表象通过分析、综合、抽象、概括等思维过程形成的。概念不等同于具体事物,事物是可观察和可测量的,而概念则是思维的产物,可以用文字描述或实例说明,但不一定能找到完全符合概念本质特征的具体事物。

第五,运用语言描述来引导学生进入特定的学习情境。仅通过语言来构建教学情境可能不如实际物品、现场演示或实验演示那样直观生动,但语言描述具有独特的优势。它不仅能对学生的认知活动起到指引作用,而且能传递教师的情感,从而感染学生。师生间的情感互动能增强感知效果,使得情境更加鲜明且富有情感色彩,这种方式作用于学生的感官体验。一旦学生的感官被激活,他们的主观体验就会得到加强,进而激发情感,帮助他们更好地融入特定的学习情境中。因此,在创设学习情境时,既不能忽视使用具体物品或场景的直观方法,也不能轻视通过语言描述引导学生进入特定学习情境的技巧。将两者结合使用,可以达到更好的教学效果。随着学生年龄的增长和学习内容的抽象化,直观方法创设的学习情境逐渐让位于语言描述的方法。

三、在教学实践中研究情境创设的有效性

情境创设需要与学习内容的完成和学习目标的达成紧密结合。一般情况下,学习内容应与学生的已有经验、生活实际和社会实际紧

密相关。对于学生理解困难或较为枯燥的学习内容,更应运用情境创设的方法。通过情境创设,可以吸引学生对学习内容的注意,激发他们的学习兴趣,并引导他们将学习内容与情境中的现象或问题联系起来。这样做有助于激活学生大脑中已有的知识,促使新旧知识的联系和重组,从而更新和完善知识结构。然而,并非所有化学知识学习都必须先创设情境。如果创设的情境仅能引起学生一时的注意和兴趣,而与教学内容关系不大或仅起到引入教学课题的作用,与后续教学活动无关,那么这样的情境创设就失去了其价值。

在教学实践中,问题情境创设的有效性需特别关注。关键在于设置的问题是否能激发学生的探索欲望,引发他们的思考、探索、讨论和对话,从而使学生的认知从低层次提升至高层次,形成有效的学习活动。

创设问题情境不仅仅是为了促进课堂教学的运行,更重要的是能够激发学生的认知冲突,引发他们的探究学习欲望。问题应该指向学习的关键,明确且具有吸引力。不应将具有一定深度和广度的学习内容简化为一系列琐碎的小问题,让学生沿着教师或教材的思路解答问题、完成学习任务。这种问题设置和解决方法会限制学生的思维,使他们仅跟随教师设定的路径,难以培养独立思考能力,也无法通过自己的思考来构建知识,形成完整的知识结构。教师应基于教学内容创设问题情境,设计一系列层次分明、相互衔接的关键问题,引导学生深入思考,深刻理解知识,掌握结构化的知识。

有效的问题一般有五个特征:

有情境。能显示问题是在何种情境下(Where)中发现或产生的,有助于学生对问题背景的认识,准确地理解问题。

问什么(What):要求依据事实性知识或通过分析推理做回答。

问为什么(Why):要求依据事物间或事物各部分间关系或结构,做论证、推理。

问是怎样的（How）：要求掌握能解决问题的知识，并具有将知识应用于具体情境的能力。

问如果……那么……（If…then…）：在事物或情境的某种属性发生变化的情况下能设想或推断可能发生的结果。

案例：为讨论铝制器皿腐蚀而设置的问题

问题情境：铝是金属活动性较强的金属，在加热条件下能和水发生置换反应。铝是两性元素。金属铝能溶解于酸溶液，也能溶解于强碱溶液。然而铝合金被广泛用于制造日常烹饪用具，可以烧水、煮饭、炒菜。这是什么原因？你能用实验事实说明所做的解释吗？

铝制器皿不宜使用肥皂、纯碱溶液来清洗，也不宜烹饪酸性食物，为什么？你能用实验事实说明所做的解释吗？

有人发现，食盐溶液能腐蚀铝制器皿，但是，食盐溶液既不呈酸性，也不呈碱性，食盐溶液能腐蚀铝制器皿可能和什么因素有关？

分析：要回答铝制器皿可以烧水、煮饭、炒菜，不宜使用肥皂、纯碱溶液清洗，也不宜烹饪酸性食物的原因，对于多数已经学习了金属铝化学性质的学生而言并不困难。"用实验事实说明所做的解释"则是一个开放性的问题，需要学生寻找能用于说明所做解释的实验证据。如证明金属铝或铝合金表面存在能阻止内部金属铝和热水发生反应的致密氧化铝薄膜，并进一步证明这层氧化铝薄膜能被酸性溶液、碱性溶液溶解。要回答呈中性的食盐水能腐蚀有氧化膜的铝制器皿的原因，排除了酸性、碱性、钠离子对氧化铝薄膜的作用因素，唯一的可能就是食盐溶液中存在的氯离子造成的。这一推理判断，需要学生有独立思考能力和逆向思维能力。

案例中所设置的问题情境和提出的问题确实能够帮助学生深刻理解所学知识，提高灵活运用知识解决问题的能力，促进思维能力的发展。自然科学的学习应该在真实的学习情境中进行。问题的提出和解决、探究的结论都应符合事物变化的规律和因果关系，不应以主观臆测取代事实,也不能仅为练习而练习,或为了验证某种知识而歪曲客观事实。

凭借主观臆断,用错误的事实或不清楚的事实来创设学习情境,以违背客观事实的说明来教学是不可取的。情境创设必须避免人为编造的虚假情境。问题情境中的问题应该设定得起点高而落点低,为学生提供"最近发展区"。问题应该设定得让学生感觉到难以仅凭已有知识解决,需要进一步学习和思考,同时也能让他们通过努力得以解决,从而体验到解决问题的愉悦。

问题的设置应当宏观,能够激发学生的思维,促进高阶思维能力的发展。避免设置过于琐碎、答案容易找到的问题,这样的问题无法激发学生的主动探究和深入思考。高层次的问题可以为学生提供更高水平的学习空间,满足高学力学生的求知欲望并深化对学习内容的理解。而学力较低的学生,则可以在教师的启发引导和同学的带动下完成学习任务。发散性问题能够促进合作学习中的多样思维碰撞,培养创造性思维。

问题情境中的问题并非必须由教师提出,教师应鼓励学生自己发现并提出问题。对于学生提出的不同问题,教师需要筛选,并运用不同方法和策略进行处理。对于与教学内容关系不大的问题,应尊重并保护学生的提问权利,同时适当引导问题回归课堂学习内容。对于与学习内容相关的问题,虽然有时无法一一解决,但也不应回避或敷衍,而应做出恰当的交代和说明。可以从学生提出的问题中筛选出与学习内容密切相关且学生感兴趣的问题来创设问题情境。

第三节 加强人文精神和科学伦理教育

一、化学教学要重视科学素养和人文精神的融合

自然科学教育应当坚守人文精神与科学素养的统一原则,不能仅仅重视"才"的培养而忽略"人"的全面发展。在古代,人文科学较为发达,自然科学还未形成独立的学科体系,人们较重视人文和社会科学的教育。然而,自 19 世纪以来,随着自然科学的迅猛发展,自然科学和人文科学逐渐分离。自然科学的进步虽然为人类物质生活带来巨大繁荣,但同时也导致了生态破坏、环境污染和资源枯竭等问题,说明自然科学的发展必然伴随着人文精神的进步。人们逐渐认识到人与自然的和谐发展以及人文与科学两种文化融合的重要性。

人文精神与科学素养的统一是现代人的基本特质。面对当代社会的巨大挑战,需要培养既具备人文精神又具有科学素养的人才,以适应时代的需求。许多教育家呼吁教育应使人得到全面发展,培养德、智、体、美、劳全面发展的人。然而,在自然科学教育领域,目前仍存在着科学素养教育与人文精神教育相分离的现象,过分重视科学技术知识的传授,而轻视人文精神教育的倾向相对严重。这种教育趋势需要得到纠正和调整,以确保在自然科学教育中,人文精神与科学素养得到平衡发展。

近年来,不断有这样的事件发生:学习化学的杰出学生和从事化学研究的专业人士,利用自己的化学知识和获取危险化学品的便利,对同学、亲人造成伤害,犯下了严重的罪行。这些悲剧事件引发了化学教师的深思:在教导学生学习和应用化学知识的过程中,如果忽略了对学生人文精神和科技伦理的教育,那么培养出来的"精英"将是何种人格?

人文精神教育包括帮助学生形成正确的自然观、社会观、他人观和自我观。具有正确的自然观,意味着认识到人类应与自然和谐共

生,强调可持续发展的重要性。树立正确的社会观,意味着形成恰当的人生观和价值观。马克思曾指出,个人的物质和精神需求是其生存和发展的基础,一个人的价值在于其行为或实践活动能满足他人或社会的需求。

学生还应形成对他人的基本态度,正确理解并处理好竞争与合作的关系,知道竞争应建立在公平的基础上,同时更应提倡合作。此外,学生需要能够正确地认识和控制自己,具备自知之明,勤奋好学,保持谦虚谨慎,廉洁奉公,并能够用社会公德来约束和控制自己的行为。

重视人文精神教育,意味着提倡人文精神与科学精神的融合,鼓励人文科学、社会科学和自然科学之间的相互渗透。自然科学教育应融入人文精神,关注学生的全面健康成长,为他们的人生发展开拓更广阔的空间。

二、重视在化学教学中渗透科技伦理教育

科学技术作为第一生产力,在现代社会中扮演着至关重要的角色。人们的生活从衣食住行到生老病死,已经深深依赖于科学技术。科学的力量在改造世界的同时,也为人类带来了前所未有的便利和福祉。因此,人们对科学发明和技术发展给予了极高的评价和信任,甚至有人将科学发展与社会进步画等号。但实际上,人类在享受科学成果的同时,也面临着科学成果带来的问题和挑战。科学技术的成果既能造福人类,也可能威胁到人类生存和社会秩序。在化学教学中,应当紧密结合教学内容,帮助学生全面认识科技发展及应用的双面性。

关于如何引导科学技术发展朝着促进社会可持续发展的方向,是当今社会急需解决的重要问题,也是人才培养的关键课题。许多专家强调,教育必须加强对科技伦理的研究和教育。科技伦理是科技界最重要的规范机制,它是确保科技发明和应用有序、健康发展,避免陷入异化怪圈,保障社会可持续发展的道德约束。

在学习和研究科学技术时,我们不仅要知道科技可以做什么、应该如何去做,更重要的是明确科技不应该做什么。化学教学中应当渗透科技伦理教育,让学生理解化学科学的研究成果及其应用应该促进人类福祉,有利于生态环境保护和社会可持续发展,不能允许利用科学技术成果危害人类、破坏生态环境,或危及社会的可持续发展。

三、把握科技伦理教育的基本要求

科技伦理教育的目的是帮助学生理解科技伦理的目标和基本原则。这种教育通过制订有效的规范,确保科学研究的各个环节都在伦理的范畴内,使整个研究过程都致力于追求善的目的。伦理教育应该渗透到教育的各个方面,成为人们的习惯,只有当受教育者内化科技发明和应用的规则,这些规则才会成为研究者的习惯行为。

科技伦理教育的核心是帮助人们认识到科学发明和技术创造必须基于善良的动机,其结果应当有益于人类和生态环境。不能单纯从功利主义角度看待科学发明和应用,也不能仅仅考虑综合收益的最大化。科技伦理的缺失,无论是在高端科技发明应用还是普通知识应用方面,都可能导致严重的后果。

科技伦理教育还包括帮助学生认识到制订科技伦理规范的重要性,这些规范不是为了设置障碍或限制,而是为了保证科学研究和应用的正确方向。教育应引导学生自觉遵循科技伦理规范,培养这一意识和习惯。由于人的认知具有时代局限性,很难要求科学家在发明新技术前就能全面考虑其潜在影响。因此,必须制订高于现实要求的伦理规范,以尽可能消除未来不确定性带来的风险。科技伦理规范应随着社会进步和科学发展而不断更新和完善,但不会妨碍科学的发展。

最后,科技伦理教育应帮助学生认识到,确保科技成果对社会发展产生正面影响,需要整个社会和所有公民的共同努力。面向所有公民进行科技伦理教育,旨在让每个人理解并尊重保障科技发明用于正途的法规的必要性和重要性。除了科技伦理规范,还需配合制度、政策和法规来制约科技精英滥用科学发明。有效的科技伦理教育和法规应该从道德层面教育并制约使用者,同时动用各种力量进行监管、检测,必要时甚至惩处违法行为,确保所有公民对这些制度和法规保持敬畏,能自觉遵守和执行。

科技伦理教育对学生而言,不仅需要理论讲解,更要注重实践应用。教育的目的是帮助学生自觉遵守科技伦理,同时利用科技伦理及相关法规制度来分析和评判社会现象,学会识别和揭露化学品使用中违反科技伦理的行为,从而维护科技伦理和相关法规制度。

科技伦理教育需要帮助学生掌握化学品的安全使用知识和规则,确保他们能更健康、更安全地生活和工作。随着化学研究成果在社会生产和生活中的广泛应用,人们日益频繁地接触和使用各种化学品。在此背景下,教育可以结合教学内容,利用社会热点问题和事件来创设学习情境,帮助学生运用化学知识和技能关注社会上关于化学品安全使用的问题。通过这种方式,学生不仅能够深入了解化学品的安全使用,还能提高自己的科技伦理意识。

总的来说,科技伦理教育应结合理论和实践,通过具体案例和社会事件,引导学生理解并遵守科技伦理规范,增强他们在日常生活中安全使用化学品的意识和能力。这种教育方法能够有效地促进学生综合素质的提升,使他们成为具备良好科技伦理观念的现代公民。

四、用优秀化学家的品格给学生以人文精神和科学精神的熏陶

在化学教学中,教师应当积极挖掘学科内能够促进学生人文精神塑造和培养的元素,利用人类的优秀文化遗产来教育和陶冶学生,推动自然科学与人文科学的融合与相互渗透,从而塑造学生的人文精神和科学精神。

　　化学发展史上涌现出众多杰出的化学家，他们为科学事业、国家和民族的利益付出了巨大努力，在化学研究和化学科技的发展、创新方面做出了不懈的探索和重大贡献。在化学教学过程中，应该向学生介绍这些化学家的杰出成就和高尚精神，让学生受到他们崇高品格的感染，从而获得教育和启发，提升自己的人文素养。

　　历史上的许多化学家为化学科学的发展做出了重大贡献，他们淡泊名利，全心投入科学研究，具有无私奉献的精神和坚韧不拔的毅力，即使是在健康受损的情况下也致力于克服科学难题。这些宝贵的精神财富是化学教学中不可或缺的内容。虽然高中化学教材中已经介绍了一些世界著名的科学家，但还有更多其他优秀的科学家和他们光辉而悲壮的科学研究历程值得教师在化学教学中介绍。通过这些科学家的科学精神和高贵品格来教育和影响学生，有助于学生形成更加全面和深刻的科学和人文认识。

第七章 高中化学课堂教学技能与评价

第一节 高中化学课堂教学技能

一、课堂教学建议

化学知识对于培养学生的化学学科核心素养至关重要,它既是化学教学的根基,也是实现化学课程目标、指引学生达到化学学业水平标准的关键途径。化学学习评价作为化学教学评价中的一个重要环节,对于诊断和促进学生化学学科核心素养的发展具有极其重要的作用。在执行化学教学与评价过程中,教师应紧密围绕"促进学生化学学科核心素养发展"的核心目标,优化教学过程,有效地提高教学效果。这不仅对推动素质教育的发展有所助益,也是实现教育的根本任务——立德树人的关键一环。在教学与评价活动中,教师需持续关注并促进学生核心素养的成长,确保教学活动不仅传递知识,还有助于学生全面素质的提升。

(一)深刻领会化学学科核心素养的内涵,科学制订化学教学目标

1.深刻领会化学学科核心素养的内涵

化学学科核心素养的内涵体现在正确的价值观念、必要的品格和关键能力上,并在学生的科学素养中呈现为知识与技能、过程与方法,以及情感态度价值观三个维度。这些素养的具体表现可以概括为五个核心领域:宏观辨识与微观探析、变化观念与平衡思维、证据推理与模型认知、科学探究与创新意识,以及科学态度与社会责任。

这些核心要素之间具有深刻的内在联系。宏观辨识与微观探析、变化观念与平衡思维、证据推理与模型认知,主要从学科概念和思维方法的角度对化学学科思维进行阐述。科学探究与创新意识体

现了化学学科的实践特点,科学态度与社会责任则展现了化学学科的价值导向,这些都是化学学科育人功能和价值的具体表现。

在化学教学过程中,教师应重点培养学生在这五个领域的核心素养,确保学生不仅掌握化学知识和技能,还能在思维方式、科学实践和价值观念上得到全方位的成长。通过这样全面的教育,学生将能更深刻地理解和应用化学知识,并成长为具备责任感和创新能力的社会成员。

2.科学制订化学教学目标

在规划化学教学目标时,教师需要进行综合规划,考虑化学学科核心素养的内涵、学生的发展水平、化学课程的整体目标、内容和学业质量要求等多个因素。这样的规划能够确保教学目标与教学内容、学生实际情况相符,使教学更具针对性和有效性。

举例来说,针对化学学科核心素养中的宏观辨识与微观探析思维方式,教师可以根据不同教学阶段和课程内容,制订不同层次的目标。例如,在学习元素周期律时,目标可以设定为学生能够理解元素的排列和性质之间的关系;而在学习化学键与物质性质时,目标可以提高到学生能够根据化学键的类型解释和预测物质的性质。这样的分阶段的目标有助于学生逐步建立思维方式,不至于过于复杂和抽象。

此外,教师在制订教学目标时要避免流于形式。目标应该根据具体的教学内容和学生的实际水平来确定,而不是简单地搬用化学学科核心素养的五个方面。目标的制订应该具有实际可行性和教育意义,能够真正帮助学生提高他们的化学素养。

总之,规划化学教学目标需要全面考虑多个因素,确保目标与教学内容和学生需求相匹配,避免形式化的目标制订。这样能够更好地促进学生的化学学科核心素养的全面发展。

（二）准确把握学业质量标准，合理选择和组织化学教学内容

准确理解和把握学业质量标准对于合理选择和组织化学教学内容至关重要。学业质量标准为教学提供了明确的目标和方向，帮助教师更好地规划课程内容和教学方法。在化学教学中，首先需要深入理解学业质量标准中所涵盖的知识点、能力要求和学习态度等方面的具体内容。

在选择教学内容时，教师应根据学业质量标准的要求，综合考虑学生的学习基础、兴趣和实际需要。教学内容的选择不仅要覆盖学业质量标准中的核心概念和基本原理，还应包括能够激发学生兴趣和探究欲望的实践活动和案例研究。

组织教学内容时，教师应注重知识之间的逻辑关系和整体架构，使得教学内容既系统又连贯。通过有效的教学策略，如启发式教学、探究式学习等方法，帮助学生深入理解知识点，培养解决问题的能力。

同时，教师还应关注学生的个体差异，灵活调整教学内容和方法，使之更贴近学生的实际水平和需求。例如，对基础较弱的学生，可以通过巩固基础知识来提升其学习兴趣；对基础较好的学生，则可以引入更多挑战性的内容，激发其深入探究。

总之，准确把握学业质量标准，合理选择和组织化学教学内容，不仅能够提高教学效果，还能促进学生全面、均衡地发展，帮助他们达到既定的学业目标。

（三）充分认识化学实验的独特价值，精心设计实验探究活动

充分认识化学实验的独特价值对于精心设计实验探究活动至关重要。化学实验不仅是化学学习的重要组成部分，也是学生理解和掌握化学知识的关键途径。它使学生能够亲身体验科学探究的过程，增强对化学现象的理解，并在实践中培养科学思维和实验技能。

设计化学实验探究活动时，首先要明确实验的学习目标。这些目标应与课程标准和学生的学习需求紧密结合，旨在帮助学生掌握

关键的化学概念、原理和实验技能。实验内容应选择能够激发学生兴趣、适合学生能力水平,并与实际生活紧密联系的主题。

在实验设计上,应注重实验的科学性和安全性。实验操作步骤应清晰、准确,确保学生可以安全地进行实验操作。同时,教师应提供充足的指导和监督,确保实验的顺利进行。

为了提高实验探究的效果,教师可以采取多种教学方法和手段。例如,通过小组合作的方式,鼓励学生进行讨论和交流,增强团队协作能力。教师还可以引导学生进行问题提出、假设设立、实验设计、数据收集和分析等科学探究的各个环节,帮助学生形成完整的科学探究过程。

此外,教师还应关注实验结果的分析和讨论。通过对实验数据的分析,学生不仅能够加深对实验原理的理解,还能学会如何从数据中提取信息,进行科学推理。在实验结束后,教师应引导学生进行反思和总结,帮助他们从实验中提炼出有价值的学习经验。

总之,充分认识化学实验的独特价值,并精心设计实验探究活动,能够有效提高学生的实验技能、科学思维能力和问题解决能力,为学生的全面发展打下坚实的基础。通过这种富有挑战性和探究性的实验活动,学生不仅能够更深入地理解化学知识,还能培养对科学的兴趣和热爱。

(四)创设真实问题情境,促进学习方式转变

在化学教学中,创设真实问题情境对促进学习方式的转变具有重要意义。真实问题情境能够更好地吸引学生的兴趣,使学生能够在实际应用中理解和掌握化学知识,从而实现从被动接受知识到主动探究学习的转变。

首先,教师应从学生的生活经验出发,挑选与学生日常生活密切相关的化学问题,如环境污染、能源利用、食品安全等,作为教学的切入点。这样的问题情境更容易激发学生的学习兴趣和好奇心。

其次,教师应引导学生在真实情境中进行探究式学习。教师可以提出开放性问题,鼓励学生通过小组讨论、信息搜集、实验探究等方式自主寻找答案。在这个过程中,学生不仅学习化学知识,还能够锻炼自己的思维能力、问题解决能力和团队合作能力。

同时,教师应重视对学生探究过程的指导和支持。在学生遇到困难或误区时,教师应及时给予指导和帮助,帮助学生正确理解化学概念和原理,同时鼓励学生持续探究,深化理解。

此外,教师还应注重对学生探究成果的评价和反馈。评价不应仅限于结果的正确与否,更应关注学生在探究过程中的思考方式、合作态度和解决问题的策略。

通过在化学教学中创设真实问题情境,教师不仅能够促进学生从传统的被动学习转向主动探究的学习方式,还能够帮助学生建立化学知识与现实生活的联系,提高学生的综合素质和实践能力。

(五)实施"教、学、评"一体化,有效开展化学日常学习评价

在化学教学中实施"教、学、评"一体化,是指将教学、学习和评价三个环节紧密结合,以促进学生化学学科素养的全面发展。这一做法对于有效开展化学日常学习评价具有重要意义。

在教学环节,教师应设计具有启发性和探究性的教学活动,鼓励学生主动参与和思考。教学内容应与学业质量标准紧密结合,确保教学目标明确、内容丰富、方法多样。同时,教师应注重培养学生的化学探究能力、实验操作能力以及批判性思维能力。

在学习环节,学生应被鼓励采取主动探究的学习方式。学生不仅要在教师的指导下学习化学知识,还应通过实验操作、小组讨论、独立研究等方式深化对知识的理解和应用。此外,学生应学会自我反思和自我评价,这有助于他们认识学习中的不足,并自我挑战。

在评价环节,教师应采用多元化的评价方法。这包括传统的书面考试、口头报告、实验操作评价等。重要的是,评价应关注学生的

学习过程和学习成果,强调对学生综合能力的考查。教师应提供及时、具体的反馈,帮助学生了解自己的进步和需要改进的地方。

此外,教师还应利用信息技术手段,如网络平台和学习管理系统,进行日常学习的跟踪和评价。这可以帮助教师更全面地了解学生的学习状况,同时也便于学生随时获取反馈和指导。

总体而言,"教、学、评"一体化的实施,能够促进化学教学内容、方法和评价的有效整合,帮助学生在日常学习中形成良好的学习习惯,提升他们的化学学科素养。通过这种方式,学生能够在持续学习和反馈中不断进步,更好地适应未来的学习和生活挑战。

(六)增进化学学科理解,提升课堂教学能力

增进化学学科的理解和提升课堂教学能力对于化学教师而言至关重要。这不仅有助于提高教学质量,也是促进学生全面发展的关键。

首先,教师应不断加深对化学学科的理解。这包括对化学基本原理、理论、实验技能和最新科学发展趋势的深入学习。教师可以通过阅读专业书籍、参加学术会议、访问科学研究机构等方式,不断更新和扩充自己的化学知识。深厚的学科知识是提升教学能力的基础。

其次,教师应掌握多样化的教学方法。传统的讲授式教学需要与讨论式、探究式、合作式等多种教学方法相结合,以适应不同学生的学习需求和风格。例如,教师可以通过案例教学、实验探究、小组合作等方式,激发学生的学习兴趣和参与热情。

同时,教师应注重提升自己的课堂管理能力。这包括建立良好的师生关系、有效地控制课堂节奏、合理安排教学活动等。良好的课堂管理能为学生提供一个稳定、积极的学习环境。

此外,教师还应重视学生反馈。这包括对学生学习态度、学习效果的观察,以及对学生意见和建议的积极响应。教师可以通过问卷

调查、个别访谈等方式,收集学生反馈,以便及时调整教学策略。

最后,教师应不断进行自我反思和专业提升。通过定期的教学反思,教师可以识别并改进自己的教学方法和策略。同时,教师可以通过参加专业培训、教学研究活动等方式,不断提升自己的教学水平。

总之,增进化学学科理解和提升课堂教学能力是一个持续的过程。通过不断学习、实践和反思,教师可以更好地引导和激励学生,提高教学效果,促进学生的全面发展。

二、课堂教学方法

化学课堂教学方法是教师和学生共同为了达成教学任务和实现教学目标所采用的活动方式。这些方法涉及教师指导学生掌握知识技能、促进身心发展的过程,包括教师的教学活动、学生的学习活动以及他们之间的互动和人际关系构建。这些教学方法的选择和应用直接影响到教学目标的实现、任务的完成以及完成程度、质量和效率。

目前,教学方法主要分为注入式和启发式两种对立的类型。注入式教学方法以教师为中心,将学生视为被动的知识接收者,教师主要扮演信息传递者的角色,而学生则仅仅是记忆知识。相反,启发式教学方法则是以学生为中心,调动学生的学习积极性,引导他们主动学习。在"互联网+"时代背景下,启发式教学方法尤为重要,化学教学也随之出现了新的教学方式,如化学实验启发教学法和化学多媒体组合教学法。在应用这些教学方法时,教师需考虑其针对性和多样性,以实现最优化的教学效果。

(一)化学教学方法的分类

教学方法的分类可以根据学生的认知方式来划分,通常分为五大类。第一类是以语言传递为主的教学方法,这类方法主要通过语言的形式进行知识的传授和讲解。第二类是以直观感知为主的教学方法,这类方法通过直观的感官体验来帮助学生理解和吸收知识。第三类是以实际训练为主的教学方法,侧重于通过实际操作和练习来提升学生的技能和应用能力。第四类是以引导探究为主的教学方法,这类方法通过引导学生进行探究活动来激发他们的学习兴趣和思考能力。第五类是以情感陶冶为主的教学方法,注重通过教学活动来培养学生的情感、态度和价值观。每种方法都有其独特的优势和适用场景,教师在教学过程中可以根据教学内容和学生的特点灵活运用这些方法。

1. 以语言传递为主的教学方法

这类教学方法最为广泛,主要包括讲授法、谈话法、讨论法和读书指导法等。

(1)讲授法

讲授法是一种以教师口头语言为主要手段的教学方法,通过系统地传授知识和技能来发展学生的智力。这种方法可细分为讲授、讲述、讲解和讲演四种形式。讲授法的优势在于能够充分发挥教师的主导作用,使学生在较短的时间内获得大量系统化的科学知识,并且便于结合知识传授进行思想品德教育。

在运用讲授法时,内容应具备科学性、系统性和思想性,讲授需要认真组织,确保内容系统完整、层次分明、重点突出,并使用精炼的语言表达。不同的讲授方式适用于不同的内容和学习场景:讲述适用于叙述化学史实,阐述物质的组成、结构、性质和变化等;讲解适用于分析化学事实、解释和论证较为复杂的内容;讲演则适合于系统性地介绍某个专题,更适用于高年级学生。通过这些方式,讲授法能够有效地传递和深化学生的学科知识和理解。

(2)谈话法

谈话法是一种教师与学生之间的互动式教学方法,通过相互交流引导学生利用现有知识和经验,通过独立思考来获得新知识。这种方法的优势在于能够考虑到每个学生的个性和特点,有效激发学生的思维活动,同时有利于培养学生的语言表达能力。通过谈话,教师可以直接了解学生的学习程度,检查教学效果,并据此提出补救措施来弥补学生知识上的不足,进而开拓学生的思维,保持他们的注意力和兴趣。

为了有效地运用谈话法,教师需要做好充分的准备。这包括对谈话的中心、内容和提问进行详细规划,确保问题具有明确性和具体性,善于通过问题引导学生思考。同时,在谈话结束时进行小结,以巩固学生通过谈话活动获得的知识和理解,确保教学目标的实现。通过这种方式,谈话法能够在课堂教学中发挥其独特的优势。

（3）讨论法

讨论法是一种教学方法,其中全班或小组成员在教师的引导下,围绕一个核心问题发表各自的观点和意见,进行相互学习和交流。这种方法要求学生具备一定的基础知识、理解能力和独立思考能力。讨论法的优点在于,通过对学习内容的深入讨论,学生可以相互启发、集思广益,加深对知识的理解和认识,同时也激发了学习热情,培养了对问题的深入探究精神,并锻炼了语言表达能力。

在运用讨论法时,教师的角色主要是提出吸引人的问题,明确具体的讨论要求,引导学生收集相关资料,并围绕主题结合实际情况自由发言。教师还应确保每个学生都有机会表达自己的观点。在讨论结束前,教师应进行小结,并提出一些进一步思考的问题或内容,以促进学生对讨论主题的深入理解和反思。通过这种互动和交流,讨论法能有效促进学生的思维发展和知识掌握。

（4）读书指导法

读书指导法是一种通过教师指导学生阅读教材和参考书籍来获取和巩固知识、培养自学能力的教学方法。在这种方法中,教师引导学生进行预习,为课堂学习打下基础,并帮助他们培养良好的阅读习惯。阅读参考书分为精读和泛读两种方式。读书指导法在培养学生的阅读能力、教会学生如何学习、发挥学生的自学能力方面具有独特的价值。

教师在实施读书指导法时，需要明确教学目标和要求，提出思考题目，教授学生如何使用阅读工具，以及帮助他们掌握有效的阅读方法。同时，教师可以采用多种方法指导学生的阅读，以确保学生能够有效地从阅读中获得知识，提升他们的自学和理解能力。通过这种方法，学生可以更好地理解和吸收课堂内容，形成持续学习和探索的习惯。

2.以直观感知为主的教学方法

这类教学方法具有形象性、具体性、直接性和真实性的特点，主要有演示法和参观法两种。

（1）演示法

演示法是一种通过教师展示实物、教具或实验来阐释和验证特定事物和现象的教学方法，目的是帮助学生掌握新的知识。这种方法主要包括实物、标本、模型和图片的演示，图表、示意图和地图等的演示，以及电影和录像等多媒体的演示。演示法突出了直观性，将理论知识与实际情境相结合。

在运用演示法时，教师需要确保操作规范，引导学生集中注意力，通过演示活动来发展学生的观察能力。此外，教师还应鼓励学生进行分析、归纳和综合思考，以便从演示中得出结论。演示法通过提供直观的学习材料，使理论知识与实际应用相结合，有助于深化学生对知识的理解和掌握。

（2）参观法

参观法，也称为现场教学法，是一种通过教师组织学生进行实地考察和研究的教学方法，目的是让学生获得新知识，同时巩固和验证已有的知识。这种方法的优点在于它能将教学内容与实际生活生产紧密联系起来,有效激发学生对知识的渴望和兴趣,拓宽学生的视野。通过参观,学生可以直接接触社会现象,从中获得教育和启发,同时培养他们观察事物的能力和习惯。

在实施参观法时,教师需要根据教学目的和要求进行充分的准备。在参观过程中,教师应引导学生收集资料,并做好记录。参观结束后,组织学生进行总结,帮助他们整理所获得的信息和知识,加深对参观内容的理解和印象。通过这种方法,学生可以在实际环境中学习和体验,从而更深刻地理解和吸收课堂上学到的知识。

3.以实际训练为主的教学方法

这类教学方法是指以形成技能技巧、培养行为习惯和发展学生能力为主的教学方法。《化学教师综合技能训练》就是典型的实际训练法。此法的特点是使学生通过实践活动达到动脑、动口、动手,提高学生分析问题和解决问题能力,并养成良好的行为习惯。主要有练习法、实验法、实习法和实践活动法四种。

(1)练习法

练习法是一种通过学生在教师指导下进行活动以巩固知识和培养各种技能和技巧的基本教学方法。这种方法包括多种类型的练习,如口语练习、解答问题练习、绘画和制图练习、写作和创作练习,以及运动和文娱技能技巧练习等。练习法的优势在于它能够有效地发展学生的各类技能和技巧,并对培养学生的意志品质发挥重要作用。

实施练习法时,教师应首先明确练习的目的和要求,采用多样化的练习方式。同时,关注学生基础知识的积累和基本技能的提升,及时进行检查、反馈和评价,帮助学生形成自我检查和反思的习惯。通过这种方法,学生能够在实际操作中巩固所学知识,并提高相关技能和技巧,为日后的学习和生活打下坚实基础。

（2）实验法

实验法是一种教学方法，它涉及教师指导学生使用特定的仪器和设备进行独立操作，以引发特定事物和现象的变化。通过这一过程，学生能够获得直接的经验，并培养相应的技能和技巧。这种方法尤其适用于自然科学领域的教学，例如化学实验教学和科技活动训练。

实验法的优点在于它能够将理论知识与实际操作相结合，有效激发学生的求知欲，并培养他们独立操作仪器进行科学实验的基本技能。同时，这种方法也有助于学生形成严谨的科学态度和扎实的工作作风。

在应用实验法时，教师需要认真制订实验计划，并加强对学生实验操作的指导。同时，教师应关注实验报告的批改和实验活动的总结，以确保学生能够从实验中学习和吸取必要的知识和经验。通过实验法，学生不仅能理解理论知识，还能通过实践活动加深对这些知识的理解和应用。

（3）实习法

实习法是一种教学方法，其中教师根据学科课程标准的要求，引导学生将所学的知识应用于课内外的实际操作中。这种方法常见于各类科目，如数学的测量实习、化学的实验实习等。实习法的主要优点在于它促进了理论与实践的结合，并培养了学生运用课本知识进行实际操作的能力，具有重要的现实意义。

在实施实习法时，需要在教师的指导下有目的、有计划、有组织地进行。教师的角色是提供指导和支持，确保实习活动的有效性和安全性。实习结束后，教师应指导学生撰写实习报告，并进行相应的成绩评定。通过实习法，学生不仅能够在实践中加深对知识的理解，还能提升解决实际问题的能力，为将来的学习和职业生涯奠定坚实的基础。

（4）实践活动法

实践活动法是一种将学生引入社会实践活动的教学方法，旨在培养学生解决实际问题的能力和综合实践能力。这种方法强调学生的主体地位，教师在这一过程中扮演着学生的参谋和顾问角色，而非主导者。

在运用实践活动法时，教师需要确保学生能够积极主动地参与到实践活动中，重点是激发和维护学生的自发性和主动性。教师的角色是提供必要的指导和建议，帮助学生在实践中学习和成长，而不是替代学生进行实际操作。这种方法有助于学生在真实的社会环境中应用所学知识，培养解决问题的能力，同时也能提升学生的自主学习和自我管理能力。通过这样的教学方式，学生可以更好地理解学科知识在现实生活中的应用，为他们的未来学习和职业生涯做好准备。

4.以引导探究为主的教学方法

以引导探究为主的教学方法，也被称为发现法、探索法或研究法，是一种鼓励学生在教师的指导下通过自主探究和研究活动来获取知识的教学方式。在这种教学方法中，学生被引导去分析、综合、抽象和概括所提出的课题和所提供的材料，从而自主地发现并掌握相关的原理和结论。

这种教学方法的一个显著特点是它更加注重学习过程而非仅仅关注学习结果，鼓励学生积极参与到知识的形成过程中。其优点在于能够极大地激发和提升学生的独立性、探索能力、活动能力和创新能力。

在应用这种方法时，教师需要明确探究和发现的课题以及过程，严密组织教学，并创造有利于学生发现新知识的良好情境。通过这种方式，学生能够在探索和发现中获得深刻的学习体验，从而有效地增强问题解决能力，并培养创新思维。

5.以情感陶冶为主的教学方法

以情感陶冶为主的教学方法是指教师在特定的教学目标下,有计划地将学生置于类似真实生活的情境中,通过这些情境中的教学元素对学生进行全面的情感教育和培养。这种方法的优势在于,它打破了传统教学中过分强调知识传授而忽视情感教育的局限,对于激发学生的学习兴趣、丰富其生活经验、促进创新能力的培养以及塑造高尚的道德情操和审美情感都极为重要。然而,这种方法在应用时也有一定局限性,它更多地被作为一种辅助的教学手段。

情感陶冶的教学方法主要包括欣赏教学法和情境教学法两种。欣赏教学法通常涵盖了对自然美、人生哲理和艺术作品等方面的欣赏教学;而情境教学法则是通过营造特定的学习情境(例如通过展示生活场景、图画、实物演示、音乐烘托、言语描绘等)来激发学生的情感体验。根据化学新课程标准,未来的化学课堂教学应尽可能创设与学生的生活、生产活动和社会实际相联系的情境,以促进学生在情感方面的成长和发展。通过实施这种教学方法,学生在情感层面将得到深入的陶冶和提升。

(二)化学教学方法应用的注意事项

化学教学方法的选择需要遵循针对性、多样性和最优化原则,并且要注重情境性和启发性。选择教学方法时,可以根据激发学生学习动机的方法进行,例如创设新奇或成功的学习情境,说明学习的意义,提出期望要求,以及利用有效的评价方式等。

在教学活动的组织和实施过程中,要注意个别教学、分组教学和团体教学的运用与把握。同时,在组织方式上要区分课堂教学、实验教学、电化教学等不同形式,并根据学生的认知活动方式(如接受—复现、复现—探索、自主探索)来选择合适的教学方法。

教学活动中的内部活动方式主要包括分析、抽象、综合、概括、判断、推理、比较、归类、论证等,而外部活动方式则有陈述、谈话、讨论、阅读、展示、演示、参观、实验、练习、实习等。在选择教学方法时,重要的是将内部和外部活动结合起来。

此外,教学活动的检查、反馈和调控也是必不可少的。检查方法主要有测验(口试、笔试等)、观察(练习、作业、表情等)和调查(谈话、问卷、自陈等)。反馈方式则包括评定成绩和做出评价。而调控方式主要有教师控制、教材控制、机器控制和学生自控等。

总之,现代化学教学方法已不再仅仅是教学活动的组织与实施,而是一个多层次、多维度和多类型的复杂体系,需要教师根据实际情况合理选择和优化教学方法。

(三)化学教学方法的选择、组合和优化

化学教学方法的选择、组合和优化是提高化学教学效果的关键。有效的教学方法不仅能提升学生的学习兴趣和效果,还能促进学生综合能力的发展。

首先,教师在选择化学教学方法时,应考虑学生的学习需求、学习风格和知识水平。教学方法的选择应以促进学生深度理解和掌握化学知识为目标。例如,对于基础概念的讲解,可以采用讲授法;而对于化学实验技能的教学,则更适合采用实验演示法和实践操作法。

其次,教师应灵活组合多种教学方法。例如,将讲授法与探究式学习、小组合作、案例分析等方法相结合,可以使学生在不同环节得到不同的学习体验。这种多元化的教学方法可以激发学生的学习兴趣,提高学生的参与度和学习效果。

在优化教学方法时,教师应注重教学内容与方法的有效结合。这意味着教师应根据教学内容的特点和学生的学习情况,选择和调整最适合的教学方法。例如,对于抽象的化学理论,可以通过实验演示或模型展示来帮助学生形象理解;对于化学反应的教学,则可以采用问题探究法,引导学生自主探索和学习。

此外,教师还应关注教学方法的创新和更新。随着教育技术的发展,数字化教学工具、虚拟实验室等新型教学手段越来越多地被引入化学教学中。教师应积极探索这些新技术在化学教学中的应用,以提高教学的趣味性和互动性。

总之,化学教学方法的选择、组合和优化需要教师根据教学目标、学生特点和教学内容进行综合考虑,通过不断地实践和反思来提升教学效果,促进学生的全面发展。

(四)国内外教学方法的改革

1.纲要信号图教学法

纲要信号图教学法是一种六步骤的教学流程。首先,教师会根据教材内容详细讲解教学内容。接着,利用纲要信号图进行第二次讲解,以此突出教学重点、分析难点,并阐明各部分之间的逻辑关系,同时进行概括。然后,教师会把精简的图示发放给学生,让他们进行消化理解。课后,学生需要按照图示进行复习。在下一课时,教师会要求学生根据记忆在练习本上绘制出图示。最后,学生需在课堂上根据图示回答问题。

2.暗示教学法

暗示教学法由保加利亚的心理学家洛扎诺夫创立,这种方法在教学过程中更像是参与游戏和表演,尤其在外语教学中表现突出。每堂课程含有大量新词汇(大约250个单词)、一些新的语法点和一个主题对话。这种对话类似于剧本,特点是情境生动、情节有趣且含有戏剧性冲突。配套练习使教学活动更加多样化。教学中会引入新情境,给每名学生分配一个新名字和虚构职业,学生通过各种游戏和表演来学习语言。这种方法能在6至7周内让学生基本掌握一门新语言,显著提高学习效率。

3.非指导性教学法

非指导性教学法旨在通过自我反思和情感体验,在和谐的心理气氛中让学生自由表达自我,实现自我改变和自我实现。与传统的指导性教学相比,这种方法更注重学生为中心,不过分强调技术,而是更重视态度的培养。核心在于移情理解、无条件尊重和真诚对待,认为每个学生都有成长潜力。在这种模式下,教师由指导者转变为促进者。这种方法强调个体成长和情感因素的重要性,致力于使教学活动直接触及学生的情感世界,并强调人际接触和关系在教学中的重要性。通过这种方式,教学不仅是知识和技能的传授,更是学生个性成长和情感发展的温床。

(五)主动学习法

1. 主动学习与被动学习

主动学习是一种鼓励学生主动参与的教学方法,不同于传统的被动学习方式,如仅仅通过阅读、听讲和观摩教师演示。在主动学习中,学生通过口头表达、书面表达和动手实践来进行学习,这种方式在知识留存率方面具有显著优势。

当学生运用主动学习方法时,他们大约能记住70%的所讲和所写内容,甚至能记住高达90%的亲身实践内容。然而,知识的记忆只是学习过程的初始阶段。在更高层次的学习中,主动学习和被动学习的成效存在明显差异。依据布鲁姆的学习能力金字塔理论,被动学习在知识理解、应用、分析和创造方面的效果相对有限,这主要是因为在被动学习模式下,学生缺少深度思考,往往不会创造或使用多种联想和记忆线索,从而难以达到高阶思维水平。

相比之下,在主动学习模式中,无论是通过角色扮演、辩论、研讨会、写作还是动手操作等方式,学生更容易深刻理解人类探索知识的本质,形成对知识的深入理解和情感连接。这有助于学生将所学知识在新的环境或现实生活中进行迁移、整合和创造性应用。结合知识保留率和布鲁姆学习金字塔可以看出,接受式学习的保留率通常不超过20%,而参与式学习和"边做边学"的保留率则在20%~75%及以上,尤其是"边做边学"作为更高层次的主动学习方式,其效果更为显著。这里的学习效果保留率不仅包括记忆事实性知识，还涵盖了对知识的理解、应用、分析、评价和创造。

2.主动学习课堂操作策略

(1)课堂讨论策略

课堂讨论是一种普遍应用于各种班级规模、学科和教学方法中的教学策略，特别适合于复习环节。学生在对某个单元或课程内容有了基本的理解和掌握后，在课堂上便更可能进行深入、有效且富有智慧的讨论。在这类教学活动中，教师的引导至关重要。课堂讨论是一项较复杂的学习任务，它不仅要求学生能够批判性地思考所学内容，还要求他们能对其他同学的观点进行合理的评论、总结、回应和反驳。因此，教师需要在课前做好准备工作，在课堂上提供及时的引导和点拨。

哈佛大学教授迈克尔·桑德尔的《正义论》公开课是课堂讨论教学方式的优秀示例。每堂课时长 45 分钟，迈克尔很少进行超过 5 分钟的直接讲授。课堂大多数时间被学生之间或师生之间的智慧对话和辩论所占据，而迈克尔则在适当的时候进行总结、点评和反馈。在这种教学模式下，他的角色更像是一位主持人，而不是传统意义上的教师。通过这种互动和辩论，学生能够深刻理解知识，培养批判性思维和独立的分析能力。

(2)思考—配对—分享策略

这种教学策略中，学生需要在课堂上先用几分钟时间概括上节课的内容，接着和一两位同学讨论自己的总结，最后在全班同学面前分享他们的见解。这要求学生对学科内容有深入的了解，以便能准确且恰当地进行概括。学生还需具备比较和联系自己与同伴观点的能力，这对于小组讨论环节的有效性至关重要，能帮助学生综合同伴的想法，从而在分享时提出有深度的见解。

在这一高要求的教学任务中，教师作为导师的角色尤为重要。

复杂概念的解释和关键原则的强调对于成功实施"思考—配对—分享"这种模式至关重要。若没有教师的适当引导,这种模式可能无法达到预期的教学效果。教师的指导和点拨有助于确保学生在进行这类高阶思维活动时保持正确的方向和深度,使整个教学过程更有意义且有效。教师的角色不仅是信息的传递者,更是学生思维活动的促进者和指导者。

(3)学生二人组策略

这种学习策略是一种以学生为中心的互动式学习方式,其核心是学生间的提问、回答和讨论。在这个策略的预备环节,学生需要先阅读相同的学习材料,并基于阅读内容提出自己的问题。接着,教师会随机地将学生进行配对,例如学生 A 和学生 B 形成一对。

在交流环节中,学生 A 首先提出一个问题,学生 B 进行回答,然后他们围绕这个问题展开讨论。讨论结束后,学生 B 再提出一个问题,学生 A 回答,随后又是讨论。这样的交流模式在一对学生间完成后,教师再随机选择另外一对学生,例如学生 C 和学生 D,按照同样的方式进行提问、回答和讨论。在这个过程中,教师的任务是在教室中来回巡视,提供及时的反馈和答疑,确保讨论的质量和进度。

这种策略不仅促进了学生之间的互动和合作,还加强了学生的批判性思维、沟通能力和理解深度。通过这样的互动学习,学生能够从不同角度理解和探讨学习材料,从而加深对知识的理解和应用。

(4)一分钟论文策略

这种教学方式称为"一分钟论文",主要是让学生对所学内容进行快速而精确的总结,并得到教师的即时反馈。虽然名为"一分钟论文",实际上学生需要在相对较短的时间内(通常约 10 分钟)对特定内容进行深入思考和准备,然后以简洁、准确的方式书面表达出来。这项任务要求学生能够在有限的时间内,对学习内容做出精炼的总结,并以清晰、流畅的文笔进行表达。

"一分钟论文"的挑战在于如何在极短的时间内有效地整合和表达关键信息。这不仅考验学生的理解能力和表达技巧，还能够促进他们的思维敏捷性和概括能力。通过这种方式，教师可以迅速了解学生对课堂内容的掌握情况，并及时给予反馈，从而有效地指导学生的学习。同时，这种快速写作活动也能够帮助学生巩固和加深对所学知识的理解。

（5）即时教学策略

这种教学策略是作为课堂的"预热"活动而设计的。在课程开始之前，教师会给学生布置一些问题和共同的阅读材料。这种做法旨在一方面引导学生进行预习和阅读，另一方面促使他们对本课程的学习目标进行深入思考。然后，教师会在课堂上组织学生对这些问题进行深入的讨论。

当这种即时教学策略得到恰当的实施时，它能够有效地起到导读和导学的作用。这不仅帮助学生对所学内容有一个初步的理解和思考，还能增强他们对自己学习过程的目标感和掌控感。通过这样的预热活动，学生在正式进入课堂学习之前已经对课程内容有了一定的了解和期待，从而能更好地投入到后续的学习中去。这种策略有助于激发学生的学习兴趣，提高他们的学习积极性。

（6）同伴互教策略

这个策略是让一名学生就特定的专题或课堂内容进行深入研究，准备相关的教学材料，并对全班同学进行讲解。这种方法不仅是一种教学策略，也是一种学习技巧。在这个过程中，扮演"小老师"角色的学生能够通过准备和讲授过程对教学内容获得更深入的理解和更精确的掌握。

对于其他学生来说，由他们的同伴进行教学可能会带来更好的交流和理解效果。同伴之间的沟通通常更为自然和轻松，有助于创建一个更加开放和包容的学习环境。此外，这种教学方法还能够促进学生之间的合作和相互学习,提高整个班级的学习动力和参与度。

通过这种策略,学生不仅学会了课堂上的知识,还发展了研究、组织和呈现信息的能力,这些技能对他们的整体学术和职业发展都是非常宝贵的。同时,这也为其他学生提供了从不同角度理解和探索课堂内容的机会。

(7)工作室漫步策略

运用这种教学策略时,教室被转变成一个类似工作室的环境,并且在其中设立了多个讨论组。学生可以在这些不同的讨论组之间自由移动,这样他们就有机会在每个小组中贡献自己的观点和智慧,同时也能从不同的讨论中获得灵感和新的见解。这种策略的形式非常灵活,鼓励学生积极参与,并在不同小组之间进行交流。

最终,学生需要将他们对某个特定话题的理解和见解整合起来,并通过 PPT 演示的形式向全班展示。这种呈现方式不仅能够锻炼学生的汇报和演讲技巧,还能够促进他们在整理和表达思想方面的能力。通过这种方法,学生能够在一个更加互动和协作的环境中学习,同时也能够提高他们对课堂内容的理解和吸收能力。这种策略有效地结合了小组讨论的优势和个人展示的机会,使学生在共享和交流知识的同时,也能够独立地思考和表达自己的观点。

三、课堂教学技能

课堂教学是教师在课堂上实施经过精心设计的教学计划(包括教案和学案),目的是达到预期的教学效果。在课堂教学中,教师需要充分发挥其主导作用,同时积极调动学生的参与积极性。教学过程中应注重信息的及时反馈和调控,严格控制教学时间,以提高课堂教学效率。

在教学过程中,教师应致力于培养学生的化学核心素养,包括宏观辨识与微观探析、变化观念与平衡思想、证据推理与模型认知、实验探究与创新意识以及科学精神与社会责任等五个方面。这些核心素养不仅关乎学生掌握化学知识的深度和广度,也涵盖了科学思维和方法的培养,以及对社会责任感的形成。

通过这样的教学方法,学生不仅能够学习到化学知识,还能够在思维方式、实验技能和社会责任感等方面得到全面的提升。这种教学方式有助于学生形成综合性的知识结构和能力体系,为其未来的学习和生活奠定坚实的基础。

(一)教学语言技能

教学语言作为传递教学信息的重要载体,对于课堂教学至关重要。化学教师在使用教学语言时,应遵循语言的逻辑规律,确保语言准确、鲜明且生动,同时要符合语法规则,用词恰当。此外,教学语言还需适应教育和教学的具体要求,如声音应清晰、洪亮且流利,发音标准,语速适中,语调有节奏和变化。

在化学教学中,教师的语言必须符合化学学科的特点,正确使用化学专业术语,准确表达化学概念,符合化学语言的规范。化学教师应努力提升自己的教学语言水平,使之足以将每节课的内容转化为精彩的讲稿或文章。

在进行教学讲授时,教师需确保内容的完整性和逻辑性,要求教学内容既全面又系统,同时明确地强调课程中的关键和难点。所用语言需精确、简洁并充满生动性,以便于学生的理解,并具备足够的吸引力,能持续吸引学生的注意。在讲授过程中,教师应侧重于启发式教学,通过分析、讲解和论证来激发学生的主动思考,实现师生之间的互动和同步。同时,教师也应恰当地使用黑板书写、图画、面部表情和手势等辅助教学手段,关注学生对讲授内容的反应,并及时进行必要的调整。通过采用这些策略,教师能有效提高课堂教学效果,使教学活动更加生动和有效。

(二)指导学习活动技能

学生的化学学习活动主要有课堂上的听课、记笔记、观察、思考、实验、探究、讨论、自学、练习,以及课后的复习、作业、预习、阅读、收集资料、实践活动等。教师在教学中要不断地组织实施这些课内和课外学习活动,提高组织和指导学生进行学习活动的技能。

1.指导听课技能

听课和记笔记是学生在课堂上进行有效学习的关键活动。为了提高这两项活动的效果,教师在课前应进行学习定向工作,让学生了解学习的目标、方法和步骤。同时,每节课的小结也非常重要,它有助于使知识结构化和系统化,辅助学生进行模型认知和知识建构。

在授课过程中,教师应对重点和难点内容进行必要的重复讲授,并通过停顿、提高语调、控制较慢的语速以及配合板书,确保学生能听清、听懂和掌握。同时,教师还应运用积极的情感表达和丰富的非语言技巧,激发学生的学习兴趣,增强学生的主动参与性,让他们自然而然地愿意听课和记笔记。

课堂上,教师还应指导学生合理分配注意力,学会耳、眼、脑、手协调使用。例如,在老师讲课的停顿时抓紧记笔记,将不理解的问题先记下来,课后再深入思考或寻求帮助。记笔记时,学生应学会选择性记忆,重点记下教师讲授的思路、内容提纲、疑难问题、教材中没有的重要补充内容以及学习指导等,同时应学会用简明扼要的文字、图表和符号做笔记,以节省时间。

此外,教师可以组织诸如优秀笔记展示和交流等活动,逐步提高学生对课堂笔记的要求,从而提高听课和记笔记的效率。通过这些措施,学生能够更有效地吸收和整合课堂上的信息,从而提高学习效果。

2.指导讨论技能

讨论是在教师的组织和指导下进行的一种集体学习活动,旨在通过相互质疑、论辩、启发和补充,共同找到问题的答案。这要求学生具备一定的知识基础、思考能力和讨论习惯,同时也要求教师具有较强的组织管理能力和丰富的教学经验。教师在组织和指导学生讨论时的挑战在于控制讨论的方向和时间,提高讨论的效率和学生的参与积极性。

首先,教师需要围绕教学目标设计具有思考性和论辩性的讨论题,难度适宜,最好与化学实验、情境导入、课堂练习和作业等相结合。其次,教师应引导学生理解讨论题的意义,并给予他们充分的思考时间,可以通过提前公布讨论题、引导学生复习相关知识、阅读教材和参考资料、收集资料和准备发言稿等方式来实现。

接着,教师应鼓励学生在充分思考和准备的基础上积极发言,勇于表达自己的观点,同时也要求学生在讨论中紧扣主题,相互学习和切磋。最后,教师需及时帮助学生解决疑问和障碍,鼓励学生自己分辨是非、纠正错误,并得出正确结论。教师应避免轻易表态或包办,同时也不能放任自流,而是要积极引导,掌握时机,培养学生自主组织讨论的能力。通过这样的教学方式,不仅促进了学生对知识的深入理解,还培养了他们的批判性思维和团队协作能力。

3.指导练习技能

练习是教学过程中关键的一环,目的在于巩固知识、形成技能和发展能力。它帮助学生将所学知识与实践相结合,从而加深学习效果,并为教师提供重要的反馈信息。在组织练习时,应避免过度依赖大量题目,而应注重练习的精练和高效。

首先,教师应根据学生的发展需要精心选择和编制练习题,确保有明确的练习目的,内容全面但要突出难点。练习题应具有典型性、思考性、开放性和趣味性,化学练习更应联系生活和生产实践。难度和数量应适当,避免重复练习,以保护和发展学生的学习兴趣。

其次,教师应引导学生复习相关知识,提供审题和解题指导,以及讲解要求和格式。对复杂的练习,可采取分步练习、完整连贯、熟练操作的顺序进行组织。特别是解题思路的讲解,要注重多种解法和类比推广。

再次,教师需通过巡视检查收集教学反馈信息,实施分类指导。对表现好的学生可增加难度较高的补充练习,对学习有困难的学生则进行指导和课后辅导。针对普遍感到困难的题目,可进行补充讲解,甚至让学生上黑板演示练习过程,组织全班观摩和评价。

最后,教师应对学生的方法、过程和结果进行及时讲评,组织互评和自评。做好练习的总结,总结审题、解题或操作的规律,加深对相关知识的理解。布置一些课后作业,让学生进一步练习,提高解题技巧。通过这些方法,教师能够有效提升学生的学习效果和解题能力。

4.指导自学技能

化学课程的自学活动包括阅读、实验、思考、解决问题、预习、复习和表达等多个方面,其中狭义的自学主要指学生独立阅读教科书的行为。在指导学生自学的过程中,教师首先应引导学生理解自学的重要性,强调其在适应学习型社会和促进个人发展潜力中的核心角色。

接下来,教师应通过示范来教授学生如何高效地挑选学习资料和确定学习任务与重点。同时,教师需要向学生说明,自学不仅涉及阅读,还包括动手记录,如摘要关键点、记录感受和体会,以及整理知识小结和阅读笔记。

教师还应鼓励学生通过实践练习深化理解、学习应用知识和掌握技能。此外,教师应指导学生对新旧知识进行比较和联系,激发学生思考,并在遇到难题时独立思考或与同伴讨论寻求解决方案,进行总结和概括,抓住知识要点。

最后,学生应逐步掌握学习各类内容的规律,而教师则需要组织自学成果的分享、讨论和示范活动。在理论性知识学习中,学生需要理解概念和原理的形成背景,并通过抽象、概括和推理独立得出结论,理解知识的应用和范围,并能通过具体示例表达;在元素和化合物知识学习中,则需关注实验现象,理解物质的结构、性质、用途与制法之间的关系和规律,并尝试形成概念图。通过这些方法,学生能够更有效地进行自学,加深对化学知识的理解和掌握。

5.指导合作技能

合作学习是以小组为基本单位,通过学生之间的合作性互动促进学习的一种组织形式。它旨在通过组内合作,将个体间的竞争转化为小组间的竞争,以实现学生能力的最大化发展。在组织合作学习时,教师需要注意以下几个方面:

首先,教师要明确个人在团队中的责任,培养学生的团队精神,鼓励每个团队成员在平等民主的氛围中积极参与,发挥各自的潜力,并在独立思考的基础上共同交流意见。同时,重视小组成员间的相互支持、鼓励和帮助,以确保每个成员都能达到预期的学习目标。

其次,合理组建学习小组是关键,需要促进学生共同参与,并精心设计合作学习的内容和活动,以充分发挥小组中每个成员的作用。

再次,教师需把握合适的时机进行合作学习。由于合作学习方式并非适用于每节课或整节课,教师需根据教学内容和学生的学习需求,选择适当的时机组织小组合作学习,以激发学生的学习兴趣和参与热情。

最后,进行适时、合理的评价也至关重要。在合作学习过程中,对学生的每个有价值的贡献、精彩的发言或成功的操作给予及时的认可和赞许,可以增强学生体验合作学习的乐趣,进而激发他们继续合作的动力。

通过这种教学方式,不仅能提高学生的学习效率和成果,还能促进学生间的相互学习和共同进步,培养学生的团队协作能力和社交技巧。

6.指导探究技能

探究式教学是一种以学生主动寻求问题答案为核心的教学方式,其重点在于促使学生独立进行学习,并提供各种机会让他们观察、调研、假设、实验、表达、质疑和讨论问题。这种教学方法能使学生将所学知识运用于解决实际问题中,有助于培养学生的智力、创造性思维和自学能力,同时也有利于他们学习和掌握有效的学习方法,进一步培育化学核心素养,为未来的终身学习和职业生涯打下坚实的基础。

在探究式教学中,化学教师的职责是激发和引导学生的探究热情,辅助他们发现和提出问题,以及分析和解决问题。教师在组织和指导探究式教学时,应挖掘教材中的探究元素,充分利用化学实验作为探究活动的主要载体。除了实验操作之外,教师还应构建问题情境,激励学生自主设计实验,通过实验探究活动培养学生的发散思维和批判性思维,激发他们的创新精神和科学态度。

此外,教师需要激发学生对探究和思考的兴趣,引导他们对实验现象、问题的发现、解决方案和探究原因产生好奇心。同时,教师应给予学生足够的思考空间,引导他们发现新问题,探索不同的解决方案和思路,鼓励学生自行设计实验方案,亲身进行观察、尝试、探索和实践。教师也应允许学生在探究过程中犯错,创造一个自由、和谐且轻松的学习环境。

最终,教师应根据科学探究的步骤规律指导学生进行探究活动,包括情境设置、问题发现、问题明确、假设提出、资料搜集、验证实验、结论总结和讨论交流等环节,并引导学生总结科学探究的方法,重视科学精神和社会责任感。通过这样的探究式教学,学生不仅能加深对化学知识的理解,还能在解决问题和实际操作中提升自身的综合能力。

（三）板书、板画技能

板书是教师在课堂教学过程中使用黑板、白板或磁性板来传递信息的一种方式，通常涉及精练的文字和化学符号。作为一种重要的课堂教学手段，板书是课堂教学不可或缺的一部分。教师进行的板书设计是课堂教学计划的关键组成部分，也是教师基本功的体现之一。

板画主要涉及绘制常用化学实验仪器图及其装置图，这对于学生加深对化学基础知识的理解和巩固至关重要。板画的实施需遵循现行化学课程标准。高中学生应学会绘制简单的仪器及其装置图。通过板画，学生能够熟悉仪器的名称、性能、规格及连接方法，科学掌握仪器装置的原理。

同时，板画也可以作为一种直观的教学工具，有助于提高教学效果，激发学生的学习积极性。在进行板画训练时，应由简单到复杂，分步骤进行绘制。绘图时应注意形象的正确性、比例的适当性、内容的条理性以及重点的突出，以实现实验装置要求的表现和达到美观且有效的教学效果。通过这些方法，板画不仅成了信息传递的手段，也成了增强学生理解知识和提高兴趣的有效工具。

（四）模型、图表和标本使用技能

化学模型是根据化学实物制作的仿真模型，用于直观地展示化学实物的三维结构。某些实物难以直接获取，便需要进行缩小或放大处理，制作模型就显得尤为重要。化学模型的类型包括化工生产的典型设备模型（如炼钢高炉模型）、化工生产流程模型（如制硫酸的接触法简单流程模型）以及物质结构模型（如电子云模型、有机物分子结构的球棍模型和比例模型等）。

图表在化学教学中指的是各种图形和表格。图形能生动地描述事物形象或理论关系，常见的图表包括化学实验图（如实验仪器装置图、基本操作图）、化工生产图（如典型设备构造示意图和工艺流程图)、物质结构图(如电子云图、原子结构示意图)以及物质相互关系图(如元素化合物及其相互关系图)和各种曲线图(如溶解度曲线图)。

标本则是经过挑选或加工的化学实物,其外观品质符合教学要求。在化学教学中常用的实物标本包括矿物标本、重要化工产品标本、冶金产品标本、化学试剂标本以及物质的晶体标本等。

这些模型、图表和标本在化学课堂教学中扮演着不可或缺的角色,对于培养学生的宏观辨识与微观探析(如电子云图、原子结构示意图等)、变化观念与平衡思想(如物质相互关系图)、证据推理与模型认知(如溶解度曲线图)、实验探究与创新意识(如实验仪器装置图、工艺流程图等)、科学态度与社会责任(如炼钢高炉模型、各种化工和矿物标本等)等五大化学核心素养的养成具有重要作用。因此,在化学课堂教学中应充分利用这些辅助教学工具,配合相应知识模块的讲授,以发挥其最大效果,达到优化教学效果的目的。

(五)作业和辅导技能

布置作业是课堂教学活动的一个重要组成部分,其主要目的是告知学生应完成的任务及其完成方法。作业的形式多样,包括阅读教科书和参考书、做练习题、进行调查和参观、绘制图表以及进行实验(例如学生可以在家中进行一些简单的实验)等。

在布置作业时,教师需要注意以下几点:首先,作业内容应围绕重点并解决难点;其次,作业的内容表达需要清晰明了,作业的范围应明确;再次,措辞要科学,旨在启发学生的思维,培养其分析和解决问题的能力;此外,作业还应激发学生的学习动机,使他们认识到作业的重要性,并重视指导学生如何正确进行作业。

对于学习有特殊困难的学生,最好进行个别辅导。同时,教师应注意作业的量度,避免过多的作业量降低学生的学习兴趣或成为学习负担。批改作业时,可以采用全收全批与部分批改相结合、精批细改与典型批改相结合、集体批改与个别批改相结合等多种方式。

辅导是一种辅助性的教学形式,旨在弥补课堂教学的不足,帮助了解学生在学习上的问题和意见,研究学生的认识规律,从而促进教学相长,提高教学质量。辅导应具有明确的目标,重点在于指导学习方法和提高学习能力。教师在辅导时应鼓励学生的自觉性,使他们乐于参与,并以耐心和热情进行教学。通过这些方法,辅导不仅能够帮助学生克服学习难题,还能够提高他们的学习效率和热情。

(六)提问技能

提问是教师通过预设的一系列问题来启发和引导学生思考,从而得出正确回答的过程。这种以对话形式展开的讨论主要围绕课程的重点和难点。提问和回答应避免简单的一问一答模式,要注重双向交流,确保问题既能让学生回答,又不能太简单以至于不需思考即可回答。

课堂问题主要包括导向性问题(探究性问题)、评价性问题和形成性问题,以及用于引导学生思考的反问、变换问题和有效追问等。在提问时,教师应选择合适的时机和对象,并采用恰当的方式提问,以引起学生的注意,并达到激发思考、培养学生能力的目的。

在提出问题后,教师应鼓励学生勇于发言,并且要认真聆听他们的回答。根据学生的回答情况,教师应进行有效的追问。教师需要培养和提升提问的技巧,避免仅仅依赖于简单的"是或不是""正确或错误"等判断性问题,而应学习和练习灵活且有效的高级提问技巧,如深化提问、转换提问、反问和回问等。

同时,教师应确保课堂上各类学生都有参与回答问题的机会,不仅仅是活跃的学生。特别是对那些通常沉默或处于边缘地位的学生,教师应给予他们合适的提问机会。根据学生对问题的理解程度,教师应采取适当的强化措施和补救措施,以提升课堂教学的有效性。

通过这种方式,提问不只是传递知识的工具,更成了激发学生参与热情和提升他们思维能力的重要手段。

(七)情感表达与副语言技能

教师的情感技能对于提升课堂教学效率起着至关重要的作用。研究显示,在教师的 52 种特征中,有 38 种与情感相关。教师情感技能中最为关键的是能够让学生感受到教师的态度和情感倾向。教师的热情、信心、亲和力以及鼓励等情感表达,能够显著增强学生的学习信心和动力。

副语言是传递情感的重要手段,主要包括各种面部表情、眼神交流、微笑、声调变化以及头部和手部的动作,例如点头、摇头、挥手和拍肩膀等。教学中的副语言是以口头语言为基础并且配合语言活动进行的,虽然它没有形成独立的语言系统,但在课堂教学中却发挥着重要作用。

因此,教师应注重学习和训练正确的情感表达与副语言技能,以更好地与学生进行情感交流,从而提高课堂教学的质量和效果。通过有效的情感技能和副语言的使用,教师可以创建一个更加积极、互动和激励的学习环境,有助于激发学生的学习热情和参与度。

四、课堂导入技能

课堂教学情境导入是指为知识的存在和应用提供的环境背景或活动背景。这种情境不仅包含学生所需学习的知识,还能在其中得到应用,有时还涵盖了社会性的人际交往内容。教学情境导入的特点和功能体现在多个方面。

首先,它能够激发和促进学生的情感活动、认知活动和实践活动。通过创设符合教学内容的情境,可以唤起学生的兴趣和情感,使学生在参与和体验的过程中更好地理解和吸收知识。

其次,教学情境提供了丰富的学习素材,这些素材通常是具体、生动和贴近实际的,有助于学生更深入地理解知识点。通过与实际情境的联系,学生能够更加直观地感受和理解知识的应用,从而增强学习的实效性。

最后,有效的教学情境导入能显著改善教与学的关系。它使教学过程变得更加生动有趣,帮助学生在轻松愉快的氛围中进行学习,同时也提高了教学的有效性。通过创设合适的教学情境,教师能更好地引导学生探索、发现问题,并在解决问题的过程中获得知识和技能,从而实现高效的教与学。

(一)教学情境导入的功能和特点

学习过程不仅仅局限于被动地吸收信息,更为关键的是对所接收的信息进行深入理解和加工,主动地构建自己的知识体系。在这一过程中,情感和认知是相互依赖、相互促进的。情感的涉入能有效地推动认知的发展。恰当的教学情境能提供生动、丰富的学习材料,同时也为实际应用所学知识提供机会,这有助于促进知识、技能与经验的融合。学生不仅能够理解学到的知识,还能深入掌握其本质,并将知识应用于问题解决中,从而发展自己的个人能力。只有将学习内容置于相关的社会和自然环境中,学生才能真正理解并感受到学习情境的意义和价值。

课堂情境导入的艺术性主要表现在其针对性、启发性、新颖性和趣味性上。针对性意味着情境导入需要满足学生听课的需求,具有强烈的针对性;启发性指的是情境导入能够激发学生的思维能力;新颖性则强调情境导入应能吸引学生的注意力;趣味性则意味着情境导入能激发学生学习的兴趣,从而提高学习效率。通过有效地运用这些特点,教师可以创造出一个既刺激又充满挑战的学习环境,让学生在愉快和充满好奇的氛围中探索和学习,从而达到更高效的教学效果。

(二)课堂教学情境导入方法

课堂教学情境导入主要包括四个核心方面:

首先,学科与生活结合:通过将学科内容与学生日常生活相结合来创设教学情境。例如,在教授盐的知识时,可以设计一个关于加工皮蛋的过程的录像,将抽象的学科知识与学生熟悉的生活实例相联系。

其次,学科与社会结合:从社会实际出发,结合学科内容创设教学情境。如在教授食盐和纯碱的知识时,可以通过设计西部盐湖开发的情境,让学生理解这些物质在社会发展中的应用和重要性。

然后,问题探究:利用具体问题来创设教学情境,激发学生的探究兴趣。例如,在讲解溶解度时,可以设计一个关于食盐和硝酸钠哪个溶解能力更强的对话情境,来引导学生探究和思考。

最后,认知矛盾:利用认知矛盾创造教学情境,引发学生的思考。比如,在教授原电池的知识时,可以通过讲述意大利科学家伏打通过实验发现电池的故事来设计情境,激发学生对科学发现背后的认知冲突和探究过程的兴趣。

通过这些方法,教师能够将课堂教学与学生的生活经验、社会实际紧密结合,有效提高教学的吸引力和实效性。下面是常见的九种情境导入方法。

1.开门见山,平铺直叙

开门见山式导入是指教师在课程开始时直接、明确地向学生介绍本节课的教学目标、要求、内容以及教学进程。这种方法使学生能够迅速了解到本节课的学习内容或需要解决的问题,从而更有针对性地进行学习。

当学生面对的是新的知识领域或新的认知范畴,且难以从他们现有的认知结构中找到新知识的连接点时,直接导入法变得尤为重要。此时,因为学生可能没有合适的学习方法或学习程序的范例可供参考和模仿,教师通过开门见山式导入能够帮助学生快速把握新知识的基本框架和学习方向。

然而,值得注意的是,在化学教学中,开门见山式导入应慎用。因为化学知识往往需要通过实验、探究和实践来逐步理解和吸收,教师可能需要更多地运用情境导入、问题导入等方法来激发学生的兴趣和探究欲望。因此,虽然开门见山式导入在某些情况下是必要的,但在化学教学中应谨慎使用,以保证教学的有效性和趣味性。

2.温故知新,探求新知

这种导入方法是基于复习旧知识的方式,是一种在课堂教学中常用的导入手段。其核心特点在于,以学生已经学过的知识或者他们在日常生活中已经了解的信息为基础,通过回顾和深化这些知识,自然过渡到新的教学内容。

在运用这种方法时,关键在于恰当地选择与新教学内容紧密相关的旧知识点。这样做的目的在于实现"温故而知新",即通过复习旧知识,帮助学生更好地理解和掌握新知识。这种方法不仅能加深学生对已学知识的理解,还能够帮助他们建立新旧知识之间的联系,从而更有效地吸收和理解新教学内容。

这种导入方式特别适用于那些需要在已有知识基础上进行拓展和深化的教学场景,能够有效地激发学生的学习兴趣,增强他们对新知识的好奇心和探究欲,从而提高教学效果。通过这种方法,教师能够引导学生在已有的知识框架内构建新的知识体系,实现知识的连贯性和系统性。

3.巧设悬念,引人入胜

悬念式导入是一种在课堂教学中常用的引发学生兴趣和思考的方法。其核心在于,教师在课程开始时刻意设置一些引人深思的问题或疑点,但并不立即给出答案。这种方法的目的是激发学生的好奇心和探究欲,使他们产生"欲穷千里目,更上一层楼"的感觉,从而主动投入到学习新知识、解决新问题的过程中。

在化学教学中,特别是对于那些相对枯燥或缺乏趣味性的内容,运用悬念式导入尤为有效。通过巧妙地设立悬念,教师可以引起学生对问题背后奥妙的好奇,激发他们学习化学的兴趣。例如,可以通过提出一个与日常生活密切相关但难以直接回答的化学问题,或展示一个令人好奇的化学现象,但暂时不解释其原理,从而激起学生的求知欲望。

这种导入方式不仅能够引导学生主动探索和思考,还能够促进他们积极参与课堂讨论,增强课堂教学的互动性和趣味性。通过悬念式导入,教师能够有效地提升学生对化学学科的兴趣和参与度,从而使教学过程更加生动和高效。

4.故事吸引,启迪思考

将教学内容通过生动形象的方式呈现,使之深入浅出,一直是评价教师教学艺术水平的一个重要标准。使用寓意深刻且幽默轻松的故事,辅以生动的语言和丰富的情感色彩,是一种受学生欢迎的导课方式。例如,用"狗死洞"的故事来引入二氧化碳的性质,就是一个很好的例子。

在使用故事导入的方式时,需要注意以下几个要点:

第一,故事与新课内容的紧密联系:选择的故事应与新课的教学内容有直接的关联,使学生能够从故事中自然过渡到新知识的学习。

第二,故事本身的生动趣味性:故事需要足够吸引人,既有趣又能激发学生的思考,从而增加学生对课程内容的兴趣。

第三,故事的精练和时长控制:讲述故事时,语言应简洁明了,故事内容要紧凑,避免冗长。一般情况下,故事导入的时间控制在 2 至 3 分钟内,以保证教学节奏和时间的有效利用。

通过故事导入,教师不仅能够增强课堂的吸引力,还能够有效地帮助学生构建知识框架,促进他们对新知识的理解和吸收。故事导入的方式使得教学过程更加生动有趣,有助于提升学生的学习积极性和参与度。

5.直观演示,提供形象

直观演示作为一种课堂教学的导入方式,其核心在于通过展示图片、动画、影像或其他直观教具,让学生在课程开始时就能观察到实物、模型、视频或实验等,从而引起他们对即将讲授内容的兴趣和注意。教师接着可提出问题,引导学生进行观察、思考和分析,帮助他们直接步入新知识的探索。

例如,在教授有机物的分子结构时,教师可以展示球棍模型和比例模型,让学生通过观察这些模型来理解和构建分子结构的概念。此后,通过对模型的重新组装和定位,学生可以从宏观角度理解有机物分子的微观结构及其变化。

直观演示的优势在于它能够立即吸引学生的注意力,同时提供一个具体、形象的学习对象,有助于学生更好地理解和吸收抽象的概念。通过这种方式,学生可以在直观的观察和实际操作中学习和掌握知识,这不仅提高了教学的有效性,也增加了课堂的互动性和趣味性。直观演示方法特别适用于那些需要形象化、具体化处理的复杂和抽象的概念,如科学、工程等领域的教学。

6.创设质疑,实验探究

为了培养学生敢于质疑、善于发现和勇于创新的精神,强调以人为本的科学发展理念,教学中必须创设质疑的情境,将学生的学习方式从"被动接受"转变为"主动探索"。以"SO_2(二氧化硫)的性质"为例,二氧化硫能使红色的酚酞溶液、品红溶液和紫红色的高锰酸钾溶液褪色。传统教学中,教师往往直接告诉学生这些现象表明 SO_2 分别具有酸性氧化物的性质、漂白性和还原性,但这仅仅使学生被动地接受知识。

相反,我们可以设计这样的质疑情境:"SO_2 为何能使这三种有色试液褪色,它们的反应原理分别是什么? 该如何证明?"接着引导学生进行交流讨论,形成实验探究思路。例如,向褪色后的酚酞溶液中加入 NaOH(氢氧化钠),观察溶液重新变红的现象,从而证明 SO_2 与水反应生成亚硫酸,中和了溶液中的碱性物质;加热褪色后的品红溶液,观察品红溶液恢复红色,证明 SO_2 具有暂时性的漂白作用;而向褪色后的高锰酸钾溶液中加入 $BaCl_2$ (氯化钡)溶液,通过沉淀现象判断 SO_2 具有还原性。通过这种先质疑后探究的教学方法,不仅更加符合现代教学理念,也能更有效地提升学生的学习成效。

7.联系实际,激发思考

在化学课堂上,教师可以通过利用学生已有的实际经验或提供的相关实例来导入新课题。这些实例可能源自生产、生活、社会中的实际问题,也可能是来自新闻媒体的报道或历史上的事件等。通过讲述、谈话或提问等形式,教师可以引导学生进行思考,激发他们学习新知识的兴趣和欲望,从而顺利进入新的学习话题。

以"油脂"的教学为例,可以使用古埃及法老宴会上的一个传说作为导入。在这个故事中,一位厨师不慎将一盆油打翻在热炭灰上,他自责的同时只好将沾满油脂的炭灰捧出去。随后在洗手时发现平时最令他头疼的油污竟然洗得又快又干净。这意外的发现可能是最早的肥皂制作过程。通过讲述这样一个故事,教师不仅能够吸引学生的注意,而且还能够引导他们思考油脂和肥皂之间的化学关系,从而自然过渡到课程的主题。

这种基于实际经验和具体实例的导入方式,能够使抽象的化学概念与学生的现实生活紧密联系起来,提高学生对化学知识的理解和兴趣。通过这样的教学方法,教师不仅传递了知识,还培养了学生的探究能力和思维方式,为他们今后的学习和生活提供了宝贵的经验。

8.魔术引入,提高兴趣

魔术引入是化学教学中一种非常吸引人的教学方法,通过在课堂上展示与本节课内容紧密相关的化学魔术,以激发学生对新知识的好奇心和学习兴趣。这种方法利用了化学实验中的神秘和惊奇元素,将普通的化学现象转变为具有趣味性和视觉冲击力的"魔术",从而吸引学生的注意力,并引发他们的探究欲望。

例如,在讲解二价铁与三价铁的相互转换时,教师可以通过进行一个"茶水变色"的魔术来引入主题;在介绍氨气的性质时,可以表演"空杯生烟"的魔术;在阐述过氧化钠的性质时,可以演示"滴水生火"的魔术。这些魔术不仅为学生提供了视觉上的享受,更重要的是,它们能够引起学生对背后科学原理的好奇和探索欲望。

通过魔术引入的方式,化学教师能够将枯燥的理论知识变得生动有趣,使学生在轻松愉悦的氛围中学习化学,有效提高教学效果。同时,这种方法也有助于提升学生对化学实验的兴趣,激发他们对化学学科的热爱。

9.新闻事件,社会热点

教师在课堂教学中运用新闻事件或社会热点问题来导入新的教学内容,是一种非常有效的教学策略。这种方法的核心在于,教师在课前精心挑选与本节课内容密切相关的新闻或社会事件,并通过图片、文字或视频等多媒体形式向学生呈现,从而引起学生的共鸣,提高他们的科学意识和社会责任感。

例如,当讲解钠的化学性质时,可以利用"珠江水雷"事件或"天津港爆炸"事件作为案例,这些事件中涉及钠元素的特性和反应,能够直观地展示钠在实际中的应用及其可能导致的后果。通过将抽象的化学知识与具体的社会事件联系起来,不仅使学生更易于理解和记忆化学概念,而且有助于学生认识到化学知识在现实生活和社会中的应用和重要性。

这种教学方法不仅可以增强学生对化学学科的兴趣,还能培养学生的批判性思维能力和解决实际问题的能力。通过讨论和分析这些新闻事件,学生能够更深入地理解化学知识的实际意义,同时也能增强他们对科学和社会责任的认识。这不仅是对知识的传授,更是对责任感和公民意识的培养。

（三）课堂教学情境导入注意的问题

在课堂教学情境导入中，教师需要注意以下几个关键要素，以确保导入的有效性和艺术性：

1. 全面性

确保设定的情境能够包含整节课的主要教学内容。情境应与课程内容紧密相关，覆盖课程的关键点，以便学生能够在情境中全面理解和吸收知识。

2. 全程性

情境应贯穿于整节课的全过程。这意味着情境不仅仅是课程开始的一个引入点，而应在整个教学过程中持续存在，以维持学生的兴趣和参与度。

3. 发展性

优先选择最新或最近发生和发展的内容作为情境。这有助于确保教学内容的时效性和相关性，使学生感到所学知识与现实世界紧密相连。

4. 真实性

情境应真实可信，避免凭空想象或不实的内容。真实性有助于增强学生的认同感和学习的真实感，提高学习效率。

5. 可接受性

设定的情境应在学生可接受的范围内，避免过于极端或暴力的内容。确保情境对学生产生的影响是正面的，避免负面效应。

通过艺术性的课堂情境导入，教师可以在短时间内激发学生的学习动机和兴趣。有效的课堂导入策略应随时代和学生需求的变化而调整，就像春天中竞相绽放的花朵一样，展现出多姿多彩的教学魅力。这不仅提高了教学的吸引力，而且有助于培养学生积极的学习态度。

五、课堂管理和调控技能

（一）课堂观察技能

课堂观察是教师教学管理和调控的重要基础，它涉及对学生行为、个性和其他特点的细致觉察。通过课堂观察，教师可以收集来自学生的关键信息，提供教学反馈，从而及时调整教学方法，同时也增加对学生的了解，有利于未来的教学评价和计划。

为了有效进行课堂观察，需要精心的计划和准备：

1. 确定观察重点

明确观察的具体内容，如学生的学习态度、参与度、兴趣爱好、情绪、注意力、人际交往、思维能力、创造力、认知和表达能力等。

2. 重点和全面相结合

每次观察聚焦几项关键内容，同时不忽视偶发事件。为每节课和每项观察内容设定具体指标。

3. 全员观察

采用时间抽样法，有计划地轮流观察不同学生，结合全面扫描和特殊现象的搜寻。

4. 记录和排除干扰

制作观察记录表，努力排除个人偏见、光环效应、标签效应等主观因素，以及现场的各种干扰。

5. 课后了解和判断

对难以立即判断的现象，通过与学生课后多接触来深入了解，以做出准确的判断和评价。

课堂观察对于提高教学质量和深入了解学生具有重要意义。通过细致的观察和有效的记录，教师能够更好地把握学生的学习状态和需求，从而在教学过程中做出更为精准和有效的调整。

（二）课堂常规管理技能

课堂管理的常规内容主要包括空间与时间利用、纪律和秩序的维持等。

1. 空间利用技能

教学空间的设计和管理在化学教学中至关重要。学生座位的合理安排不仅影响他们的视力、学习表现和心理健康,还直接影响教学效果。为了促进学生的全面成长,教师需要科学地布置学生座位。错开不同气质和性格的学生座位,有助于促进合作学习,培养学生的综合素质。此外,定期调整座位安排可以激发学生更好地发展。改变传统的座位排列方式,采用弧线形或 U 形排列,可以减轻教师的监督压力,促进学生自由交往和合作学习。在有条件的学校,采用小班化教学有利于组织探究性教学、实验研究和小组合作学习。

2. 时间利用技能

时间在学习过程中扮演着关键的角色。尽管课程计划和标准规定了每个年级化学课程的总学时,但实际上不同学校的教学时间,尤其是有效的教学时间,会因各种教学和管理因素的制约而有所不同。研究发现,成绩优秀的学校可能浪费约 20％ 的可用教学时间,原因包括学生或教师的缺席、教学中断、学生分散注意力以及学校组织的各种活动。而成绩较差的学校可能失去高达 40％ 的时间。不合理的教学安排、传统的灌输式教学、重复的练习、教学目标不清晰、教学环节之间的衔接不良、教学进度不当以及学生被动学习等因素都会降低化学教学时间的有效利用率。因此,在教学过程中,我们需要精心设计教学计划,合理分配各个教学环节的时间,并严格管理和充分利用教学时间,以确保课堂高效,充分利用规定的教学时间来实现教学目标。学校管理方面也需要强化时间观念,在正常上课时间内尽量减少大型活动的安排,以保障有效的教学时间。

3. 纪律管理技能

宽严适度的教学纪律对于化学课堂的顺利进行和成功教学至关重要。在教学过程中,教师需要巧妙地结合纪律的强制因素、学生的自我约束能力以及教师的亲和力,来维护良好的教学纪律。

首先,建立和谐的师生关系至关重要。教师应该尊重学生的个性和自尊心,不仅依赖于严格的班规和班纪来维护纪律,还应该通过演讲、表演、辩论、比赛等多种方式来培养学生的主人翁责任感和集体荣誉感,让他们自觉维护纪律。此外,教师应该更深入地了解学生,不搞一刀切的教育方式,考虑学生家庭背景、家庭成员的认知水平以及个人特点,从多个角度理解和关心学生。建立和谐的师生关系,可以有效促进课堂纪律的维护。

其次,需要针对不同班级的情况进行分析和教育。不同班级的学生在课堂上可能存在不同的问题,例如一些班级可能容易出现学生互相讨论的情况,导致课堂嘈杂。在这种情况下,教师可以有针对性地对带头讨论的学生进行纪律教育,并强调课堂纪律的重要性。具体情况具体分析和教育,可以帮助学生更好地理解和遵守课堂纪律。

最后,纪律管理的条款需要具体而详细。教师应该明确规定课堂纪律,例如不允许在课堂上说话、不允许在教师没有布置讨论问题时随意讨论、不允许做与学习无关的事情等。对于违反纪律的学生,应该采取相应的惩罚措施,例如要求他们在全班同学面前背课文或写化学方程式,以此促使学生自觉遵守课堂纪律。细致化的纪律管理条款,可以确保课堂纪律得以有效维护。

(三)问题处理技能

教师在课堂管理中需要具备一定的技巧,特别是对于出现问题和偶发事件的处理。以下是一些处理问题和偶发事件的技巧:

1.准确判断问题

在课堂教学中,教师需要迅速准确地判断问题的性质、轻重和影响,并决定是否需要立即解决。教师应考虑问题的类型、原因、是否涉及教师方面的责任,以及是否可以通过学生自己解决等因素。准确的问题判断有助于及时采取适当的措施,确保教学顺利进行。

2.善于处理偶发事件

偶发事件是指在课堂上突然发生的意外情况,教师需要善于处理这些情况。在处理偶发事件时,教师的语气、态度以及处理方式都很重要。教师应保持冷静,使用温和的语气,并采取适当的措施来处理问题,同时避免偏袒某一方。不要急于发表意见,可以让师生共同冷静思考,课后再进行处理,或者让学生分析事件的缘由和影响,以促使他们形成正确的价值观和人生观。

3.学会冷处理

处理小事件时,教师不宜急于采取行动,也不应急于发表观点。相反,教师可以给予学生一些时间来冷静思考,以避免情绪激动和过激的反应,同时保持课堂秩序。鼓励学生在冷静的状态下一起讨论问题的原因和解决方法,这有助于培养他们独立思考和决策的能力。

总之,处理小事件需要教师拥有冷静、公正、温和的态度,并考虑问题的性质以及学生的个体特点,以确保课堂教学的顺利进行。

(四)课堂调控技能

教师在课堂调控方面有多个关键要点,包括建立期望、激发兴趣、评价反馈、控制节奏和灵活应对问题等,以确保课堂教学的有效进行。

首先,教师需要建立学生对学习目标的期望,让他们了解和接受学习任务,并明白教师的期望,从而激发学生的主动学习兴趣。这可以通过清晰地传达学习目标和任务,以及与学生共享学习的意义来实现。

其次,教师应充分利用教学情境来激发学生的兴趣,促使他们积极参与学习。情感调控是重要的,教师可以利用学生的兴趣点来引导学习,并帮助学生将兴趣从一个领域迁移到另一个领域,以保持他们的学习动力。

再次,教师应通过学生自评、互评和教师评价来提供及时的反馈信息,帮助学生了解自己的学习情况。评价时应以表扬和鼓励为主,以正面的方式激励学生,让他们正确、全面和辩证地认识自己。

此外,教师还需要控制课堂的节奏,确保教学过程有张有弛,避免过度疲劳,提高教学效率。要抓住学生的最佳脑力和情绪状态,将短时和长时注意力有效结合,以形成教学高潮。

最后,教师在面对课堂上出现的问题时,需要灵活、果断和适当地采取行动,并确保及时调控课堂。对于不同类型的问题,教师可以采取不同的策略,以确保课堂教学的有序进行。

总之,课堂调控是实现预定教学目标的重要手段,教师需要综合考虑多个因素,并灵活运用各种策略来确保课堂教学的有效进行。

第二节　新课程下的高中化学教学评价体系

一、树立正确的评价观

（一）当前我国基础教育评价中存在的主要问题

目前，我国基础教育评价体系存在若干问题，主要包括以下几个方面：

1. 评价内容过于狭隘

现有的评价内容主要集中在学科知识上，尤其是课本知识，而对学生的实践能力、创新精神、心理素质以及情感、态度和习惯等综合素质评价不足。这导致评价不能全面反映学生的整体素养和能力。

2. 评价标准缺乏个性化

评价标准过于强调统一性和通用性，忽视了学生个体差异和个性化发展的重要性。每个学生都有其独特的特性和发展路径，评价体系应更加注重尊重和促进个体差异。

3. 评价方法单一

目前的评价方式主要是传统的笔试，侧重于量化结果，较少使用能够体现新型评价理念的质性评价方法。这种做法限制了对学生多元能力的全面评估。

4. 评价主体单一

在评价过程中，学生多数时候处于被动接受评价的地位，评价主体主要是教育机构和教师，缺乏学生、家长和管理者等多方参与的互动评价模式。学生和家长应更多地参与评价，以便更好地理解和促进教育质量的提升。

5. 评价重点偏向结果

当前的评价系统过分强调学生的最终成绩，而忽略了他们在学习过程中的进步和努力。现有的评价体系并未形成真正的形成性评价，无法充分发挥评价在促进学生发展方面的作用。评价应更加关注学生的成长和进步,而非仅仅聚焦于考试成绩。

(二)新课程提出的教育评价的改革重点

新课程教育评价在课程实施中扮演着重要的导向和质量监控的角色。它不仅影响课程培养目标的实现,还直接影响课程功能的转向和贯彻。

在20世纪80年代,世界各国对课程进行了全面的审视,重新思考了课程的结构、功能、资源、权利等方面的问题。这导致了一系列重大的课程改革,同时也引发了对课程评价的重要性的认识。各国逐渐意识到,要实现课程变革,就必须建立适应新课程的评价体系和评价工作模式。因此,课程评价改革成为世界各国课程改革的重要组成部分。

1.学生评价改革的重点

高中新课程改革旨在改变原先过分重视知识传授的教学模式,更加注重培养学生积极主动的学习态度。这一改革使学生获得学习基础知识和基本技能的过程,同时也成为帮助学生学会学习和塑造正确价值观的重要途径。因此,在学生评价方面,除了关注学业成绩外,更应重视挖掘和培育学生多方面的潜能,并理解学生发展过程中的需求。这要求学校制订的学生学习目标,不仅包括学科学习的具体目标,还应包含学生一般性发展的目标。具体措施包括建立一个有助于学生全面发展的评价体系,注重课程评价方式和方法的灵活性、开放性和多样性,同时积极探索和实施新的考评方法。通过这些措施,可以更好地促进学生的全面发展,让学生不仅在学业上取得进步,也在个人成长和价值观塑造上得到显著提升。

(1)建立全面的学生评价体系

在高中新课程中,评价不仅聚焦于学业成绩,更要关注学生的多元潜能,能提供个性化发展的支持和指导。因此,新课程的评价体系应涵盖学科学习目标、通用发展目标以及个性化发展目标,全方位地促进学生的综合发展。

（2）采用灵活、开放和多样的评价方式和方法

评价方法不应局限于传统的笔试，而应多元化，重视过程性评价，以及时捕捉和满足学生的发展需求。这种评价方法有助于促进学生的自我认知和自信心的建立，激发他们的内在动力，从而推动学生在各个层面上实现个人成长。通过这种方式，评价变成了学生成长和发展的促进器，而不仅仅是成绩的衡量工具。

（3）探索新的考评方法

考试只是学生学业成绩评价的一种方式，不应将其作为唯一手段。应根据考评的目的、性质和对象，选择多样化的考评方法，充分考察学生的能力和素质。不再过于强调分数，而是提供对考评结果的深入分析、解释和建议，以激励学生改进和发展，减轻学生的压力。

2.教师评价改革的重点

高中新课程的评价体系旨在推动教师不断自我提升，强调教师对自身教学行为的深入分析和反思。为此，应建立以教师自评为核心，同时包括校长、教师、学生和家长共同参与的综合评价制度。这样的制度能使教师通过多种渠道获得反馈，从而持续优化自己的教学实践。

（1）打破传统评价模式，不再将学生的学业成绩作为评价教师工作表现的唯一标准，而是构建一个包含教师职业道德、对学生的了解和尊重、教学实施与设计、交流与反思等多方面的综合评价指标体系。这样的指标体系旨在关注学生全面发展的同时，促进教师专业成长和个人需求的满足。

（2）强调实施"自评"机制，以增强教师的教育教学反思能力，并倡导建立由教师、学生、家长和管理者共同参与的多元化评价体系，实现多方面的信息反馈。这种做法不仅增强了对教师工作的监督与管理，也重视教师的自我监控和反思，强调教师在自我教育和个人发

展中的主体地位。同时,教师的自评应与奖惩体系相分离。

(3)改变传统的课堂教学评价方式,不再单一聚焦于教师的行为表现,而是建立"以学论教"的发展型课堂教学评价模式。这意味着评价的焦点转移到学生在课堂上的表现、情感体验、参与过程、知识掌握和交流合作等多个层面上,强调教师的教学应真正服务于学生的学习需求。这种转变对教师的教学能力和学校的教学管理将产生深远的影响。

3.考试的改革重点

(1)改革考试内容以强化实际应用

高中新课程在考试内容方面强调与社会实际和学生生活经验的紧密联系,重视考查学生分析和解决问题的能力,而不仅局限于记忆性知识。传统考试通常着重测试学生的记忆力、技能和速度,并强调答案的确定性。但近期研究显示,单纯的概念背诵和公式记忆并不能完全代表学生对知识的真正理解。当学生能够将所学知识应用于解决实际问题时,即使他们无法完全复述定义,也表明他们已经真正掌握了这些知识。因此,新课程鼓励减少对名词解释、计算速度和技巧的考查,而增加与实际问题相关的内容,以更全面地反映学生的理解水平。考试命题应遵循课程标准,避免设置奇怪或偏题的问题,这将挑战传统的题海战术和大量练习方法。教师需要改变旧有的教育观念和教学方法,关注学生的个体发展,重视其综合素质的培养,以促进学生的全面发展。

(2)采用多样化的考试方式

新课程倡导采用多元化的考试方法,打破传统的纸笔考试模式。由于传统的纸笔考试难以全面评估学生的实践能力和创新思维,新课程推荐使用包括自主考试、试卷编制、辩论、研究课题、论文写作、作品制作、特长展示、情境测验等多种方式。此外,新课程提倡为学生提供多次考试机会,让他们选择考试时间、方式和级别。这种开放和动态的考试方式更能满足学生的不同需求，强调综合应用和实际能力的评价，而不仅是书面知识和技能的测试。这一变革也对传统的教育理念和方法提出了挑战，要求教育更加关注学生的综合素质和发展。

（3）建设性地处理考试结果

新课程强调在处理考试结果时应进行具体的分析和指导，而不是公布学生成绩或进行排名。考试的目的是促进学生发展，因此，处理考试结果时应关注为学生提供建设性的反馈，而非将成绩作为给学生施加压力的手段。根据考试目的，可以灵活选择处理方式，如公开反馈或匿名反馈，提供完整或部分反馈，使用群体或个体参照等。同时，学生有权选择是否公开成绩，学校和教师应尊重学生的决定，关注学生的需求和情况，保护他们的自尊和自信。通过以激励为主的方式，认真考虑反馈的选择，以促进学生在现有水平上的发展。这种处理方式有助于营造积极的学习氛围，鼓励学生更加投入学习。

（4）改革升学考试与招生制度

新课程倡导改革传统的仅以分数总和作为学生录取的唯一标准的方式。应考虑学生的综合素质发展，并建议在招生中参考其他评价结果，如学校推荐评语、特长、成长记录等，实现形成性评价与终结性考试的结合。

传统的分数相加方法忽视了学生个体发展中的特殊性，不利于对学生发展进行有效分析和制订针对性的改进措施。例如，两个总分相同的学生在语文和数学成绩上的优势和劣势可能完全不同，因此需要不同的提升策略。分数相加的做法掩盖了这些差异。

另外，建议将毕业考试和升学考试分开，前者用于评定学生是否达到毕业标准，后者则更具选拔性。逐步提高高中学校招生的自主权也是值得考虑的方案。

重要的是要认识到，考试改革本身并不能解决课程改革中的所有问题,也不是衡量改革成败的唯一标准。改革的关键在于观念的转变,包括建立与时代相符的新课程观、教育观、质量观、学生发展观和教师观。这些观念的改变对课程改革起着至关重要的作用。

（三）发展性学生评价的基本特点

发展性学生评价具有以下特点和原则：

1.评价目标与培养目标一致

发展性学生评价的评价目标应该与学校或教育机构制订的培养目标一致。评价的内容和方法应基于明确的阶段性发展目标,确保评价与教育目标保持一致。

2.促进学生发展

发展性学生评价的根本目的是帮助学生达到目标,而不是简单的检查和排名。评价的重点是了解学生的优势和不足,并提供具体的改进建议,以促进学生在原有水平上的提高,逐步达到基础教育培养目标。

3.注重评价过程

发展性学生评价强调在学生发展过程中对其全面关注,而不仅仅是在最终阶段对结果的评价。它包括对学生的过去、现在和未来的关注,形成性评价在其中起着重要作用,通过不断关注学生的发展来促进他们的成长。

4.全面性评价

发展性学生评价关注学生发展的各个方面,包括知识与技能、过程与方法、情感态度与价值观等。这些方面都受到同等重视,以确保评价的全面性和综合性。

5.多元化评价方法

发展性学生评价主张采用多元化的评价方法、手段和工具,全面评估学生在情感、态度、价值观、创新意识和实践能力等方面的成长和变化。这种评价不再单纯依赖于书面考试和测试,而是包括项目作业、口头报告、小组讨论、实践项目、作品展示等多种方式,从而更全面地了解和评价学生的发展情况。这种多样化的评价方式有助于全面反映学生的综合素养,推动他们的全面成长和发展。

6.关注个体差异

学生在生理、心理、动机、兴趣、爱好和特长等方面存在差异。发展性学生评价强调要关注每个学生的个体差异,制订个性化的评价和发展计划。这意味着教育应该因材施教,不同的学生需要不同的支持和指导。

7.学生的主体作用

传统的评价往往让学生成为被动接受评判的对象,强调学业成绩的客观化和精确性。发展性学生评价试图改变这一现状,鼓励学生在评价中扮演更积极的角色。学生应该参与到评价的制订、数据收集、反馈和改进过程中,发挥更多的主体性,进行自我评价和互相评价,从而提高他们的自我认知和自我调整能力,培养合作意识和技能。

总的来说,发展性学生评价强调多元化的评价方法,关注个体差异,并倡导学生在评价过程中扮演积极的主体角色。这种评价方法有助于更全面地了解学生的发展情况,促进个性化的教育和学生的自主发展。

二、评价的目的与方法

(一)评价目标多元化

评价的基本功能囊括了诊断与甄别、促进与发展、调整与管理等多方面,但其核心应依据并服务于课程标准和目标,确保评价目标与课程目标高度一致。这种一致性主要在评价目标的多元化体现上得以实现,主要分为评价目标内容的多元化和评价目标要求的多元化两个方面。

首先,评价目标内容的多元化至关重要。高中化学课程,目的在于培养学生的科学素养,这意味着评价不仅应关注学生对化学知识的掌握,还应重视学生的科学探究能力、情感态度与价值观等方面。因此,评价目标内容应涵盖知识与技能、过程与方法、情感态度与价值观这三个维度。从学生成长的视角来看,评价目标内容可以划分为认知学习目标领域、技能学习目标领域和体验学习目标领域。

其次,评价目标要求的多元化也同样重要。高中生的发展方向不尽相同,他们所学习的课程内容也有所差异。学生选择不同的课程模块,使用统一的评价要求并不合适。相反,应根据学生的发展倾向制订不同的评价要求,以更有效地促进他们的学习和发展。

总之,评价的多元化表现在评价目标的内容和要求上,这有助于确保评价与课程目标的紧密对接,从而促进学生的全面成长和发展。

(二)评价方式多样化

课程评价目标的多元化意味着不同的课程目标需要采用不同的评价方式。例如,情感态度与价值观的评价并不适宜完全依靠纸笔测验。因为每种评价方式都有其在特定领域的优势和局限性,没有任何一种评价方式能够最优地评估学生在所有领域的表现。因此,多元化的评价目标必然带来评价方式的多样化。不同的领域和目标需要采用适宜的评价方式,以确保评价的有效性和准确性。这种多样化的评价方式有助于全面了解学生的综合素质和发展情况。课程标准对评价方式多样化的要求中,主要有以下几种方式:纸笔测验、学习档案评价、活动表现评价等。

1.纸笔测验的更新

纸笔测验作为一种重要且有效的评价方式,在高中教育尤其是化学教学中扮演着关键角色。为了确保纸笔测验的有效性和公平性,设计和实施时需遵循一些基本原则和注意事项。

首先,纸笔测验应侧重于考查学生对化学基础概念、原理及其与社会的关系的理解和认识,而非过分强调对知识的机械记忆。重点应放在评估学生的理解和应用能力上,而不只是知识的记忆和重现。

其次,纸笔测验应注重评估学生综合运用知识、技能和方法分析解决问题的能力。这意味着考题应具有挑战性,要求学生能利用多方面知识解决实际问题,而不仅仅是解答习题的技巧。

另外,纸笔测验的题目应以真实情境为背景,选择综合性、开放性的问题,而不仅局限于对基本知识和技能的简单测试。这可以更好地评估学生在实际情境中应用化学知识的能力,同时促进科学探究和批判性思维能力的培养。

最后,评价方式应多样化,不应仅限于传统的选择题和填空题,而应包括解答题、实验报告、开放性问题等多种题型,以全面了解学生的综合素质和发展。这种多样化的评价方式有助于每位学生展示自己的能力,克服单一评价方式的局限性。

2.学习档案评价的建立

学习档案评价是一种有助于促进学生发展的有效评价方式。在实施学习档案评价时,有一些重要的原则和注意事项需要考虑和遵循。

首先,学习档案评价应鼓励学生自主选择和收集学习档案内容。学生应该具有选择他们认为最能展示他们学习进步和成长的资料的权利。这样可以提高学生的主动性和学习动力,让他们更加自觉地投入到学习档案的建设中。

其次,学习档案应包括多种类型的资料,如实验设计方案、探究活动的过程记录、知识总结、解决问题的记录、学习方法总结、自我评价和他人评价等。这样的多样性有助于全面了解学生的学习过程和成果,不仅关注了知识和技能的掌握,还关注了学习策略、思维能力和情感态度的发展。

另外,学习档案评价需要明确评价内容和评价的重点。评价内容应该与学习档案的建设目标和学习目标相一致,评价的重点应该放在学生的学习过程、思考能力、自我反思和成长方面。评价过程中还要注重关注学生的自我评价和他人评价,以便全面了解他们的学习表现。

最后,学习档案评价需要进行定期的反馈和指导。教师可以和学生共同讨论学习档案中的内容,给予学生建设性的反馈和指导,帮助他们更好地理解自己的学习过程,制订改进计划,并促进他们在原有水平上的发展。

总之,学习档案评价是一种有益的评价方式,可以促进学生的自主学习和全面发展。在实施学习档案评价时,需要关注学生的自主性和多样性,明确评价内容和重点,并进行定期的反馈和指导,以实现评价的有效性和促进学生发展的目标。

3.活动表现评价要注重过程

活动表现评价是一种受到高度推崇的评估方法,主要应用于学生参与实验、辩论、调查、设计等多样的学习任务中。这种评价方式通过观察、记录和分析学生在各项学习活动中的表现,综合评估学生的参与程度、团队合作能力、实验操作技能、探究技巧、问题分析方法、知识理解与应用水平以及表达和交流能力。评价对象既可以是个人,也可以是团体,涵盖学生的活动过程和成果。

活动表现评价的设置应有明确的评估目标,并突出其综合性、实践性和开放性。该评价方式在真实的活动情境和过程中对学生在知识技能、过程方法、情感态度与价值观等多个方面的成长和发展进行全面的评估。通过这种评价,能够更准确地把握学生的实际表现和发展水平,有助于促进学生在各方面的全面成长。

(1)活动表现评价与传统认知评价的对比

活动表现评价是对传统纸笔测试的一种批判性补充。研究表明,传统纸笔测试的局限性在于它主要关注较低层次的知识、孤立的内容和技能;仅评估学习成果,而忽略了学习者的思维过程和问题解决能力;且客观选择题的比重过大,不能全面评估学生在实际环境中的应用能力。

与之相比,活动表现评价的优点包括:涵盖更高层次的思维和问题解决能力;促进知识和技能在实践中的应用;鼓励学生展示他们的创造力和设计能力。

(2)活动表现评价案例设计

活动表现评价是一个评估体系,旨在衡量学生完成任务的过程、结果和质量。这种评价方式将学习与活动结合起来,使学生在参与过程中不仅培养综合能力和科学素养,还能对学生进行全面的评估。活动表现评价要求学生实际完成一项或一系列任务,例如编写故事、演讲、进行实验操作、使用仪器、辩论、调查、设计实验、制作概念图等,以展示他们在理解和技能方面的成就。其核心特征是在真实的活动情境中考查学生的表现。因此,活动表现评价的设计应反映学生在活动过程中的思考、行为以及与课程目标要求的差异性。

三、课堂教学评价

(一)化学课堂教学评价基本内容

1. 新课程课堂评价的误区

课堂教学改革是实施新课程的核心环节。可以说,新课程的成功与否,很大程度上依赖于课堂教学改革的进度和深度。如果在课堂教学中,教师的教学理念和行为模式保持不变,学生的学习方式也未发生改变,那么课程改革就会变得形式化。在新课程框架下,课堂教学评价的理念要求评价者,像教师一样,深刻理解新课程标准的内涵,成为课改的引导者和推动者。然而,在新课程改革的课堂评价实践中,也存在着一些误区。

面对抽象的新课程标准、家长的期望和考试的压力,教师们感到无所适从，但他们仍需勇敢尝试和探索，以此丰富新课程标准的实质内容，推进教学改革的深化。在探索过程中，教师难免会犯错。在新课程标准的指导下进行课堂评价时，应旨在帮助教师提高，同时以发展的眼光看待教师，保护教师进行课程改革的积极性，这样才能真正实现评价课堂教学的目标。

在具体的课堂教学评价过程中，主要存在以下评价误区。

（1）用传统观念评价新课堂

当教师积极探索并实践新课程标准时，评价者的思维观念却可能未能相应转变，仍旧固守于传统的评价理念。这种观念依然强调以教师为中心，无疑会对教师的改革实践产生负面影响。

（2）过高估计教师和学生，脱离现实

在评课时，评价者可能会过高地估计教师和学生的水平，认为教师的改革课堂应该完美无缺，学生的理解应该非常到位。若教师在课堂上稍有失误，就被视作失败的课程；若学生回答不够完美，就认为是教师指导不力。然而，很多教师初次接触新课程标准和教材，即便理解了改革精神，在具体实施时仍可能掌握不准；学生的自主学习成果也不一定准确深刻，有时仅触及问题表面。

（3）只重视课堂热烈气氛，忽视实效

长久以来，热烈的课堂气氛被看作课堂成功的标志之一。只要学生积极举手、发言、讨论，就被认为是成功的课堂，而忽视了学习的实际效果。这种做法只重视表面现象而忽略真实成效，导致课堂教学成为形式主义，缺乏实际效果。

（4）偏重教师展示，忽视学生自主探索

评课时，往往过分强调教师的角色，认为只要教师展示得好，讲得流利，引导得当，便是优秀教师，这便是成功的课堂。但新课程标准实际上改变了教师的角色，教师不仅要组织教学，更重要的是引导学生学会学习、进行自主探究。教师应作为学习者中的一员，平等参与课堂,成为引导者,而非唯一的主导者。

(5)只注重结果,忽略过程

传统教育中常常只关注结果而忽视过程。评课者主要关心学生通过课堂学到了多少知识,却不够重视这些知识是通过机械记忆还是积极学习得来的。新课程标准强调的恰恰是学习过程,而不是单纯的学习结果。

(6)过分强调学生自主,忽视教师传授

在新课程标准强调学生自主、合作、探究和创新学习的同时,有时会忽视教师在知识传授上的重要作用。评价者也可能出现同样的偏向,只关注学生的活动,而忽视了教师的教学环节,导致评价失去全面性。

(7)过分依赖教学工具,忽略教学过程

随着信息技术的快速发展和学校教学设施的完善,多媒体等工具确实能增加课堂的吸引力和效果。然而,在评课中出现了一种现象,即认为不使用多媒体就不是优质课程,不能获奖,这种看法混淆了教学工具和教学过程的真正作用。

2. 化学新课程对教师教学的要求和评价策略

课程改革的核心在于课程的实际执行,而教学是实现这一目标的主要手段。若教学观念和方法未能及时更新和转变,课程改革就可能仅停留在表面,无法达到预期效果,甚至有可能付诸东流。课程和教材的改革是推动素质教育的关键步骤,而课堂教学的改革则是一个更加长期和复杂的挑战。在教师教学评价的改革中,制订适当的评价重点、内容和标准是关键,这些标准必须有助于推动教学理念和方式的转变,进而促进学生学习方式的转变,确保实现课程标准的目标和要求。

在对教师的教学工作进行评价时,基本要求包括:以课程改革的纲要和新课程标准为指导原则;全面促进学生科学素养的发展;鼓励教师在教学中表现出主动性、积极性和创造性;推动教师在教学观念和方法上的转变;促进教师角色的积极变革;有利于营造良好的校园文化氛围;并助力教师的反思意识和专业能力的提升。通过这种评价体系的实施,可以确保课程改革朝着正确的方向前进,真正实现教育的目标。

对教师教学工作进行评价的重点和内容包括:

(1)教师的教育教学观念

教师的教育教学观念是教学工作的重要基石。关键在于教师如何看待课程内容、学生的学习需求以及评价方法。最为关键的是,教师是否愿意接纳新思想,是否具备自我反思的能力,以及是否能够不断地调整和发展自我。教师的这些观念直接影响他们的教学方式和学生的学习效果。

(2)教师的教学基本功

在新课程背景下,对教师的教学基本功的要求并没有降低,反而提升了。例如,教师的语言表达能力、板书和书写技能的重要性更加突出。教师需要能够清晰、流畅且重点突出地表达自己的观点,善于捕捉和总结他人的观点,同时也需要具备良好的演示和实验技能。这些基本功是教师有效传授知识、引导学生学习的关键。

(3)教师课堂教学的策略水平

在对教师课堂教学进行评价时,重点应放在以下几个方面:首先,教师是否能够提出激发思考的问题,并有效地引导和组织课堂讨论。其次,教师是否擅长应对课堂中的突发状况。此外,教师是否能有效调动所有学生的积极参与,控制和减少课堂中的无关行为。

需要评估教师是否能够引导学生自主提出问题、形成假设、规划实验、收集和处理数据、总结结论并进行合理的解释和推理。同时,教师在学生学习活动中是否及时进行有效的评价和指导,运用适当的方法和策略来了解和揭示学生现有的认知和观点,以及是否能够利用事件、问题情境、实验证据等策略来促使学生的认知和观点积极转变和发展,这些也是教师课堂教学水平的体现。

课堂教学评价不仅关注教师是否按时完成教学任务,还要关心学生在课堂中的体验、收获、成长和变化程度。这包括观察学生在课堂上主动提问的频率和质量、分组讨论和实验活动的积极程度和组织性、课堂研究问题的重要性、问题的来源、学生对问题的反应和提出的假设等方面。同时,还要评估课堂内容与课程标准的契合度以及教学是否符合课程标准的要求。

此外,教师的评价还应包括他们在课堂教学准备方面的工作,克服教学困难所付出的努力,为学生提供的辅导和支持,以及选择的课程资源的适切性。同时,也需要考查教师如何处理课程标准、教材、课程资源和教学时间之间的关系。

3.化学课堂教学评价应遵循的原则

随着高中化学新课程的实施,迫切需要开发一套与之相匹配的教师化学课堂教学效果评价方法。这套评价方法应基于新课程理念和现代教育评价理论,旨在促进教师的专业化发展。为此,需构建一套完整的教师化学课堂教学效果评价方案,并将其实施于实际教学中。

评价原则是整个评价体系的核心,它规定了评价工作的总体要求,反映了评价的指导思想。这意味着,评价原则决定了评价应处于何种状态、达到何种效果。因此,评价原则是评价方案构建和评价实施过程的关键所在。综合新课程理念下教师化学课堂教学效果评价观和现代教育评价理论,对评价方案的构建和实施提出以下原则。

(1)评价功能的发展性原则

在新课程理念下,化学课堂教学效果的评价应具备两方面的功能。首先,评价应促进化学教师对自己教学行为的深入分析和反思。这有助于教师更深入地理解新课程理念,并将其有效地应用于课堂教学中,提高教学策略水平,进而促进学生的全面发展。其次,评价应通过实施过程激发化学教师对教育事业的热情,使他们视化学教学为实现个人价值的途径,并在此过程中展示和强调自己的个性特点。

这种评价不仅关注教师的教育效果,还强调了教师在教育中的成长和发展。评价过程应该为教师提供有关他们教学行为和教育哲学的反馈,以便他们能够不断改进自己的教学方法,更好地适应新课程理念的要求。同时,评价也应该鼓励教师发挥自己的创造性和个性,让他们能够在教育领域展现独特的魅力和价值。

总之,新课程理念下的化学教育评价应该是一个有益于教师个人成长和教学质量提高的过程,同时也应该强调教师的个性和热情,让他们在教育事业中能够充分展示自己的特点和价值。

(2)评价方式的多样化原则

评价方式指的是评价时采取的方法和形式。通常,评价方法分为定量评价和定性评价两种;课堂教学评价的形式可按评价主体划分为他人评价、教师自我评价和学生评价。由于化学课堂教学是一种复杂的现象,仅仅通过定量评价(如数字分析)或定性评价(如观察、调查)都难以全面反映课堂教学的实际情况。因此,新课程理念下的教师化学课堂教学效果评价应坚持评价方式多样化原则,采用定性评价为主导,结合定量评价的方式,并以教师自评为主,同时包含他人评价和学生评价,形成灵活多样的评价形式。

(3)评价内容的全面性原则

过去的教师化学课堂教学效果评价常常仅依赖于学生的考试成绩或教师课堂表现,这些信息并不全面,其评价结果也不够客观和真实。新课程理念下的评价应全面收集化学课堂教学的各类信息,包括学生的学习状态、情感体验、对教学的看法、学习成果,以及教师教学情况、教学过程中的感受等。只有全面的评价内容,才能确保评价结果的客观性,从而有效发挥评价功能。

（4）以学论教的原则

任何评价活动都是有目标导向的,化学课堂教学评价也是如此。其核心目标在于促进学生和教师双方的发展。化学课堂教学的目的是推动学生全面发展,而教师专业水平的提升标志则是能够更有效地促进学生的发展。因此,在新课程理念下,教师化学课堂教学效果的评价标准应专注于学生,遵循"以学论教"的原则,即通过评价学生的情绪状态、交往状态、思维状态和目标达成状态来判断教师的教学效果。

需要明确的是,"以学论教"并不意味着用"评学"来替代"评教"。评学与评教有着本质上的不同:首先,二者的直接目的不同,评学旨在促进学生全面发展,而评教则是为了推动教师发展。其次,评价范围不同,评学主要关注学生,而评教不仅关注学生的发展,还要关注教师在教学目标设定、教学设计及实施过程中展现的素质和水平。再者,评学和评教虽都关注学生,但侧重点不同。评学更侧重于评价每个学生的个体学习成效,而评教则从学生群体状态来评价教师的教学状况。最后,学生在课堂上的状态和学习成效虽与教师密切相关,但并非完全取决于教师。因此,评教不等同于评学,不能用评学来替代评教。但两者又是相互关联的,评教以评学为基础,共同的最终目标是提高学生的科学素养。这是在实施"以学论教"原则时需要特别注意和把握的一点。

（二）化学课堂教学评价的基本要素

新课程以发展性教育为基本理念,从发展性教育的角度出发,好的课堂教学的基本特征至少应包括以下几个方面。

1.教学目标:以促进学生的发展为根本宗旨

过去,人们在教学目标的设定上通常侧重于对知识特别是教材内容的掌握,对教材以外的目标考虑不足。然而,当前在现代教学思想的指导下,课堂教学目标的确立越来越重视促进学生的全面发展,主张从"知识与技能""过程与方法"以及"情感态度与价值观"三个维度来制订。这不仅要求课堂教学中对学科基础知识、基本技能、基本学习能力及相应的思想品德等基础目标(即德、知、能目标)进行科学、明确且切实可行的定位,还需重视学生主体性发展目标和体验性目标的实现。

在课堂教学中,应注重培养学生的自主性、能动性和创造性,同时通过教师与学生之间的情感交流,形成民主和谐的课堂教学心理气氛。这样,各层次的学生都能在课堂中获得创造性或成功的心理体验,享受课堂生活的乐趣和愉悦。此外,教学中的重点和难点确定应合理、恰当,确保教学目标的有效实现和学生全面发展的促进。

2.教学过程:应做到"生动、主动、互动"

(1)生动

对教师在教学活动中的全面要求,涉及教学内容、方法、策略的选取及教学能力的展现。分为几个关键领域:①教学设计:强调设计的科学性、合理性和创新性,同时要求在细节与总体把握上做到适当。②情境创设:重视与实际生活的联系,恰当选择时机,以激励学生思考。③过程调控:要求教师根据具体情况灵活指导,应变能力强,确保教学环节紧凑且有序。④方法运用:教学方法要实用,能够促进学生的学习兴趣。

更具体地,教师需依据学生实际发展水平和特点,创造性地运用教材,明确教学重难点,选择有代表性的知识,使学生掌握牢固的基础知识和学科结构。教学内容应反映现代科技和学术研究成果,具挑战性,既激发学习兴趣又引导积极思考,注重科学性、人文性和社会性的融合。教学内容还应紧密结合实际,通过多样的实践活动,培养学生的动手能力和解决问题的能力。

在课堂教学组织、管理和监控方面,教师应根据实际情况调整教学节奏,确保内容、结构、时间安排合理,具备应变能力。现代教学技术、实验演示和教具的使用需规范熟练。教学语言要规范、精练、生动,板书和板画设计应合理规范。

（2）主动

对学生在教学过程中的情感状态、参与方式、参与品质及参与效果的整体要求,分为以下几个方面：①情绪状态：强调学生应情绪饱满、保持良好状态和浓厚兴趣。②参与方式：倡导积极主动、多样化的参与方式,以及良好的协作默契。③参与品质：鼓励学生善于思考和提问、动手实践,并能有效交流。④参与效果：强调通过参与体验过程、掌握方法,以提高能力。⑤活动时空：要求时间分配合理,参与面广,保持高活动率。

现代课堂教学重视学生在内外部活动中主动运用知识结构,适应并理解外部世界,自行建构知识意义。学生通过积极参与课堂活动,独立获取知识,创造性地应用于解决实际问题,同时培养良好的个性和人格。

优质的课堂教学环境下,学生表现出强烈的学习兴趣和积极情绪,拥有主动参与的空间、自我表达的机会和自主学习的权利。学生通过自我选择、监控和调节,逐步培养自主学习能力。应鼓励学生在各自的起点上实现最佳发展,形成独特个性,避免统一模式化的教育。此外,学生应常体验学习和创造的乐趣,培养创新意识和精神,形成独特的创造力。

（3）互动

课堂教学中的互动信息交流,分为两个主要部分：①师生交流：强调教学互动的重要性,倡导平等参与和有效沟通。②同学之间的交流：体现合作精神,营造热烈的氛围,确保机会均等。

现代教学理念强调群体间人际关系和交流活动在课堂教学中的重要性,旨在建立积极的群体合作学习关系。在这种教学组织形式下,需要集体教学与小组合作学习相结合。教师在多重角色(如权威、顾问、同伴)中发挥作用,而学生则在竞争与合作中处理关系,共同促进和谐且积极的发展。这种关系基于相互接纳、理解,是合作、民主、平等、和谐的人际关系。

优质的课堂教学是师生共同构建学习主体的过程。通过多样化的交流方式,有意识地培养学生的合作意识和交往技能,例如学习倾听、交流、协作和分享。同时,让学生在实际讨论中真正地交流思想、拓宽视野。

3. 教学效果:使学生获得发展

教学效果指的是通过高效的课堂教学促进学生的全面发展。这种发展涵盖了知识与技能、过程与方法、情感态度与价值观(三维目标)的协调提升。具体体现为:学生在认知层面上由不理解到理解,由知之少到知之多,由不会做到能够做到;在情感层面上,由不喜欢转变为喜欢,由不热爱转变为热爱,由不感兴趣转变为感兴趣。简言之,有效的课堂教学应使学生愿意学习、主动学习、轻松学习并取得良好的学习成果。

有效课堂教学指的是在遵循教学活动客观规律基础上,以最少的时间、精力和物力投入,实现最大化的教学成效。这种教学活动旨在达成特定的教学目标,并满足社会与个人教育价值需求。课堂教学的有效性主要通过教学成果展现出来,这需要教师与学生的共同努力,促进学生身心素质的全面发展,确保与既定目标的契合。

那么,什么是有效教学呢?一般认为,经过一节课或一段时间的教学后,若学生在化学学科上保持持续的学习兴趣,取得显著的学习成果,并在学习过程中显著提升创新意识和实践能力,则可以认为课堂教学是有效的。在高中化学课堂教学中,"兴趣"和"学习成果"是衡量教学效果的两个主要标准。

（1）学生有兴趣是课堂教学有效性的前提

兴趣是激发学生学习动力的关键内在因素。根据现代心理学观点，青少年心智发展的根本驱动力是内在的认知需求。学生在学习过程中不断遇到新问题，从而产生了探究和求知的欲望，这促使他们的学习积极性得到提升。

（2）学生有收获是课堂教学有效性的体现

课堂学习的目的是获得知识和技能的收获。因此，学习成果作为评估课堂教学有效性的关键标准，应在课堂教学中明显体现。具体来说，这包括：

①知识的收获：这可以被视为知识层面的有效性。化学作为一个知识点繁多且分散的学科，教师需要思考如何在有效的时间内促进学生的知识收获，确保每节课学生都能有所得。

②创新实践能力的提升：这是能力培养的有效性。从教学功能角度来看，化学教学更注重培养学生分析和解决问题的能力。教学应引导学生运用分析、推理、概括等方法来深入理解问题的本质、掌握其规律，并在此过程中促进学生的创新思维和能力的发展。

在教学中培养学生的创新思维，实验设计被认为是最有效的方法之一。例如，在化学学习中，经常涉及与实验相关的内容。传统的书面解决方法可能思维上有所局限，而让学生通过设计实验来解决问题，有意识地创造一个良好的探究环境，则有利于培养学生的思维发散性和动手动脑能力。

课堂教学通常是在固定的时间和地点，针对特定学生群体进行的。有效教学不仅要求达成教学目标，实现"有效果"，还要注重"效率"，避免"投入多产出少"。更重要的是"效益"，教学不能仅面向少数优秀学生，而应尽可能确保所有学生都能跟上进度。这样的教学才能被称为真正有效。

目前高中化学教学中存在的问题值得关注。一是教师普遍反映难以在规定时间内完成教学任务;二是高中生相比初中生对课堂教学的热情较低,课堂氛围不够热烈;三是高年级学生增多时,教师更倾向于采用填鸭式教学,导致学生依赖性增强;四是大部分教学时间花在解题上,但学生理解和应用知识的能力依然有限。

这些问题的根本原因在于教学方法过于依赖讲授,缺乏情感投入,教学方式单一乏味,主要以灌输和验证为主,少有启发和探讨,限制和指责多于宽容和引导,缺少对创新的鼓励。特别是对学生学习方法的指导过于笼统、低效且缺乏策略,导致学生缺乏自主学习意识,学习习惯不佳,学习能力不强,学习质量不高。学生所获得的化学知识主要依赖记忆,在实际应用中难以灵活运用。

因此,开展有效课堂教学的研究,成为新课程改革赋予教师的首要任务。教师需要转变教学方式,使教学生动有趣,提高教学效率,避免依赖加时教学、补课和题海战术,让教学过程对教师和学生都不再是痛苦的经历。

教学有效性受多重因素影响。社会发展、校园环境、家庭状况等外部因素都对教学有效性有重要影响,因此,研究有效教学必须与时俱进。更直接的影响因素包括教师的教学观念和技能、学生的学习态度和方法、教学资源及其使用等,这些是教师日常工作中需特别关注的方面。

有效教学主要体现在教师一段时间教学后,学生取得的具体进步或发展上。教学效果的评判不仅取决于教师是否完成教学内容或教学是否认真,更重要的是学生是否真正有所学习和提升。如果学生不愿意学习或未取得实际收获,即使教师付出巨大努力,该教学也被视为无效。同理,若学生学得辛苦但未获得应有的发展,教学也是无效或低效的。因此,有效教学应符合新课程理念,即促进学生的全面发展。

教师应不断追求课堂教学的有效性。在新课程理念的指导下,以学生发展为核心,借鉴传统教学成功经验,转变教学模式,关注教学方法和策略。通过精心设计、用心调控教学过程、精讲导学、巧妙提问引导思考,将主动权交给学生,可以发掘学生的潜力,使课堂更加充满活力。

(三)化学课堂教学评价标准

制订新课程课堂教学评价的标准可从下列几个方面来考虑:

1.优质的课堂教学目标

课堂教学中,基础性目标与发展性目标的融合与协调至关重要。基础性目标遵循新课程标准,关注科学的教学内容体系,旨在系统地完成知识和技能的传授。而发展性目标则聚焦于培养学生的学习能力和素质,以及重视情感培养的良好社会素质。

教学目标的核心在于将知识、技能的教授与能力、情感的培养有机结合起来。需要明确的是,课堂教学的各个目标不仅应与认识活动紧密相关,并且应具有独立的内容和价值。这些方面的综合实现了学生学习的整体发展。虽然这不是短时间内能完成的任务,但必须通过每堂课的逐步实现,贯穿于课堂教学的全过程。

因此,在设定课堂教学目标时,需注意两方面的关系与整合:一是知识体系的内在联系和复杂关系,追求整合效应;二是学生学习活动的多方面内在联系、相互协调及整体发展。这样,课堂教学中完整的教育体验才能得以实现。

2.科学的课堂教学过程

科学的课堂教学过程是激励性、自主性和探究性课堂教学策略的有机统一。

新课程教学策略研究,主要解决学生学习的三方面问题:一是"爱学",即学习的能动性。二是"会学",即学习的自主性。三是"善学",即学习的创造性。由此推出课堂教学策略的三个体系:激励性教学策略体系、自主性教学策略体系和探究性教学策略体系。

（1）激励性教学策略体系

为了让学生认识学习的重要价值，布鲁纳的观点提出了关键性建议："引发学生对某学科兴趣的最佳方式，是让他们了解到该学科的学习价值。"这意味着教师需通过精心设计的教学流程，优化课堂导入，合理使用与学生日常生活密切相关的教学材料，以激发学生的学习兴趣。

同时，正确运用肯定和奖励的评价方法也极为重要。奖励作为一种激励手段，能帮助学生发现学习进步，增强对学习成果的满足感。恰当地引入竞争机制，适度竞争有助于有效提升学生的学习热情。

此外，构建基于互尊互爱、民主平等的师生关系，对于满足学生的自尊心和归属感至关重要。学校作为学生需求满足的主要场所，教师应真诚关爱每一位学生，满足其核心需求，激发他们主动学习的愿望。通过这种方式，学生不仅能更深刻理解学习的价值，还能在积极的学习氛围中实现自我成长和发展。

（2）自主性教学策略体系

为了优化问题设计，教师应关注问题的设计、分析和解决，为学生提供自主发展所需的时间和空间。这就要求教师精心设计课堂问题，促使学生进行深入的思考和探索。

多样化的学习形式同样至关重要。教师应提供丰富多样的教育资源，充分运用现代信息技术等手段，让学生通过多种方式和感知途径进行学习，无论是集体学习还是个别学习，都应鼓励思辨、操作、争论和探究，实现自主学习。

在教学中，强调学法指导是关键。教学过程本质上是从教师主导向学生自主学习的转变。教师应创造条件，重视对学生的学法指导,传授有效的学习方法,使学生能独立探索和解决问题。

指导学生学会自由学习也极为重要。自由学习意味着打破传统教育框架,让学生在开放环境中自主选择学习目标、内容和方式。教学不应仅限于现有教材,而应鼓励学生广泛阅读、拓宽视野,学会收集所需信息,排除错误信息,形成良好的自学习惯。

最后,指导学生学会自我评价同样重要。学生应学会自我评价、自我调节和监控。通过对学习过程、方法和效果的分析,学生能够掌握并运用学习策略,主动规划学习任务,确定发展方向,选择合适的学习方法。

(3)探究性教学策略体系

在教学中,引导学生大胆提出疑问,并提供探索和解决问题的机会是极其重要的。以学生的问题为教学起点,能更有效地激发他们的学习兴趣和参与感。

此外,鼓励学生对教学内容进行评议也十分关键。应鼓励学生表达各自不同的观点和创新性见解,这不仅是培养其探究能力和创新精神的必要方法,也是重要的教学方法。在教学过程中,学生应被鼓励挑战传统观念,提出自己的见解,以培养其独立思考的能力。

同样重要的是组织学生进行研究性学习。这种学习方式让学生频繁接触具有研究性质的作业,参与设计专题性课题。通过这种方式,学生在收集、处理和研究信息的过程中不仅能发现真理、发展认知能力,还能提高研究能力。采用这些方法,教师能有效激发学生的好奇心和探究欲,引导他们自主学习和思考。

3.理想的课堂教学效果

在现代课堂教学评价中,采用“以学论教”的指导思想,强调情绪状态、交往状态、思维状态和目标达成状态的和谐统一。这里的“学”,主要关注学生在课堂中是否能轻松、自主地学习,涉及情绪状态和交往状态;同时,还包括学生是否掌握了学习方法,即思维状态和目标达成状态。而"论教"则是基于这四个状态来评价课堂教学效果。缺乏情绪和交往的良好状态可能会导致课堂教学表面繁荣,但实质上缺乏进步。只有这四大状态和谐统一,才能实现理想的课堂教学效果。

新的课程评价理念要求课堂教学评价应以服务师生发展为原则。这不仅关注教师的个人发展,还要对课堂教学进行准确的评价,以不断提升教师的教学水平,确保教学改革朝着正确方向发展。

优秀的课堂教学应以主体教育思想为核心,满足学生终身学习与发展的要求,体现现代教学观念,包括对课程、知识、学生和教学质量的现代理解。这种教学观念不仅促进学生的全面发展,还有助于培养他们适应未来社会的能力。

第八章　任务驱动教学法在高中化学教学中的应用实践

第一节　基于小组合作学习的任务驱动法
在高中化学教学中的应用

一、任务驱动下的小组合作学习的概念界定

任务驱动下的小组合作学习是一种结合了任务驱动教学法和小组合作学习方法的教学模式。在这种模式下,教师精心设计的任务不仅指引学生的学习方向,还促进学生之间的合作。这些任务旨在引导学生一起前进,推动他们的合作学习过程。

小组合作作为主要的学习组织形式,有助于学生在小组内发挥各自的优势,进行积极的互动与配合,共同面对和解决具体任务,从而获得新的知识和技能。这种学习方式不仅增进了学生间的相互理解和协作,还有效培养了他们解决实际问题的能力。通过这种方式,学生可以在真实的情境中学习和应用知识,从而更好地适应未来的学习和工作环境。

二、任务驱动下的小组合作学习模式

(一)任务驱动下的小组合作学习模式的结构

1. 任务设计

在任务设计中,考虑到学生的心理特征是至关重要的。教师在设计任务前需了解高中生群体的通常特点。高中生正处于少年期到青春期的过渡阶段,他们的认知正在由具体向抽象、概括和逻辑化发展。情感上,他们重视师生和同伴评价,渴望通过得到认可来获得满足。此外,应注意学生间个体差异,如观察能力、性格、思维习惯等。

任务设计还应紧扣教学目标,选择合适的教学内容和方法。教师不仅要关注知识与技能目标,还要重视学习过程、方法和情感态度方面的目标。

任务设计还需考虑可用的教学资源,如书籍、网络资源、模型、实验器材等。鉴于高中生的时间和资源限制,教师应指导他们自行查找资料、上网搜索、咨询专家获取信息,并尽可能提供所需资源和信息。

同时,在任务设计时,应创设具体生动的教学情境。这样的情境不仅能激发学生的学习兴趣,减轻学习疲劳,促使他们积极参与学习活动,还能缩小师生间的经验差距,将知识内容与实际生活相结合,帮助学生更准确地感知、理解和应用教学内容,从而提高课堂教学效率。

2.任务实施

教师在引导学生利用资源和进入任务情境时起着关键作用。无论是在自主学习还是合作学习阶段,教师都需密切关注学生的学习行为,提供适时的指导和支持。基于任务驱动的合作学习不仅注重学生的自主学习、问题分析和解决问题的能力培养,也重视培育学生的合作能力。

在执行任务过程中,学生不仅能学习知识和技能,还能学会如何与他人合作。通过相互分享和质疑,学生在合作中构建知识,加深理解和提高能力。这种学习方式不仅促进学生知识技能的掌握,还培养他们的团队协作能力和批判性思维,为未来的学习和生活打下坚实基础。教师在此过程中扮演的角色至关重要,通过指导和激励,帮助学生更好地融入学习环境,充分发挥其潜力。

3.任务评价

及时评估对于激发学生学习动力和兴趣极为关键,它帮助学生了解自己的学习状况,促使他们调整和改进后续学习行为。因此,建立一个多元化的评价体系是必要的,这主要包括评价内容和评价主体的多元化。评价内容的多元化涉及三个方面:一是对学生知识和技能的评估;二是对学习过程和方法的评价;三是对学生情感态度和价值观的评价。

为了实现评价主体的多元化,可以采用以下几种方式:设置教师评价小组,实现组长与组员间的双向评价,及组员间的相互评价。在小组合作学习中,应对个体进行客观公正评价,并对小组整体进行评估。可以采用量化考核方法,量化评分包括学习分和活动分,涉及自主任务分、合作任务分和拓展任务分。由值周班长负责每周汇总和每月评比,采用积分累积方式进行奖励。

通过这种评价机制,可以有效激励学生学习积极性,促进其全面发展。

(二)任务驱动下的小组合作学习模式的流程

任务驱动下的小组合作学习模式是"以任务为主线、以教师为主导、以学生为主体",建立在新型合作学习小组基础上的一种教学模式。它可以分为三个阶段:自主任务阶段、合作任务阶段和拓展任务阶段。

1.自主任务阶段

在自主学习任务阶段,教师应设计难度适中的基础性任务,符合教学目标,以激发学生的学习兴趣,并明确本节课的基本要求。教师需提供必要的学习资源,并给予学生适当的自学指导,帮助他们独立完成任务。在任务执行过程中,学生可能遇到难题。对于个别问题,教师可提供单独辅导;对于有讨论价值的问题,则引导学生深入思考;对于暂时无法解决的问题,可记录在"我的疑问"中,留待后续处理。

教师需要总结自主学习任务阶段普遍出现的问题,并将这些共性问题融入后续的合作学习任务中。同时,对学生完成自主任务的情况进行分级评估,分为 A、B、C 三个等级。A 级标准包括:书本有详尽圈划和思考笔记,答题规范,正确率高,提出高质量疑问。B 级标准是:书本有圈划痕迹,答题较规范,正确率较高,提出一定质量疑问。C 级则是:书本圈划少,答题不够规范,正确率不高,提出的疑问质量一般。通过这种评定机制,教师可以更有效地引导和激励学生在自主学习中取得进步。

2.合作任务阶段

(1)合作任务的设计

在合作任务阶段的设计中,教师不仅需要解决学生在自主学习阶段普遍存在的问题,还需设置一些更高要求的合作任务,激发学生通过集体讨论和协作来解决问题。设计合作任务时,教师应考虑以下要点:

①任务的情境性

任务应与学生的实际生活或实验操作紧密相连。例如,可以利用生活中常见物品的化学成分作为切入点,引入相关化学知识的探究,或者通过实验操作来设定任务,以增强学生的学习兴趣。

②任务的层次性

考虑到合作任务通常较为复杂,教师应将其分解为多个子任务,并按照由浅入深、由易到难的顺序安排。这样的层次性设计有助于学生逐步深入理解并掌握相关知识点。

③任务的可操作性

任务设计应在学生的认知范围内,要确保学生能够在现有知识和技能的基础上进行操作和探索。过于复杂或超出学生认知范围的任务可能导致学生无法有效完成。

④任务的复杂性

合作任务应围绕一定的难度和学习目标进行设计。这些任务应包含较为复杂的内容,挑战学生的理解和解决问题的能力。对于那些学生能够通过书本独立解决的简单问题,应避免包含在合作任务中,以免浪费时间。

通过这种细致的任务设计,教师能够有效引导学生在合作学习过程中体验真实的科学探究,增强他们解决实际问题的能力。这不仅提高了学生的学习效果,还有助于提升他们的科学素养,为日后的学习和生活打下坚实的基础。

（2）合作任务的实施

在合作任务的实施阶段,将任务驱动转化为动机驱动是关键。这种内在和外在的驱动力可以包括问题的解决、自我价值的实现、同伴的认可、教师的表扬和学业成绩的提高。小组合作学习正是通过激发学生的成就动机来推动个体完成任务。课前,教师应进行角色分配,确保每个学生都能参与并体验不同的角色,如记录员、质疑员、辨析员、展示员等,角色可按周轮换,使每位学生都有机会尝试。

在小组合作过程中,应注意以下两个环节:

小组讨论:教师需引导学生明确学习目标和分析教学资源。讨论时,全体学生应分组站立讨论,先进行一对一讨论,随后全组集体讨论解疑。无法解决或新产生的问题由代表写在黑板上的小组区域。教师在课堂上巡视,指导并发现问题。这一环节能促进学生间的互动和共同探究,培养学生间的合作意识,鼓励学生间的交流和分享。

展示、质疑与点评:学生代表展示并讲解合作任务的完成情况,解决的和未解决的问题均向其他组提出。展示时,应详细阐述解题思路、过程和易错点,其他组成员也可补充和点评。教师回答仍未解决的问题,并对展示内容进行补充和完善。教师应控制讨论和展示的时间,鼓励学生间的多向互动,引导学生深入探讨和分析,激发求异动机,帮助学生克服思维障碍。

通过这种方法,学生能够在相互交流和探讨中加深对知识的理解和记忆,促进他们的全面发展。

(3)合作任务的评价

第一,针对学生知识掌握情况的评价,可以通过课堂检测来进行。课堂检测题目的数量应适中,以免过多消耗时间,同时需要覆盖本节课的主要内容,准确反映学生对知识的理解和掌握程度。鉴于时间的限制,适宜采用选择题或填空题等形式进行快速评估,避免使用耗时的大型实验题、推理题或计算题。

第二,对学习过程和方法的评价同样重要。这涉及评估学生的学习策略、参与态度、合作能力和问题解决能力等方面。例如,教师可以观察学生在课堂讨论中的参与程度、对任务的投入程度,以及他们在小组合作中的互动和贡献情况。此外,教师还可以评价学生在解决问题过程中的创新性和批判性思维能力,以及他们如何运用和整合所学知识来应对新情境。通过对这些方面的评价,教师不仅能够了解学生的学习效果,还能促进学生的全面发展和终身学习能力的培养。

3.拓展任务阶段

拓展任务阶段的实施应结合实际需求和情况,采用多样化的形式,如专题研究讲座、小组辩论赛等,主要以小组合作为主。鉴于高中生课外时间有限,这一阶段不必每节课都进行,可以在一个专题学习结束后安排一次。教师可以列出本专题中具有研究价值的拓展任务,供学生小组根据兴趣选择。同时,也鼓励学生自行设计任务,但这些任务需经教师审核,确保其可行性和研究价值。

拓展任务应尽量与学生的实际生活紧密相关,既可以是理论调查,也可以是实验操作活动。教师需指导学生通过多种途径获取资源,如图书、杂志、网络等,并促进学生将搜集的信息在组内交流、分享,并明确研究的范围、方法和预期目标。对于任务执行中遇到的问题,应鼓励学生首先合作探讨,随后再寻求教师帮助。

在整个拓展任务过程中,要保证全员参与,分工明确。例如,部分学生负责信息搜集,部分负责资料整理,部分负责进度记录,部分负责成果展示等。小组成员间应相互协作,互补所长,共同完成学习任务。通过这种组织方式,不仅提高了学生的学习效率,还有助于培养他们的团队合作能力和独立研究能力。

第二节　基于学案导学的任务驱动法在高中化学教学中的应用

一、基于学案导学的任务驱动教学法在高中化学教学中应用的必要性

（一）反思新课程改革现状

近年来,全国各地积极响应教育部的号召,将"以人为本、以学生的发展为本"定位为新课程改革的核心理念。这一转变对教育工作者,尤其是一线教师,提出了更高的要求。新课程改革要求教师与时俱进,更新传统的教育观念,努力营造一个自主、协作、探究、讨论的教学环境。在这种环境中,学生能在教师的指导下主动探索未知知识,从而促进知识和能力的增长。新课程改革的重点在于培养学生敏锐的洞察力、实践操作能力和团队协作能力。

在新课程理念的影响下,一些学校的教师积极响应"以人为本"的教育理念,勇于实践新课程的课堂教学改革,取得了显著的教学成果。然而,尽管新课程改革为基础教育带来了积极的变化,教师们还是面临着一系列挑战和问题。这些挑战包括如何有效整合教学资源、如何平衡学生个体差异、如何确保教学质量等,这些都需要教师们在实践中不断探索和解决。

1.传统教学模式的影响依然根深蒂固

在高中化学课堂中,依然存在着教师站在讲台上讲课,学生坐在座位上听课的传统教学模式。然而,现代教育理念认为教育不应该是简单的知识传授,而应该是学生积极主动学习和知识构建的过程。传统的三段式课堂教学模式(复习、新课、作业)已经难以适应现代教育的发展。这种模式呆板枯燥,不仅无法培养学生的自主学习能力,还会使学生过分依赖教师和教科书,缺乏主体意识和创新思维,与素质教育的初衷背道而驰。

现代教育注重培养学生的学习方法和思维方式,而不仅仅是传授知识。古代中国的教育理念强调教授学生学习的方法,培养他们的思维能力,强调的是启发和引导。正如古罗马教育家普罗塔克所说:"儿童不是一个需要填满的罐子,而是一颗需要点燃的火种。"这意味着教育应该点燃学生内在的求知欲望和创造力,而不仅仅是灌输知识。

因此,现代高中化学教育需要摒弃传统的一刀切教学模式,鼓励学生积极参与、思考和探索。教师应该充当引导者和启发者的角色,创造多样化的教学情境,培养学生的自主学习能力和批判性思维,让他们成为能够独立思考和解决问题的学习者。这样的教育模式更符合现代教育的需求,也更有利于学生的全面发展。

2. 增加了学生的课时作业负担

21 世纪教育研究院的研究显示,新课程改革不仅没有减轻学生的负担,反而增加了学生的学业压力,同时也增加了教师的教学难度。因此,教师们对新课程改革的满意度仅为 25% 左右。为了适应新课程改革,许多学校增加了实践课程,但许多家长和教师认为这些课程对学生没有明显好处。这些实践课程一方面缩短了学生在主要课程上的学习时间,另一方面使学生没有足够的时间和精力完成教师布置的作业。结果,学生不得不在假期参加各种科目的辅导班,这导致学生在心理和生理上都无法得到充分的休息和调整。总的来说,这些因素明显增加了学生的负担。

3. 学生的综合素质亟待提高

为了应对中国未来的发展需求,教育改革的目标是培养综合发展、具备德智体美劳等多方面素养、具有创新精神和实践能力的接班人。过去的计划生育政策导致了一个独特的一代,他们通常没有兄弟姐妹,没有生存压力,成为家庭的焦点,承担着父辈的期望。然而,实现这些期望需要磨炼,而成功的基础主要在于初高中阶段的教育,学校的教学模式直接影响了大多数学生的未来。当前的教育体制往往过于注重成绩,忽视了学生其他方面的成长和发展,导致一些学生在高中阶段无法自理生活,甚至出现了大量陪读现象。教育的目标不仅仅是培养书本上的知识,更应该提高学生的综合素质。

(二)高中化学课堂教学现状

化学在高中阶段的重要性不言而喻,它是一门微观研究物质组成、结构、性质和规律的科学学科。学习化学不仅有助于获取基础知识,还促进学生科学素养的提高,拓宽视野,培养对科学的兴趣和热爱,全方位促进科学素养的发展。初次接触化学时,学生常常被其多彩的物质和复杂的变化所吸引,这正是化学学科的魅力所在。然而,随着学习的深入和难度的增加,化学学科可能成为学生学习中的挑战,原因如下。

首先,化学学科的多样性和复杂性使其具有一定的难度。随着理论知识的增加,学科的规律性也逐渐增多,这不仅需要学生死记硬背,还要理解并应用这些知识。这种深度理解和应用的能力对许多学生来说可能是一项挑战。

其次,高考化学试题的难度逐渐增加,可能会增加学生的挫败感。高考试题通常强调学习能力,而不仅仅是死记硬背。因此,依赖死记硬背的学生可能在考试中遇到困难,多次失败可能会影响学生的信心和学习动力。

总之,现行的化学教学模式往往是一种被动学习模式,可能限制学生的实践能力和创新能力的培养,不利于知识的传授和智力的开发。在教学实践中,教师需要努力转变学生的学习观念,使他们能够积极主动地学习。寻找符合新课程改革标准和实际需求的课堂教学模式是每位教师的目标和责任。

二、基于学案导学的任务驱动教学法的实施

（一）前期准备

实施化学导学案任务驱动教学模式时,前期的准备至关重要。就像一部成功的电影需要有精彩的剧情,同时也需要经过精心的策划和准备,以吸引观众的注意力。同样,教师在采用这种教学模式前,需要进行充分的准备工作,精心编制导学案,并精心设计任务的过程。

1. 导学案的设计与编写

（1）导学案的编写原则

导学案的编写是实行导学案任务驱动教学模式的重要环节,一个好的导学案能够达到事半功倍的效果,是学生"愿学""乐学"和"会学"的前提,是顺利完成教学任务的关键。不同的学科在编写导学案时有不同的要求和侧重点,但是大体上要满足以下四个原则。

①教与学相统一的原则

导学案的设计应充分考虑如何激发学生的学习兴趣和主动性,创造多种学习机会,使学生成为学习的主体。教师在课堂上扮演导演的角色,监控学生的学习过程,确保任务的顺利展开。这种平衡充分体现了教与学相统一的原则。

②探究性原则

导学案应设立具有探究性的真实问题,激发学生的主动性和求知欲。这有助于培养学生独立分析和解决问题的能力,鼓励他们提出独特的观点和想法,培养创新性思维方式和自主学习的习惯。

③系统性原则

教学内容应按照系统连贯的原则编排,有助于学生厘清知识脉络并进行联想和总结。导学案应该有助于学生更快地理解新知识,深化和拓展旧知识。这有助于提高学习效率,使课堂教学更具系统性。

④高效性原则

教师应思考如何在有限的时间内保持高效的学习效率,确保学生能够完成教学任务。导学案的编写需要注重有效性和科学性,避免简单叠加课本知识和习题。题目应该数量适中,既能够帮助学生掌握知识,又能在课堂上完成,以减轻学生的负担,提高学习效率。

综上所述,导学案的编写是实施导学案任务驱动教学模式的关键环节。遵循教与学相统一、探究性、系统性和高效性的原则,有助于教师更好地引导学生主动参与学习,提高他们的学术能力和自主学习能力。这种教学模式有助于培养学生的自主学习和创新思维能力。

(2)导学案的编写过程

导学案在实施素质教育和打造高效课堂方面发挥着重要的作用,它是引导学生自主学习、积极参与、协作探究的重要工具,同时也是学生自主学习的指南和方向。导学案的质量直接影响课堂教学的质量,因此需要整个备课组的共同合作来完成。导学案的编制过程可以分为四个步骤:集体讨论、个人设计、集体讨论和个人梳理。

首先,备课组的教师应该集体讨论,确定导学案的具体编写方法,并提出初步设计的建议。接下来,主备教师应该收集备课组其他教师的意见,根据导学案的编写原则和考纲要求,深入研究学生,钻研教材,编写导学案的初稿。然后,再次进行集体讨论,备课组的教师应该提出各自的建议,包括如何引入情境、重点和难点的指导、知识的缺漏和教学课件的完善等方面,以集思广益,最终形成优化的导学案。最后,每位教师需要进行个人梳理,根据自己的教学风格和所在班级学生的特点,对集体讨论出的导学案进行适当的调整,以确保导学案既符合自己的教学风格,又满足学生的认知水平,为每堂课做好充分准备。

导学案通常包括学习目标、学习重点和难点、学法指导、知识准备、课堂研学、归纳总结、诊断练习、学习评价等内容,但可以根据不同课程类型和知识点的需求进行适度调整。这种以学生为主体、因材施教的教育思想,有助于提高教学质量,培养学生的自主学习能力,并使教学更加高效。

①学习目标

在编写导学案时,学习目标至关重要,它们被称为三维目标。需要强调的是,学习目标不应简单地复制教材上的语句,而应根据班级学生的实际情况进行调整。此外,学习目标不应过于笼统,而是应该具体而通俗,让学生清楚了解学习任务,同时能够进行自我评估。具体而明确的学习目标能够激发学生的学习热情,使他们在探究活动中更有针对性。在编写学习目标时,教师应考虑以下四个因素:首先,厘清教材与《化学课程标准》的关系;其次,确定本节课在学科知识体系中的位置;再次,明确学习本节课内容的意义;最后,充分了解学生的情况。只有这样,编写出的学习目标才能与《化学课程标准》一致,符合学科特点,适合学生。

②学习重点和难点

学习重点和难点在导学案中的呈现不仅包括本节课学生需要掌握的知识方面的重点和难点,还包括学生学习方法或者教师的教学方法方面的重点和难点。在备课过程中,教师需要深入研读《化学课程标准》并了解学生的情况,以明确本节课的学习重点和难点。同时,教师还应该将突破这些重点和难点的方法详细而准确地呈现给学生,以帮助他们更好地理解和掌握课程内容。这种具体的指导可以为学生提供有力的支持,使他们能够克服学习中的困难。

③学法指导

学法指导在教学中起着重要的作用,它直接告诉学生解决问题的方式和达到目标的具体做法。然而,目前很多导学案并没有充分涵盖学法指导的内容。在课堂学习过程中,学生常常面临各种困难,而学法指导可以引导他们使用方法和技巧来克服这些困难。优秀的学法指导可以显著提高课堂学习的效率,减少学生的挫败感。例如,在特定的学习内容中,可以结合具体情境,提醒学生阅读教材,鼓励他们进行小组讨论或实验,这些都是学法指导的具体示范。通过提供这些指导,可以帮助学生更好地理解和掌握课程内容。

④知识准备

知识准备是导学案的一部分,通常包括课前测评或诊断检测。它的目的是帮助学生回顾之前学过的知识,检验他们对旧知识的掌握程度,并为新知识的学习做好铺垫。教师可以根据学生的特点和教学目标设置适当的知识准备内容。

⑤课堂研学

课堂研学是导学案的核心环节,通常以任务的形式呈现。教师根据学校条件、学生认知水平和教学目标,将教学内容分解成细化的任务模块,并在导学案中呈现给学生。学生在教师的引导下完成这些任务,以达到学习目标。任务的设置要充分考虑知识的系统性,细化学习内容,明确学习目标,以激发学生的任务动机。

⑥归纳总结

归纳总结是对知识的整理和归纳。在导学案中,重要的知识点通常留给学生填写,以增强他们的动手记忆能力。同时,教师要督促学生总结本节课的学习方法和规律,让他们体会整个学习过程,学会从旧知中提炼新知,找到知识之间的内在联系和规律。这有助于学生更好地理解和掌握所学内容。

⑦诊断练习

诊断练习是导学案的重要组成部分。它能及时检测学生对所学知识的掌握程度,从而帮助他们查缺补漏,提高学习效率。在导学案中,教师可以精选一些代表性的习题,根据课程要求设置适当数量的练习题目。这些题目应该涵盖本节课的重点、难点、易错点、易混点和高考热点等内容。题型多样且难度适中,可以分层设置,以满足不同学生的需求。诊断练习可以穿插在不同的学习环节中,也可以作为一个独立的环节进行检验。完成练习后,教师应该提供反馈和矫正,以进一步提高课堂的有效性。

⑧学习评价

每节课结束后,学生应该进行自我评价或互相评价,分享他们的学习感受和体会。这有助于学生之间相互学习和自我反思,同时也为教师提供了反馈信息,帮助他们优化教学效果。学习评价是课堂教学的一部分,有助于促进学生的学习参与性和自主性。

2.任务的设计

任务的设计是否合理不仅是能否成功实施导学案任务驱动教学模式的关键,还会直接影响课堂的学习效果。设计的任务应该紧密结合教学目标,同时应是学生感兴趣的,能够从不同层面促使学生积极思考自己要解决的问题。

(1)任务设计原则

①明确目标

每个任务都应紧密围绕教学目标展开设计。例如,当学习苯的物理性质时,学生可以通过观察和记录实验现象来总结苯的物理性质。

②要符合学生的"最近发展区",要具有一定的挑战性

任务设计应考虑学生的学习水平,具有一定的挑战性。任务就像提供给学生的跳板,帮助他们伸手够到更高的地方。设计任务的难度要适中,不宜过于简单,以免学生失去兴趣,也不宜过于困难,以免学生失去信心。例如,在学习"氢氧化亚铁的制备"时,可以告知学生氢氧化亚铁容易被氧化,并提供一些装置,让他们分析哪些装置可

以用来制备氢氧化亚铁。

③要有层次性

任务设计应具有层次性,以满足不同学生的能力水平。教师可以提供不同的跳板,以帮助不同水平的学生,并循序渐进地开展教学。这有助于学生更好地理解和应用知识。

④要善于联系生产实际、科学技术、化学学史、社会热点、自然现象及学生的生活

任务设计应与学生的生产、生活等紧密联系,使学生能够将所学知识与实际应用相结合。这样可以增加学生的兴趣和亲近感。例如,在学习铁及其化合物时,可以联系生活中对铁盐净水、补铁剂的应用等。

⑤任务设计必须是学生能够完成的有效设计

任务设计必须考虑学生的能力和条件,使学生能够在教师的引导下或者通过小组合作完成任务。化学是一门实验性强的学科,因此,让学生亲自动手进行实验和探究是非常有效的学习方式。

(2)任务设计的基本步骤

教师可以根据教学目标、教学内容和学生能力水平,把一节教学内容分为总任务、模块任务、子任务等大小不同的任务。下面以"苯"为例来解读任务设计的基本步骤。

①研究教学目标和内容

在教学中,教师应仔细研究教学目标和教学内容,以确保教学目标的实现与内容的有机结合。教师需要确定学生需要掌握的三维目标,并将它们分配到具体的教学内容中。举例来说,在"苯"的第一课时中,教学目标可以包括以下内容:

第一,知识与技能:学生能够列举苯的主要物理性质,掌握苯的分子结构并能够描述其结构特征。

第二,过程与方法:学生通过对苯的物理性质、分子组成及结构的探

究,增强观察、归纳、推理等方法和技能的训练,进一步认识研究有机物的一般过程和方法。

第三,情感态度与价值观:利用苯的凯库勒式的发现过程,引导学生体验"勤奋—机遇"关系,让他们亲身经历"苯的发现之旅",感受科学研究的过程和乐趣。

②研究学情

教师需要了解学生的能力水平,包括已掌握的知识和技能。同时,教师还要分析学生在这节课中可能遇到的困难,以便有针对性地设计任务。例如,在学习"苯"之前,学生已初步掌握了甲烷和乙烯的结构与性质,以及如何学习有机物。教师知道学生可以通过自主探究来学习苯的分子结构,但可能难以理解苯中的碳碳键是介于单键和双键之间的独特键,这是本节课的难点。

③研究任务

根据对教学目标、教学内容和学情的分析,教师可以将抽象的教学目标细化为具体的任务。在"苯"这节课中,任务可以分为总任务、模块任务和子任务,以确保学生逐步掌握所需的知识和技能。

(二)实施流程

这种导学案任务驱动教学模式是以导学案为基础,依循"教师主导,学生主体"的原则,通过教师引导的方式,以导学案中的任务为核心,师生一同参与的教学方式。在学习过程中,任务被用来引导学生的学习,激发他们的自主知识获取能力。因此,这种教学模式以任务为中心,将学生已学知识与任务相结合,任务在课堂中起到引导作用,在教师的适度引导下,学生围绕任务展开探究性学习,共同完成教学任务。这一模式包括教师依导学案指导,学生按导学案自主学习;教师创造情境以启发任务,学生根据导学案思考和分析任务;教师适时给予指导,学生合作完成任务;教师组织学生交流和评价,学生展示整合成果并反思;教师和学生一同总结归纳,拓展学习。

1.教师依案导学,学生依案自学

教师编写导学案后,通常会提前将导学案分发给学生。学生根据导学案进行自主学习,了解本节课的学习目标、重点和难点。他们通过认真阅读教材,初步了解即将学习的知识,变成了学习的主动者。这一步骤旨在帮助学生做好每节课的知识准备,培养他们的自学能力。

2.教师创设情境引发任务,学生依案思考分析任务

化学实验是化学教学中常用的方法,它具有直观性和吸引力,能够激发学生的兴趣。因此,教师可以通过化学实验创造生动的教学情境。此外,化学紧密联系着生产和生活,因此教师可以利用实际生产和生活中的例子来构建真实的情境,使学生感到亲切和熟悉。此外,许多教室都配备了多媒体设备,教师还可以使用多媒体材料来呈现相关情境。创造情境的方法多种多样。通过创造情境,学生的知识体系得以打开,他们可以迅速投入解决任务的状态。根据导学案中的任务,学生运用已有的知识和教材内容,主动分析和思考任务,努力解决问题,完成任务。

3.教师适时指导,学生自主协作完成任务

在任务完成过程中,教师扮演着关键的角色。并非所有内容都需要学生自行探究,对于基础知识或与之前学习无关的知识,教师需要进行详细的解释和传授。当学生遇到困难时,教师应提供适时的指导,以避免他们在任务中走弯路。此外,教师应引导学生将新旧知识和技能相互关联,以便更容易掌握新知识和技能。在整个过程中,教师的指导程度必须准确把握,对于较难的问题,应提供提示,但学生能够独立完成的部分则不应代替他们完成。同时,要根据学生的不同水平采用不同的教学方法,以满足每个学生的需求,确保大多数学生能够顺利完成任务。

对于学生而言,一旦任务明确,他们需要展开学习以完成任务。任务的明确性有助于学生明白自己的任务和所需手段,从而迅速进入学

习状态。此外,教师应根据不同任务采用不同的教学方法和技巧。例如,对于简单的任务,可以要求学生自主阅读教材来完成;对于复杂的任务,可以让学生进行小组讨论和合作。

4.教师组织学生交流并评价,学生展示整合成果并反思

任务完成后,教师应及时组织学生展开交流。学生可以展示他们个人的成果,或者如果是小组合作项目,可以派一名代表来汇报成果和所采用的方法。在听取他人汇报时,学生可以比较自己的成果和所采用的方法,相互学习。在这个过程中,学生互相交流想法,相互评价,自我反思,学习他人的优点,发现自身问题,然后及时解决或改进,促进对知识的构建。在这个过程中,教师不是无所作为,而是认真倾听学生的汇报,并对学生的任务完成情况进行评价,指出学生的优点和不足,提供今后改进的方向。对于不同水平的学生,评价方法也应有所不同。对于优秀的学生,要设定高标准,严格要求他们,鼓励他们不断挑战自我。对于基础较差的学生,应主要给予表扬,肯定他们的进步。对于中等水平的学生,应激励他们,既要表扬他们的优点,又要指出不足之处,为他们提供进一步努力的方向。总之,要确保每个学生都有所收获,最大限度地激发学习积极性,提高学习效率。

5.教师和学生一起归纳总结,迁移拓展

在以上步骤完成后,学生虽然基本掌握了本节课的内容,但这并不代表学习的结束。最后,教师应引导学生反思三个关键问题:今天学到了什么?学习过程是如何进行的?为什么选择这种学习方式?这有助于对本节课的核心知识进行总结,将新旧知识进行比较和分析,构建知识脉络。同时,教师还要引导学生回顾他们的学习状态,思考他们在学习中遇到了哪些难题,以及采用了哪些化学思维、学习方法和思维策略来解决这些问题。这些经验和方法可以被整合和应用于后续的学习,从而帮助学生提高他们的学习能力。

参考文献

[1]李贵顺.任务驱动教学法在高中化学教学中的应用研究[M].青岛:中国海洋大学出版社,2018.12.

[2]田玉凤.高中化学有效教学探索[M].北京:北京出版社,2018.06.

[3]杭伟华."学习任务驱动式"教学设计高中化学[M].北京:人民日报出版社,2018.03.

[4]何大明,廖运飞,谭远聪.高中化学教学核心素养与微观探究[M].延吉:延边大学出版社,2018.09.

[5]刘家言,马丽华,高飞.化学教学与课堂研究[M].北京:北京工业大学出版社,2018.05.

[6]江伟.中学化学实验教学疑难问题辨析[M].成都:电子科技大学出版社,2018.05.

[7]何友义.高中化学实验的教学策略[M].哈尔滨:黑龙江美术出版社,2018.11.

[8]高广东.高中化学教学中的有效教学理念探析[M].长春:吉林人民出版社,2019.12.

[9]沈旭东.社会责任素养视角下的高中化学教学新论[M].杭州:浙江工商大学出版社,2019.11.

[10]赵刚,袁红娟,陆海峰.高中化学课堂教学与体系构建[M].长春:吉林人民出版社,2019.10.

[11]蒋红梅,牛洪英,张美画.近代化学实验高中化学实验教学探索[M].合肥:合肥工业大学出版社,2019.07.

[12]陈学敏.高中化学优质课堂情境创设的研究[M].延吉:延边大学出版社,2019.05.

[13]王素芬.高中化学核心素养教育与探讨[M].长春:吉林人民出版社,2019.12.

[14]温海波.基于学生核心素养培养的化学教学实践[M].长春：吉林出版集团股份有限公司,2019.05.

[15]张肖肖.高中化学课堂教学的探究与思考[M].延吉：延边大学出版社,2019.05.

[16]郑光黔.高中化学教学方法与实践[M].长春：吉林人民出版社,2020.06.

[17]姜晓峰,刘荣,盛美娟.高中化学教学实践与实验设计[M].长春：吉林人民出版社,2020.12.

[18]何贵明.基于核心素养下的高中化学教学[M].长春：吉林文史出版社,2020.07.

[19]刘翠.高中化学项目式教学实践研究[M].济南：山东科学技术出版社,2020.08.

[20]蒋灵敏,肖仕飞,李刚.化学课堂教学与实验研究[M].长春：吉林人民出版社,2020.06.

[21]江合佩.走向真实情境的化学教学研究[M].福州：福建教育出版社,2020.1.

[22]裴传友.中学化学数字化实验案例研究[M].芜湖：安徽师范大学出版社,2020.04.

[23]陈日红,赖英慧,张立峰.化学教育与科学素养[M].长春：吉林人民出版社,2020.05.

[24]杨涵雄,李晓军,吕晓燕.核心素养视域下高中化学教学实践思考[M].西安：陕西师范大学出版总社有限公司,2021.08.

[25]蔡晓凡.高中化学教学探索[M].兰州：兰州大学出版社,2021.12.

[26]张军.初高中化学衔接教学研究[M].成都：四川大学出版社,2021.05.

[27]汲晓芳.基于核心素养的高中化学课堂教学研究[M].长春：

吉林人民出版社,2021.10.

[28]乔儒.高中化学教学设计指导[M].杭州:浙江大学出版社,2021.08.

[29]袁志林.基于核心素养的高中化学教学设计研究[M].广州:华南理工大学出版社,2021.06.

[30]陈瑞雪.高中化学结构化教学促进深度学习发展核心素养[M].北京:化学工业出版社,2021.08.

[31]马瑞红,陈军,杜曾.高中化学核心素养培育研究[M].广州:华南理工大学出版社,2021.12.

[32]江合佩,王春,潘红.核心素养下的化学单元整体教学设计[M].福州:福建教育出版社,2021.11.

[33]邱德瑞.高中化学有效教学理论与实践探究[M].长春:吉林人民出版社,2022.09.

[34]陈颖,支瑶,尹博远.基于核心素养的高中化学教学关键问题解析[M].北京:高等教育出版社,2022.10.